ro
ro
ro

Hohe Mauern umgeben den kleinsten Staat der Welt, in dem der wichtigste Repräsentant der meistverbreiteten Religion regiert – der Papst. Das Geschehen in der „Zentrale" der römisch-katholischen Kirche ist oft nicht einsichtig und gibt viele Rätsel auf, beispielsweise, welche Rolle Geld für die Kirche spielt und warum auch in diesem frommen Umfeld mysteriöse Todesfälle keine zufriedenstellende Aufklärung finden. Aus diesem Stoff wurden schon einige phantasievolle, doch nicht immer den Fakten entsprechende Bestseller gestrickt. „Geheimnis Vatikan" informiert sachlich und gleichzeitig spannend darüber, wie das Zentrum der Weltkirche arbeitet, aber auch, welche Probleme und Schattenseiten sich hinter den vatikanischen Mauern verbergen.

Dr. Heiner Boberski ist Redakteur der *Wiener Zeitung* und machte sich mit Sachbüchern wie „Habemus Papam" auch als Autor einen Namen. Josef Bruckmoser ist Redakteur der *Salzburger Nachrichten* und verfasste zahlreiche Reportagen zur Theologie und Kirchenpolitik. Andreas Pfeifer arbeitet für den ORF als Leiter des Korrespondentenbüros in Italien. 2005 wurde er mit dem Robert-Hochner-Preis für hervorragende journalistische Leistungen ausgezeichnet.

Heiner Boberski   Josef Bruckmoser
Andreas Pfeifer

Geheimnis Vatikan

Rowohlt Taschenbuch Verlag

Veröffentlicht im Rowohlt Taschenbuch Verlag,
Reinbek bei Hamburg, April 2008
Copyright © 2006 by ecowin Verlag, Salzburg
Umschlaggestaltung ZERO Werbeagentur,
München, nach der Originalausgabe der Ecowin Verlag GmbH;
Entwurf: www.adwerba.at (Stephan Enzinger)
Gesamtherstellung Druckerei C. H. Beck, Nördlingen
Printed in Germany
ISBN 978 3 499 62314 1

Inhaltsverzeichnis

1) Exegese des Nebulösen

Wie die Zeichen am trüben Himmel über Rom zu deuten seien, ist zunächst eine reine Glaubensfrage. Obschon unten, auf dem großen Platz, eine Heerschar von Kundigen versammelt ist, eingeweihte Hofberichterstatter aus der Stadt, eingeführte Experten aus dem nahen Nachbarland, erfahrene Korrespondenten aus allen Teilen des Erdkreises. Gegenstand des gemeinsamen Interesses ist, an jenem 19. April 2005, eine gewichtige Personalie im kleinsten Staat der Welt. Doch zumindest vor dem Herrn, den sie betrifft, sind in diesem Augenblick alle gleich. Denn die ahnungsvollen Blicke aller, aber auch der kritische Sachverstand und die modernste Kameratechnik der Zeitläufte, sind auf den Schornstein einer spätmittelalterlichen Kapelle gerichtet, dem – um 17.49, wie die Chronik präzise festhält – zweideutiger Qualm entsteigt. 6.000 akkreditierte Journalisten, mithin die Vorhut des postmodernen Informationszeitalters, sind nun mit der Dechiffrierung von grauen Rauchzeichen befasst, eine Informationsquelle von vorchristlicher Würde und ambivalenter Aussagekraft. Weiß oder schwarz, das ist die Frage, die vor Ort und in den televisionären Außenposten minutenlang die Meinungen teilt. Etwas später, als die Färbung eindeutiger und die Botschaft durch ohrenbetäubende akustische Signale aus dem Glockenstuhl der Basilika klar geworden ist, kehrt die elektronische Kommunikationskultur auf die Höhe ihrer Zeit zurück. Auf den Displays der Mobiltelefone von erwählten Insidern erscheint via SMS die erste namentliche Indiskretion, noch bevor auf der Loggia des Domes ein roter Vorhang und gleich anschließend das dahinter verborgene Geheimnis vom Kardinalprotodiakon Jorge Arturo Medina Estévez in der lateinischen Amtssprache gelüftet werden. Mit dieser Offenbarung ist die Fastenzeit der Mutmaßungen und Halbwahrheiten vorerst beendet. Zurück bleibt, neben der geschichtsträchtigen Neuigkeit des Tages, eine durchaus herkömmliche Einsicht: Für das Verständnis des Vatikans ist die Exegese des Nebulösen zwingend erforderlich.

Was an jenem Tag im Inneren der Sixtina vor sich geht, entzieht sich per definitionem normalsterblicher Kenntnis. Nicht nur, weil eine Papstwahl gemäß kanonischer Handlungsanleitung in enger Kooperation mit dem Heiligen Geist erfolgt. Bevor sich die 115 Elektoren in die spirituelle Eremitage des Konklaves zurückziehen, legen sie einen öffentlichen Eid ab, der sie zu absolutem Stillschweigen über alles, „was sich in irgendeiner Weise auf die Wahl des Papstes bezieht", verpflichtet. Außerdem haben vorauseilende Spionagetechniker die heilige Halle nach Wanzen abgesucht und sie mithilfe von Infrarottechnik gegen jedweden Lauschangriff abgeschottet. Zu guter Letzt hat sich Joaquín Navarro-Valls, der Pressesprecher des „Heiligen Stuhles", bis zur Bekanntgabe des Namens seines künftigen Dienstherrn für „absolut unansprechbar" erklärt. Dennoch werden nach dem Konklave einige Breschen in die hohen vatikanischen Mauern geschlagen – von innen. Am Tag nach der Wahl begeht der niederländische Kardinal Adrianus Simonis eine lässliche Sünde und gibt in einem Fernsehinterview das Mysterium der missglückten „Fumata" preis. Beim Versuch, jenen gusseisernen Kanonenofen, der die wolkige Frohbotschaft in die Außenwelt entlässt, mit chemischen Zusatzmitteln zu präparieren, geht der Schuss offenbar nach hinten los. „Auf einmal stand die ganze Kapelle voller Rauch", berichtet der Purpurträger und nennt das ganze Ritual eine „romantische Angelegenheit". Geziemend kryptisch äußert sich Kardinal Oscar Andrés Rodríguez Maradiaga aus Honduras. Es habe „Versuche der Beeinflussung von außen" gegeben, die Kardinäle seien aber unbeeindruckt geblieben. Im September 2005 erscheinen in der angesehenen italienischen Politikzeitschrift „Limes" Exzerpte des „Konklavetagebuches" eines anonymen Kardinals. Entgegen der bis dahin nahezu bibelfesten Kolportage, der neue Papst sei mit überwältigender Mehrheit auf den Stuhl Petri gehievt worden, behauptet er, dass nicht mehr als 84 von 115 Stimmen auf den Dekan des Kardinalskollegiums entfielen, dass ihm mit dem Argentinier Jorge Mario Bergoglio ein ernst zu nehmender Rivale heranwuchs, der nach dem dritten Wahlgang sogar über eine Sperrminorität verfügte, schließlich aber mit der Erklärung seines „Rückzuges" dem leicht angefochtenen Favoriten das Feld überließ. Diese profanierenden Enthüllungen sind – wie auch manche kirchlich abgesegnete Glaubenswahrheit – journalistisch kaum verifizierbar. Vatikanische Wahlsieger, obschon als einzige dazu autorisiert, bewahren zur Genesis ihrer Amtszeit grundsätzliches Stillschweigen. Seinen pilgernden Landsleuten hat der waltende Papst allerdings verraten, dass ihm „ganz schwindelig zumute wurde, als das Fallbeil auf mich herabfiel. Tu mir das nicht an!", habe er gen Himmel gefleht, „aber der Herr hat mir offenbar nicht zugehört." Eine solche Aussage, soviel lässt sich im historischen Rückblick erkennen, zählt zum Standardrepertoire angehender Arbeiter im Weinberg des Herrn; zur gesicherten Rekonstruktion sixtinischer Personalrochaden trägt sie weniger bei. Immerhin hat das erste Konklave des dritten Jahrtausends zwei traditionsreiche Dogmata des römisch-katholischen Volksglaubens Lügen gestraft: dass ein Mann „aus dem Lande Luthers niemals Papst" werden kann, dass „wer als Papst ins Konklave geht, als Kardinal wieder herauskommt". Unzweifelhaft bleibt, dass der Vatikan ein Hort unaussprechlicher Mysterien ist – und eine Herberge der redseligen Geheimniskrämerei. Nicht nur an Wahltagen.

Am Wahltag blickte der ganze Erdkreis auf die eine Stadt. Noch einmal konnte er sich in dem falschen Glauben wiegen, die globalen Dörfer der säkularisierten Welt würden von einer einzigen Kuppel überragt. In Rom jedenfalls löste die Aura des historischen Augenblicks einen zentripetalen Herdentrieb aus. Als die vielsagende Rauchsäule aufstieg, war aus der olympischen

Perspektive der Beobachterpositionen auf den Terrassen rund um den Vatikan mitzuverfolgen, wie Hunderte Menschen aus allen Himmelsrichtungen zum Petersplatz eilten. Dass sie dort mit dem neuen Papst eigentlich einem alten Bekannten begegneten, tat der christlichen Gefühlswallung keinen Abbruch.

Der Pilgerstrom ist seither nicht mehr abgerissen, doch die Perspektive hat sich verändert. Das gläubige und das ungläubige Staunen über die rasche Metamorphose eines gestrengen und einzelgängerischen Glaubenshüters zum sanftmütigen Seelsorger der Katholikenmilliarde sind weitgehend abgehandelt, der mystische Zauber des Anfangs ist – auch im Sinne einer benediktischen Neigung zur Versachlichung – einer gewissen pastoralen und administrativen Routine gewichen. Wenige bezweifeln, dass der neue Papst aus dem Schatten seines Vorgängers herausgetreten ist, wenngleich sich die Abweichungen von dessen weltanschaulicher Fährte bislang in engen Grenzen halten. Der Vatikan ist, nach einem Jahr der spektakulären Events, wieder zur festen Burg römisch-katholischer Kontinuitäten geworden. Auf den Terrassen ringsum jedenfalls dominieren wie weiland profane Wäscheleinen, und im nachbarschaftlichen Plausch dringt mit zunehmender Frequenz eine häretische Binsenweisheit zu Ohren: „Morto un papa, se ne fa un altro – wenn ein Papst stirbt, kommt ein anderer nach." So klingt das mediterrane Relativitätsprinzip, das selbst vatikanische Mauern mühelos überwindet. Bewehrt mit solcherlei mildtätiger Skepsis und bewegt vom rechten Sensorium für das Sakrale, nähern wir uns dem Gottesstaat und seinen Geheimnissen.

Der Weg ins Innere des „Status Civitatis Vaticanae" – so die amtssprachliche Bezeichnung – ist mit Grenzerfahrungen gepflastert, nicht nur im spirituellen Sinne. Wer sich im zumeist zähflüssigen Pilgerstrom über die Via della Conciliazione treiben lässt, vorbei an den merkantilistischen Kontrollposten der Devotionalienhändler, erreicht die Schwellen des Petersplatzes. Die schweren Eisenketten, die sie lange gesäumt haben, wurden mittlerweile von einem mobilen Metallzaun abgelöst, er soll dem Zeremonien-großbetrieb, der während des langen Pontifikates von Johannes Paul II. ohnehin manchen Rahmen gesprengt hat, besser gerecht werden. Der Eindruck, bereits an dieser Stelle ohne sonderlichen Aufwand eine Staatsgrenze zu übertreten, wäre trügerisch. Der Petersplatz zählt zwar zum päpstlichen Hoheitsgebiet, trägt jedoch exterritorialen Charakter, was auch erklärt, warum auf dem Platz neben vatikanischen Gendarmen auch italienische Polizisten um Recht und Ordnung bemüht und dabei nicht selten mit der Austragung bilateraler Kompetenzstreitigkeiten beschäftigt sind. Das vertraglich abgesicherte Terrain des Papstes beginnt erst hinter dem Glockentor auf der linken und der Porta di Sant'Anna auf der rechten Seite der Kolonnaden. Grenzgänger werden von der Schweizergarde höflich gestoppt und nach dem Grund des Begehrens gefragt. Wer überzeugend wirkt, wird wenige Schritte weiter in die Wachstube der vatikanischen Gendarmerie vorgelassen, wo gegen Vorlage eines Personalausweises und nach Angabe eines nachweislichen Besuchstermins Passierscheine ausgestellt werden. Dann erst ist der Weg ins administrative Innenleben jener global agierenden religiösen Großmacht frei, die sich heute über den kleinsten Staat der Welt erstreckt.

Warum eine Organisation, die sich als Stabsstelle einer himmlischen und mithin grenzenlosen Allmacht begreift, solcher Rituale der Abschottung bedarf, ist mit der wechselvollen Geschichte ihres irdischen Daseins zu erklären. Der jüngste Versuch, den seit dem 8. Jahrhundert bestehenden Kirchenstaat für immer von der Landkarte zu tilgen, liegt nach vatikanischem Zeitgefühl gar nicht weit zurück. 1870 rückten die Truppen des jungen italienischen Staates gegen die „von Gott gelegte Grundmauer der Kirche" vor, „um sie, wenn es möglich wäre, zu zerstören." So wird der Vorstoß in den Akten des Ersten Vatikanischen Konzils (1869/70) geschildert. Dass es Pius IX., den letzten geistlichen und weltlichen Alleinherrscher über Rom und den Kirchenstaat, im selben Jahr mit dem Dogma der Unfehlbarkeit in Fragen der

Glaubens- und Sittenlehre ausstattete, verrät einiges über den realpolitischen Kontext katholischer Grundsatzentscheidungen. Militärisch allerdings hatte das Papsttum aus eigener Kraft und nach dem Abzug der Schutztruppen Napoleons III. wenig aufzubieten. Am 20. September 1870 wurde Rom von der italienischen Einigungsbewegung erstürmt, schon nach wenigen Stunden musste der Papst die weiße Fahne hissen. Gottes Grundmauern blieben zwar erhalten, doch alle weltliche und territoriale Macht lag in den folgenden Jahrzehnten in den Händen italienischer Monarchen. Ein Garantiegesetz König Viktor Emanuels II., das ihm die Souveränität in der geistlichen Führung der Kirche und überdies die freie Nutzung der vatikanischen Infrastruktur zugestehen sollte, lehnte Pius IX. mit einem geharnischten Protestschreiben ab. Er zog es vor, sich fortan im Apostolischen Palast zu verschanzen und ihn bis zu seinem Tod 1878 auch nicht mehr zu verlassen. Seine Nachfolger Leo XIII., Pius X. und Benedikt XV. folgten diesem eskapistischen Beispiel. Wenn der Vatikan bis heute als Bollwerk gegen modernistische Anfeindungen wahrgenommen wird, so ist dies auch mit diesem langen Interregnum der politischen Ohnmacht zu erklären.

Die Aussöhnung gelang erst im Pontifikat von Pius XI., lange nach dem Ersten Weltkrieg, als Italien bereits seinen faschistischen Sündenfällen entgegensteuerte. Nach langwierigen Verhandlungen unterzeichneten Kardinalstaatssekretär Pietro Gasparri und Benito Mussolini am 11. Februar 1929 die Lateranverträge, die die wechselseitige Anerkennung und die nachbarschaftlichen Beziehungen beider Staaten besiegelten. Der Papst akzeptierte Rom als Hauptstadt des Königreiches und Sitz der italienischen Regierung und verpflichtete sich zu außenpolitischer Neutralität. Italien garantierte im Gegenzug die politisch-territoriale Souveränität des Vatikans, gewährte für den Verzicht auf den damals 41.450 Quadratkilometer umfassenden Kirchenstaat und seine Güter eine Abschlagszahlung von 1,75 Milliarden Lire und erklärte den Katholizismus zu seiner Staatsreligion. Dass die Kirche ihre weltliche Souveränität durch einen Pakt mit einem Diktator zurückgewann, erschien dem Papst unter den gegebenen Bedingungen durchaus akzeptabel. Immerhin legte er ein neues gesetzliches und finanzielles Fundament für den wenn auch eingeschränkten, so doch abgesicherten Fortbestand pontifikaler Traditionen. Der solcherart rehabilitierte Pontifex stellte sogar Mutmaßungen über allfällige Interventionen von ganz oben an: „Vielleicht bedurfte es auch eines solchen Mannes, auf den die Vorsehung uns hat treffen lassen", meinte Pius XI. nach Vertragsabschluss, eine Wortspende, die der Duce propagandistisch trefflich zu nutzen wusste. Sich selbst schrieb der Papst in einer Feierstunde auf dem Petersplatz das Verdienst zu, „Italien an Gott und Gott den Italienern" zurückgegeben zu haben. Darüber ließe sich heute auch unter Zuhilfenahme statistischer Daten über die zunehmend glaubensschwache Gesellschaftsstruktur Italiens streiten. Doch ohne Zweifel erwies sich das bilaterale Konstrukt als tragfähig, über alle Fährnisse des 20. Jahrhunderts hinweg. Zwar hat eine laizistische Revision des Konkordates im Jahre 1984 die katholische Staatsreligion für Italien abgeschafft, zu einem Zeitpunkt also, als die weltanschauliche Expansionspolitik der Kirche ohnehin nicht mehr an derlei Errungenschaften gebunden war. Doch die politische wie auch die territoriale Größe des Vatikans fußen bis heute auf jenen Verträgen, die damals im Lateranpalast, dem alten römischen Bischofssitz, unterzeichnet wurden.

Seither also ist der „Heilige Stuhl", mithin der Papst als Oberhaupt der katholischen Weltkirche mitsamt seiner Kurie, als Subjekt des Völkerrechtes verankert, was auch das Recht impliziert, Beziehungen zu anderen Staaten aufrechtzuerhalten. Heute ist der Vatikan mit seinen Nuntiaturen in mehr als 170 Ländern präsent und hält einen Status als „Ständiger Beobachter" bei den Vereinten Nationen. Auch der diplomatischen Raffinesse seiner Administratoren und Gesandten, nicht nur dem Charisma der Oberhäupter, ist es zuzuschreiben, wenn sich dem Pilgertross nach Rom wie selbstverständlich auch Staats- und Regierungschefs aus allen

Kontinenten anschließen und der „Heilige Stuhl" auch im politischen Krisenmanagement dieser Welt eine Rolle spielt.

Der Eindruck dieser wiedergewonnenen Weltläufigkeit, vor allem aber das historische Gewicht und die architektonische Monumentalität der Petersbasilika könnten darüber hinwegtäuschen, dass der Vatikanbesucher einen Zwergstaat betritt. Der mit den Lateranverträgen ins Leben gerufene „Stato della Città del Vaticano" ist als territorialer Sitz des „Heiligen Stuhles" gerade einmal 0,44 Quadratkilometer klein. Groß genug allerdings, um nicht nur die kultische, repräsentative und administrative Zentrale der katholischen Christenheit, sondern gleich zwei Regierungen zu beherbergen. Den „Heiligen Stuhl", der mit der geistlichen Leitung der Weltkirche und ihren Organen befasst ist, und die „Pontifikalkommission für den Staat Vatikanstadt". Der Vorsitzende dieses aus 5 Kardinälen zusammengesetzten Gremiums ist de jure einem Ministerpräsidenten vergleichbar; de facto untersteht freilich auch er dem alleinigen Befehlshaber im Vatikan.

Lange bevor die aus den Lateranverträgen resultierenden Finanzmittel in die christliche Mission, das Sponsoring politischer Umwälzungen und in einige obskure Spekulationsgeschäfte investiert wurden, flossen sie zu Beginn der Dreißigerjahre in überfällige Modernisierungsprojekte. Der Palazzo del Governatorato, in dem die Zivilverwaltung des Vatikanstaates angesiedelt ist, die päpstliche Pinakothek und ein Kopfbahnhof mit Anschluss an das italienische Schienennetz zählen zu den Resultaten dieser Bauphase. Als Verbindung zur Außenwelt findet der Bahnhof heute allerdings weitaus weniger Verwendung als der an der Spitze des Vatikanhügels gelegene Hubschrauberlandeplatz. Er wurde vom romflüchtigen Papst Johannes Paul II. regelmäßig für den Transfer zum Flughafen Ciampino genützt, tut aber auch bei Ausflügen seines Nachfolgers in die päpstliche Sommerresidenz Castel Gandolfo seinen Dienst. Zur profanen Infrastruktur zählen überdies einige Tankstellen, das vatikanische Postamt, die Apotheke und die geheimnisumwitterte vatikanische Bank IOR, deren Geldautomaten auch lateinische Befehle anstandslos akzeptieren. Ein hauseigenes Elektrizitätswerk stellte seinen Betrieb bereits in den Fünfzigerjahren ein: Der Befürchtung wegen, Vibrationen und Magnetfelder könnten die Fresken in der nahe gelegenen Sixtinischen Kapelle beschädigen. Wasser und Strom werden ohnehin aus Italien angeliefert, wobei zuweilen Zweifel an der vatikanischen Zahlungsmoral laut werden. Die Kirche verweist auf die in den Lateranverträgen garantierte Grundversorgung und hat finanzielle Begehrlichkeiten der römischen Stadtverwaltung wiederholt mit dem Hinweis abgewiesen, dass ein souveräner Staat dem anderen keine Steuern abgibt. Das Argument hat allerdings nach der Teilprivatisierung der Stadtwerke an Überzeugungskraft eingebüßt. Eine Nachzahlungsforderung für die bis zur Jahrtausendwende geleistete Abwasserentsorgung in Höhe von 20,6 Millionen Euro harrt seither der gnädigen Bearbeitung.

Um im Miniaturstaat der Raumnot Abhilfe zu schaffen, wurde in den Neunzigerjahren unweit der Sakristei von St. Peter ein modernes Apartmentgebäude, das Hospiz Santa Marta, errichtet. Im römisch-katholischen Alltag wird es von rund 120 Kurienangestellten bewohnt. Im Ernstfall eines Konklaves werden sie allerdings ausquartiert, um den anreisenden Elektoren eine angemessene und in Ansätzen luxuriöse Unterkunft zu bieten; eine Folge traditionsreicher Klagen über kardinals- wenn nicht gar menschenunwürdige Bedingungen bei der Papstwahl. Besonders augenfällig ist das geschwungene Dach der im Auftrag Pauls VI. errichteten Sala Nervi, eine bis zu 7.000 Personen fassende Halle, in der Konzerte und Generalaudienzen abgehalten werden. Durch diesen Saal verläuft übrigens die vatikanisch-italienische Grenze; die Bühne des Papstes liegt noch im eigenen Hoheitsgebiet, die Pilgerschaft erweist ihm ihre Reverenz bereits aus dem Ausland.

Eine besondere Enklave im Gelände der durchaus umtriebigen Kirchenstadt ist der im Schatten der Peterskuppel gelegene „Campo Santo Teutonico", nicht nur seiner Friedhofsruhe wegen. Der Überlieferung nach wurde der Gottesacker anno 799 auf Veranlassung Karls des Großen mit geweihter Erde aus dem Kalvarienberg von Jerusalem angelegt. Der Friedhof und das angrenzende Priesterkolleg werden von einer deutschen Erzbruderschaft geführt. Alle Versuche, das 5.000 Quadratmeter große Feld samt Kirche dem vatikanischen Terrain einzugemeinden, sind gescheitert. Die am Glockentor wachhabenden Schweizergardisten sind daher angehalten, teutonische Friedhofsgänger auch ohne Grenzkontrolle passieren zu lassen. Dieses Heimatrecht gilt für die gesamte Nachwelt des Heiligen Römischen Reiches Deutscher Nation, mithin auch für Ankömmlinge aus Österreich; folgerichtig blickt ihnen vom Dach des Priesterkollegs ein Habsburger Doppeladler entgegen. Schon seit seinen Kardinalszeiten ist der deutsche Papst ein aktives Mitglied der Erzbruderschaft. Dem Campo Santo Teutonico hat er einen Monat nach seiner Amtseinsetzung einen ersten pontifikalen Besuch abgestattet.

Über seine engen Spielräume hinter den leoninischen Mauern reicht die autonome Bewegungsfreiheit des Vatikans hinaus. Zu seinen exterritorialen Gebieten im italienischen Rom zählen das „Heilige Offizium", einst inquisitorische Zentralbehörde, heute als Sitz der Kongregation für die Glaubenslehre höchste Kontrollinstanz allein selig machender Wahrheiten; Castel Gandolfo, seit dem frühen 17. Jahrhundert päpstliche Sommerresidenz in den Albaner Bergen, von Johannes Paul II. huldvoll „Vatikan II" tituliert; die drei Patriarchalbasiliken San Giovanni in Laterano, San Paolo fuori le Mura und Santa Maria Maggiore; der Lateranpalast, heute Zentrale des römischen Vikariats. Allein in Rom stehen schätzungsweise über 5.000 Immobilien im Besitz der katholischen Kirche. Dass sich darunter auch einige Spekulationsobjekte befinden, ist ein hartnäckiges Gerücht. Insgesamt erstreckt sich der Vatikan außerhalb seines hügeligen Herzstücks noch einmal über 70 Hektar Grund – mit bescheidenen Expansionsmöglichkeiten. 1953 hat sich der geschrumpfte Kirchenstaat das nördlich der römischen Stadtgrenze gelegene Gebiet von Santa Maria di Galeria einverleibt. Dort türmen sich die Sendeanlagen von Radio Vatikan auf, das in

37 Sprachen seine Frohbotschaften in die Welt entlässt. Dies allerdings zum großen Verdruss der Anwohner, die über Jahre hinweg eine drastische Zunahme von Leukämieerkrankungen beklagten und sie auf die im nationalen und internationalen Vergleich überdosierte elektromagnetische Strahlung zurückführten. Das Sendungsbewusstsein von Radio Vatikan hat der Antennenstreit nicht beeinträchtigt (siehe Kapitel 12).

Der Vatikan ist ein „unbedeutender Sockel, auf welchem allerdings eine unabhängige und souveräne Macht sitzt, die ihre Flügel ausbreitet, um die ganze Welt abzudecken: Sie wird respektiert und geschätzt oder aber verdächtigt und bekämpft, aber sie ist imposant durch ihre Größe, ihre Geschichte und ihren Einfluss." Also sprach Kardinal Agostino Casaroli, dessen politische Missionsarbeit in Osteuropa zum Wiedererstarken dieses Einflusses wesentlich beigetragen hat. Trotz seiner territorialen Implosion gegen Ende des 19. Jahrhunderts ist es dem Vatikan gelungen, einen beträchtlichen Anteil seiner politischen und einen hohen Anteil seiner spirituellen Autorität in moderne und postmoderne Zeiten herüberzuretten. Seine schwer befestigte und ummauerte römische Machtzentrale, auf der vor 500 Jahren die größte Kirche der Welt deren erstes Licht erblickte, erweckt ohnehin den einschüchternden Eindruck, sie sei für die Ewigkeit gebaut und könne deren Ankunft zuversichtlich und unbeschadet erwarten.

Vergessen könnte man darüber, dass die ernannten und selbst ernannten Nachfolger Petri das erste Jahrtausend des organisierten Christentums im Lateran zugebracht haben, an eben jener Stätte, in der 1929 die vorerst letzte Zäsur seines herrschaftlichen Daseins besiegelt wurde. Erst nach der Rückkehr aus dem Exil von Avignon 1377 hatte auf dem „ager vaticanus", dem Gelände auf der rechten Tiberseite, der Auf- und Ausbau jener prachtvollen Residenz, die die irdische Macht und zugleich die himmlische Legitimation des Papsttums veranschaulichen sollte, begonnen. Nichts mehr erinnert heute daran, dass der Fels Petri, auf dem diese Kirche gebaut ist, zu Lebzeiten Jesu Christi ein unwirtlicher

Tuffsteinhügel war, zu dessen Füßen sich der Circus des Nero und an dessen Flanke sich die „valle dell'inferno" – das „Tal der Hölle" – ausbreitete. Man mag dies der Ironie der Religionsgeschichte zuschreiben, oder aber jener immerwährenden Dialektik von Gut und Böse, von der auch in diesem Buch die Rede ist.

2) Management eines Mysteriums

An der Größe der Herde gemessen ist der Personalstand in der römischen Chefetage des Oberhirten überschaubar. Aus dem Statistischen Jahrbuch der Kirche geht hervor, dass die Zahl der katholisch Getauften während des Pontifikates von Johannes Paul II. um 45 Prozent auf 1,098 Milliarden angewachsen ist; bei weiterhin steigender Tendenz, wenn man von säkularen Symptomen der Ermattung im christlichen Abendland einmal absehen will. Diesen Heerscharen stehen knapp 3.600 von den Behörden des „Heiligen Stuhles" und des Vatikanstaates beschäftigte Dienstnehmer gegenüber. Selbst wenn man ihren Zuständigkeitsbereich auf die berufsaktiven Vereinsmitglieder einengen will – weltweit 4.800 Bischöfe, 421.000 Bistums- und Ordenspriester und rund 700.000 Nonnen –, ist die römische Zentralverwaltung ein kleiner Stoßtrupp – was zentralistischen Neigungen allerdings nicht im Wege steht. Wohnhaft ist im Zwergstaat aufgrund des Platzmangels ohnehin nur eine knappe Tausendschaft, der Rest der Mitarbeiter rekrutiert sich aus pendelnden Gastarbeitern. Vor seinem Umzug in den Apostolischen Palast residierte selbst der amtierende Papst exterritorial in einem Apartment auf der Piazza della Città Leonina, allerdings in unmittelbarer Grenznähe zum Petersplatz. Aus streng behördlichem Blickwinkel betrachtet, schrumpft die ansässige Gemeinde sogar noch weiter. Bei der letzten Volkszählung wurden lediglich 492 Inhaber eines vatikanischen Reisepasses ermittelt, zumal das Privileg der Staatsbürgerschaft funktionsbedingt und daher nur auf Zeit vergeben wird; eine Regelung, die keine Standesunterschiede kennt und daher für den kleinen Beamten in der Amtsstube einer Kongregation ebenso gilt wie für den Kurienkardinal, der ihn befehligt, oder den Nuntius, der als päpstlicher Gesandter im christlichen oder heidnischen Ausland überdies Immunität genießt. Die vatikanische Staatsbürgerschaft lässt auch die Nationalität von Zugereisten unangetastet. Dieser Umstand führte nach der Wahl des deutschen Papstes zu einer ketzerischen Anfrage an die Berliner Bundesregierung. Hans Christian Ströbele, streitbarer, wenngleich katholischer Abgeordneter der Grünen, verwies darauf, dass nach geltendem Recht die Annahme einer ausländischen Staatsbürgerschaft mit dem umgehenden Verlust der deutschen einhergeht und wollte erfahren, ob dies auch Benedikt XVI. betreffe. Die Bundesregierung argumentierte, der Bürger Joseph Ratzinger habe die vatikanische Staatsbürgerschaft nicht beantragt, vielmehr sei sie ihm „qua Berufung in eine bestimmte Funktion" übertragen worden, daher sei und bleibe er Deutscher mit Fug und Recht. Die legendäre „Bild"-Schlagzeile „Wir sind Papst!" entspricht somit bis auf Weiteres den Tatsachen. Von weitaus höherer politischer Brisanz war die Doppelstaatsbürgerschaft des Vorgängers. Als 1979 die Warschauer Regierung auf dringliche Empfehlung aus dem Kreml überlegte, dem ungebetenen Gast aus dem Vatikan die Einreise ins Heimatland zu verwehren, konnte Johannes Paul II. auf seinen gültigen polnischen Pass verweisen.

Für den Großteil der vatikanischen Beamtenschaft sind derlei Formalitäten unerheblich, weil die Vorzüge eines Jobs im Vatikan auch normalsterblichen Italienern und in leicht zunehmender Zahl auch entfernteren Ausländern zugänglich sind. Wer zu den rund 2.300 Laienangestellten des Kirchenstaates zählt, kann in aller Regel einen Taufschein und die Empfehlung eines einflussreichen Gönners im Talar vorweisen – so will es die gottgefällig-klientelistische Tradition. Der Dienst am „Heiligen Stuhl" ist eine „delikate Angelegenheit", schreibt Johannes Paul II. 1988 in seiner Apostolischen Konstitution „Pastor bonus", die von den Mitarbeitern Tugend, Klugheit, ein beispielhaftes christliches Leben und Verhalten wie auch die Berücksichtigung der Normen der

Kirche im familiären Bereich und im Privatleben verlangt. Auch dürfen die Angestellten „keinen Institutionen und Bewegungen angehören, deren Ausrichtung mit der Doktrin und der Disziplin der Kirche nicht im Einklang steht". Abweichungen von derlei „catholic correctness" sorgen allerdings auch im Vatikan regelmäßig für Erregungen diverser Art. Der erwünschte christliche Lebenswandel wird seit 1995 auch vertraglich festgehalten; mit seiner Unterschrift legt der Anwärter für einen Arbeitsplatz auch ein Bekenntnis zur Morallehre der Kirche ab, die in diesem Arbeitszusammenhang übrigens auch den Verzicht auf Streik einfordert. Das Gebot wurde bislang weitestgehend beherzigt, was im überaus streikaktiven Italien mit ungläubigem Staunen zur Kenntnis genommen wird. Die Zeiten allerdings, als die Bezahlung der Mitarbeiter noch ausschließlich dem Ratschluss geistlicher Dienstherren überantwortet war, sind vorbei. Von der leichten Demokratisierungsbrise des Zweiten Vatikanischen Konzils erfasst, rief Papst Paul VI. Ende der Sechzigerjahre ein erstes Personalbüro am „Heiligen Stuhl" ins Leben. Es sollte die Postenvergabe einem transparenteren Reglement unterwerfen und die allgemeinen Arbeitsbedingungen verbessern.

Das Monatsgehalt eines Vatikanbeschäftigten der unteren Gehaltsklasse nimmt sich heute mit etwa 1.300 Euro noch immer recht bescheiden aus, unterliegt allerdings keiner Einkommensteuer. Ein hoher Kardinal der Kurie erhält wenig mehr als das Doppelte, was beweist, dass das Spitzenmanagement des Vatikans zumindest anteilsmäßig für Gotteslohn arbeitet. Mit einem päpstlichen Engagement lebt es sich jedoch nicht schlecht. Purpurträger residieren in weihevollen Dienstwohnungen, dem nicht betuchten Personal verhilft wohlmeinende Fürsprache mitunter zu einer erschwinglichen Bleibe in einem kirchlichen Mietshaus in Rom. Schließlich öffnet eine Mitarbeiterkarte die Tore der begehrten „Annona", des vatikanischen Supermarktes, wo Lebensmittel, Bekleidung, aber auch Alkohol und Tabak zu wahren Dumpingpreisen feilgeboten werden. Hier stehen schon in den frühen Morgenstunden hochwürdige und gemeine Einkäufer in Scharen an, um sich mit Waren des täglichen Bedarfs einzudecken. Nicht selten auch werden sie regelwidrig an Verwandte und Bekannte in der Außenwelt weitergegeben oder – mit beträchtlichen Gewinnspannen – weiterverkauft. Bereits seit den Siebzigerjahren versucht die Kurie mit einiger Mühe, diesen Schwarzmarkt stillzulegen; wie es scheint, blüht er noch immer. Automobile Pilgerschlangen bilden sich heute regelmäßig auch vor den vatikanischen Tankstellen, deren Treibstoffpreise um ein Drittel tiefer liegen als andernorts.

Mittlerweile ist die Belegschaft auch gewerkschaftlich leidlich organisiert. Im Belvederehof befindet sich der Sitz der „Arbeitnehmervereinigung der Laien im Vatikan", die 1981 erstmals von Johannes Paul II. empfangen wurde. Gegenstand der Verhandlungen waren die Reduktion des Arbeitspensums und eine Erhöhung des Stundenlohns. Als beide Forderungen abgelehnt wurden, kam es zu einer in der Kirchengeschichte bis dahin einmaligen Schweigeprozession, die zunächst zu erhobenen Zeigefingern, letztlich aber zu einem Kompromiss führte. Seither gilt im Vatikan die 36-Stunden-Woche, regelrechte Tarifverhandlungen gibt es aber bis heute nicht.

Zum profaneren Treiben im Schatten der Mutterkirche gehört schließlich seit 1973 auch die Ausrichtung einer Fußballmeisterschaft, an der sich bis zu 12 Mannschaften beteiligen. Neben dem vatikanischen Meistertitel, der – wenig überraschend – vom FC Guardia, dem Club der Schweizergardisten, am häufigsten erobert wurde, wird auch ein Spezialpreis für sportliche Sittsamkeit vergeben. Ihn erhält jene Mannschaft, die im Saisonverlauf die wenigsten Abmahnungen – gelben und roten Karten – sammelt.

Der Kirchenstaat verfügt auch über eine eigene Rechtsprechung, die von drei Gerichtshöfen geleistet wird. Die Apostolische Pönitentiarie agiert im rein geistlichen Ambiente und verhandelt unter absoluter Geheimhaltung Fälle über einen Bruch des Beichtgeheimnisses, die Dispens von Gelübden und andere Gewissenskonflikte des geistlichen Lebens. Sie wird vom „Heiligen Stuhl" auch eingeschaltet, wenn eine Exkommunikation zur Debatte steht. Leiter dieses „Bußtribunals" ist der für das Ablasswesen und andere Begnadigungsgesten der Kirche zuständige Großpönitentiar im Kardinalsrang. Die „Sacra Romana Rota" fungiert eigentlich als Berufungsinstanz für sämtliche kirchenrechtlichen Streitfälle, ist aber vor allem bekannt und berüchtigt, weil sie sich mit den Ausnahmen von der Grundregel der unauflöslichen christlichen Ehe befasst und ihre Annullierungsurteile auch von prominenten Paaren erheischt werden (siehe Kapitel 11). An der „Sacra Romana Rota" sind derzeit rund achtzig hoch angesehene und katholisch integre Laienjuristen zugelassen. Die Apostolische Signatur schließlich ist das kirchliche Höchstgericht und wird von einem Gremium von zwölf Kardinälen geleitet. Es entscheidet in letzter Instanz etwa über Kompetenzstreitigkeiten von Kongregationen und anderen Kurienbehörden und prüft außerdem die Jahresberichte der Diözesantribunale. Die Aufarbeitung und Ahndung profaner Straftaten überlässt der Vatikan hingegen gern den Behörden des Nachbarlandes. Auf der Grundlage der Lateranverträge darf die italienische Polizei auch auf päpstlichem Hoheitsgebiet zur Tat schreiten. Zur Hauptsache handelt es sich dabei um Taschendiebstähle und andere kleinkriminelle Taten, die im Pilgerdickicht des Petersplatzes verübt werden. Ebendort haben italienische Einsatzkräfte am 13. Mai 1981 aber auch Mehmet Ali Ağca dingfest gemacht und verhaftet. Der Papstattentäter wurde später von italienischen Gerichten abgeurteilt. Im Mai 1998 hingegen, nach der Ermordung des Kommandanten der Schweizergarde, war italienische oder eidgenössische Ermittlungshilfe unerwünscht (siehe Kapitel 18).

Vatikanische Behörden arbeiten offiziell an 6 Tagen von 8 bis 14 Uhr, mit zwei Nachmittagsschichten am Dienstag und Donnerstag, die allerdings weniger sakrosankt erscheinen. Über die „inertia vaticana" hat sich bereits Johannes XXIII. öffentlich ge-

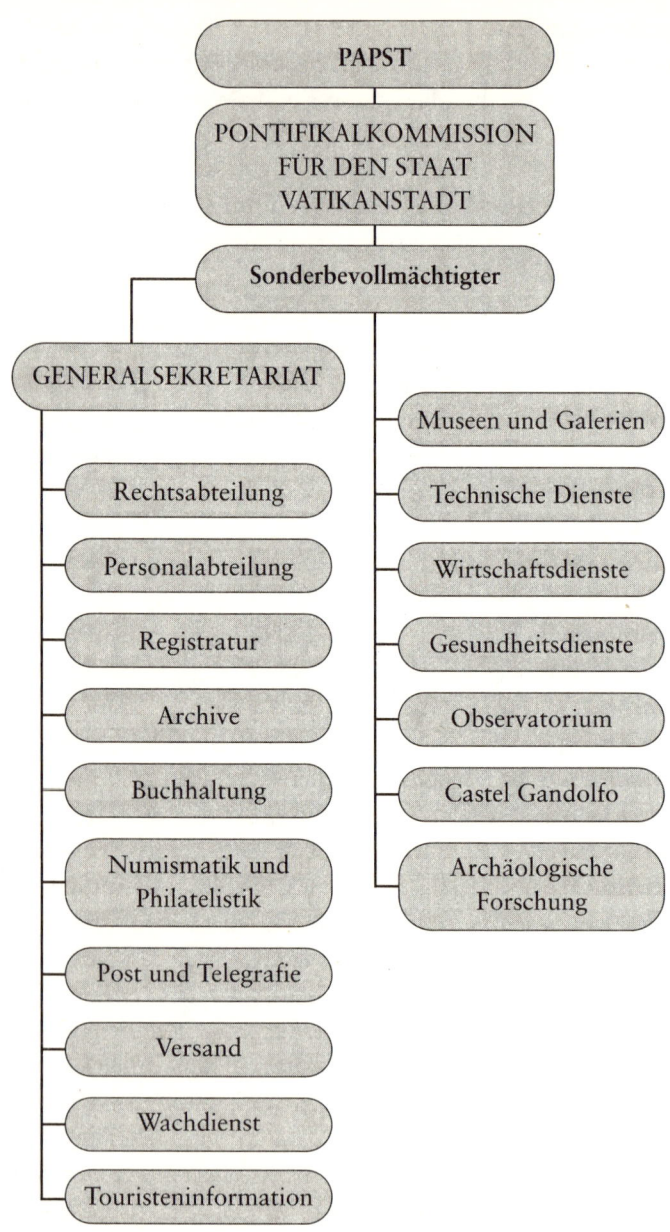

PAPST

PONTIFIKALKOMMISSION
FÜR DEN STAAT
VATIKANSTADT

Sonderbevollmächtigter

GENERALSEKRETARIAT

Rechtsabteilung

Personalabteilung

Registratur

Archive

Buchhaltung

Numismatik und
Philatelistik

Post und Telegrafie

Versand

Wachdienst

Touristeninformation

Museen und Galerien

Technische Dienste

Wirtschaftsdienste

Gesundheitsdienste

Observatorium

Castel Gandolfo

Archäologische
Forschung

äußert, als er die Frage des damaligen US-Präsidenten Dwight D. Eisenhower, wie viele Leute im Vatikan arbeiteten, mit folgendem (seither sprichwörtlichem) Satz beantwortete: „Ich hoffe, die Hälfte." Zur päpstlichen Unternehmenskultur schreibt der Jesuit Thomas J. Reese in seiner ausführlichen Darstellung des kirchlichen Innenlebens: „Der Vatikan ist ein Ort voller Widersprüche: tief in der Geschichte versunken, aber mit dem Versuch, die Gegenwart zu kontrollieren; mit Menschen, die sich dem Dienst an Papst und Kirche verschrieben haben und dennoch der Versuchung von Ehrgeiz und Macht unterliegen; mit einer Bürokratie, die alle Fallen eines königlichen Hofes bereithält. Doch es dürfte letztlich niemand überraschen, dass der Vatikan noch nie seinen eigenen Idealen entsprochen hat – wie gesagt, die Kirche hatte schon immer mehr Sünder als Heilige in ihren Reihen." Das kritische Urteil ändert nichts an der Tatsache, dass zumindest die administrative Effizienz des Kirchenstaates einen sehr guten Ruf zu verteidigen hat: Viele Römer etwa, die den verschlungenen Pfaden der italienischen Brief- und Paketbeförderung kein Zutrauen entgegenbringen, pilgern gern auf direktem Wege zum vatikanischen Postamt am Petersplatz.

An der Stetigkeit der römischen Kurie, deren heutige Organisationsform auf die im Jahre 1588 von Sixtus V. verfasste Konstitution „Immensa aeterni Dei" rückführbar ist, kann selbst ein Papst so leicht nicht rütteln. Dennoch verleiht ihr jedes Pontifikat ein unverwechselbares Gepräge. Unter Johannes Paul II., dem reiselustigen „Außenpolitiker" mit wenig Sinn für die Binnenmechanik seines Beamtenapparats, entwickelten die Hausmächte zarte Ansätze zu anarchistischer Verselbstständigung. Andererseits hat Karol Wojtyła ihren Widerstand – etwa gegen interreligiöse Dialogangebote oder die leicht flagellantische Vergebungsbitte der Kirche im Heiligen Jahr 2000 – immer wieder erfolgreich gebrochen. An das Pontifikat Benedikts XVI., dessen kurialer Erfahrungsschatz ungleich größer ist, knüpfen sich Erwartungen, der nach außen hin manifestierten pastoralen Sanftmut des Oberhaupts möge ein gewisser innenpolitischer Rigorismus und eine Straffung des organisatorischen Gefüges entsprechen. In diese Richtung weisen Strukturmaßnahmen und Personalrochaden nach Ablauf des ersten Amtsjahres. Hervorzuheben sind dabei die Zusammenlegung einzelner Ämter und Kommissionen – insbesondere die Entmachtung des „Rates für den interreligiösen Dialog" durch seine Angliederung an den päpstlichen Kulturrat –, die Neubesetzung des Staatssekretariates durch den Genueser Kardinal und ehemaligen Sekretär der Glaubenskongregation, Tarcisio Bertone, und die Ablösung des Pressesprechers am „Heiligen Stuhl", Joaquín Navarro-Valls, durch den Generaldirektor von Radio Vatikan, den Jesuiten Federico Lombardi. Mit der Kardinalsernennung des ehemaligen Privatsekretärs von Johannes Paul II., Stanisław Dziwisz, und seiner nachfolgenden Abwanderung nach Krakau ist überdies auch der Einfluss der sogenannten „Polen-Mafia" am „Heiligen Stuhl" merklich gesunken. Ob an seine Stelle deutscher Klerikallobbyismus getreten ist, wird kontrovers diskutiert. In den Kindertagen seines Pontifikates jedenfalls soll auch Benedikt XVI. auf kurialen Ungehorsam gestoßen sein. So schreiben ausgewiesene Vatikankenner, unter ihnen Sandro Magister von der Wochenzeitschrift „L'Espresso", die um Wochen verspätete Publikation der ersten Enzyklika „Deus Caritas Est" einem Boykott durch das päpstliche Übersetzungsbüro zu.

Weil der Vatikan keine Brutstätte von Revolutionen ist, muss man davon ausgehen, dass eine tief greifende Reform der römischen Kurie viel Zeit in Anspruch nimmt, möglicherweise mehr Zeit, als diesem Pontifikat zugestanden wird. Allerdings käme das seit 1929 gültige Grundgesetz einem solchen Vorhaben durchaus entgegen. Es definiert den „Heiligen Stuhl" als absolute Wahlmonarchie, die alle legislative, exekutive und judikative Macht in den Händen des Souveräns zusammenführt. Außerdem hat er die Verfügungsgewalt über das gesamte Vermögen des Vatikans – wenn man vom Privateigentum seiner Angestellten und Einwohner einmal absehen will. Der Papst stellt also nicht nur

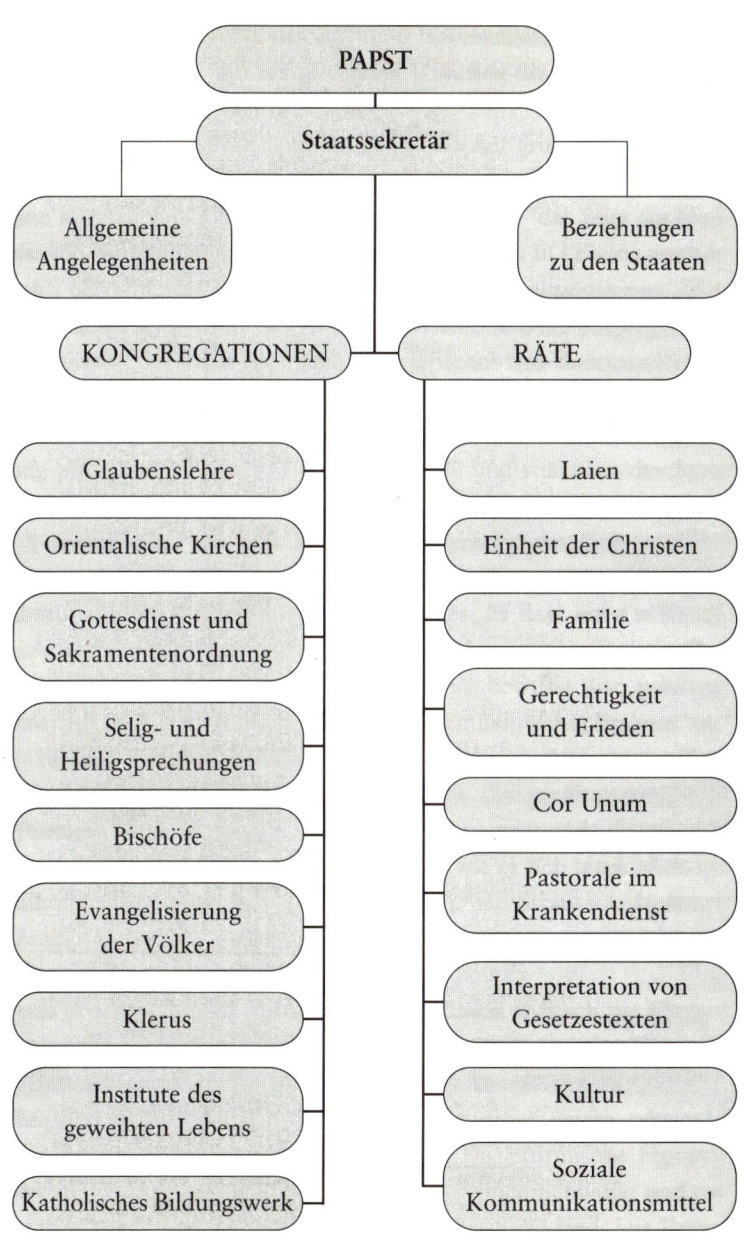

PAPST

Staatssekretär

Allgemeine Angelegenheiten

Beziehungen zu den Staaten

KONGREGATIONEN

RÄTE

Glaubenslehre

Orientalische Kirchen

Gottesdienst und Sakramentenordnung

Selig- und Heiligsprechungen

Bischöfe

Evangelisierung der Völker

Klerus

Institute des geweihten Lebens

Katholisches Bildungswerk

Laien

Einheit der Christen

Familie

Gerechtigkeit und Frieden

Cor Unum

Pastorale im Krankendienst

Interpretation von Gesetzestexten

Kultur

Soziale Kommunikationsmittel

kraft seines Naheverhältnisses zur Transzendenz, sondern auch im realpolitischen Sinne die absolute Spitze eines pyramidalen Systems dar. Darunter türmen sich die komplexe Hierarchie des „Heiligen Stuhles" mit Staatssekretariat, neun päpstlichen Kongregationen und neun Räten sowie das Verwaltungslabyrinth des Vatikanstaates auf. Beide Institutionen haben ein durchaus eigenwilliges und schwer durchschaubares Eigenleben entwickelt, verfügen de facto aber über keine vom Willen des Papstes unabhängige Kompetenz. Auch sein personalpolitischer Wille reicht weit. Er allein kreiert die Kardinäle, die seinen engsten Beraterkreis bilden, die höchsten Führungskräfte der Universalkirche stellen und bis zum 80. Lebensjahr auch das aktive Wahlrecht in einem Konklave ausüben; er allein entscheidet über die Ernennung, die Versetzung oder die Amtsenthebung der Bischöfe, die nach römisch-katholischer Lesart in den Diözesen der Welt jene Lehr- und Leitungsvollmachten schultern, die Jesus einst den zwölf Aposteln übertragen hatte und die in den ersten Jahrhunderten der Kirchengeschichte noch vom gemeinen Volk gewählt wurden.

Zu derart basisdemokratischen Verfahrensweisen wird der „Heilige Stuhl" kaum zurückkehren. Zuletzt versuchte das von Johannes XXIII. einberufene Zweite Vatikanische Konzil zwischen dem Anforderungsprofil eines absolutistisch gesinnten Monarchen und jenem eines „Primus inter Pares" eine tragfähige Balance zu finden. Im Sinne des „aggiornamento", der vorsichtigen Auseinandersetzung der alten Kirche mit modernen Dezentralisierungswünschen, sollte es das Prinzip der Kollegialität auf den Weg bringen und weiterbefördern. Seither allerdings haben Klagen über mangelnde Transparenz und übermäßigen Machthunger der Kurie kaum abgenommen, und selbst die ausdrückliche päpstliche Ermunterung zu kritischer Offenheit anlässlich der Weltbischofssynode im Herbst 2005 scheint die atmosphärische Distanz zwischen den Ortskirchen und der römischen Zentrale nicht verringert zu haben. Thomas J. Reese wagte – zum Ende des letzten Jahrtausends – eine Prophezeiung: „Das kommende Jahrtausend wird einen neuen Führungsstil verlangen, der sich ansatzweise in der katholischen Kirche zeigt, um mit einer gebildeten Bevölkerung zurechtzukommen, die es gewohnt ist, Fragen zu stellen und ihre freiheitlichen Rechte einzufordern." Von emanzipatorischen Anwandlungen dieser Art ist im Umkreis des kirchlichen Beamtenstabes wenig zu hören. Wohl nannte der in Ungnade gefallene Erzbischof Paul Casimir Marcinkus die römische Kurie mit Blick auf ihre ausgeprägte verschwörungstheoretische Passion einmal ein „Dorf von Waschweibern". Doch das allgegenwärtige „segreto pontificio" und die katholische Gehorsamskultur sorgen dafür, dass vom vatikanischen Tagesgeschwätz wenig bis gar nichts nach draußen dringt.

Umso größer war die Aufregung, als 1999 im Verlag „Kaos Edizioni" das Buch „Via col vento in Vaticano" (Vom Winde verweht im Vatikan) erschien. Bei seinen anonymen Autoren handelt es sich nach Angabe der Herausgeber um „einige Prälaten der römischen Kurie", die das Betriebsklima im Kirchenhauptquartier unbarmherzig offenbaren: „Die Zeit ist gekommen, da die Kirche Christus um Verzeihung bitten sollte. Für die zahlreichen Treulosigkeiten und Fehltritte ihrer Diener, besonders jener, die an der Spitze der kirchlichen Hierarchie stehen. (...) Die Moral im Vatikan ist verseucht von Intrigen, Sittenverderbtheit und Nepotismus". Wer dem Pamphlet glauben will, steht vor der Wahl zwischen blanker Ernüchterung und der vagen Ahnung, dass das Allzumenschliche selbst in den heiligsten Hallen der Kirche eine Wohnung hat.

3) Zwischen Alltag und Ewigkeit

Das Leben eines Kirchenmannes in leitender Stellung sei sehr hart, beschied der betagte Kardinal im September 2001 einem Journalisten, er sehne daher ungeduldig die Zeit herbei, in der er noch einige Bücher schreiben könne. Über Jesus Christus oder auch über den Dialog der Religionen. Ein Kloster außerhalb Roms schien ihm als Alterssitz und monastisch inspirierte Einsiedelei für derlei theologische Grundlagenforschung geeignet, die Rückkehr in die ferner gelegene Heimat schloss der Professor mit dem Hinweis aus, er möchte nicht noch einmal seine zahllosen Bücher ein- und auspacken müssen. Mit Blick auf die Spitzenposition in seinem Unternehmen meinte er damals ohne jedwede prophetische Anmaßung, es wäre ein schönes Zeichen für die ganze Christenheit, wenn der nächste Papst aus Afrika käme.

Im April 2002 reichte der anscheinend amtsmüde Kuriale sein Rücktrittsgesuch ein – mutmaßlich aus Neigung, mit Sicherheit im Bewusstsein seiner Pflicht, zumal das kanonische Recht eine „rinuncia", das Ansuchen um Emeritierung zum 75. Geburtstag, zwingend vorschreibt. Dass ihn sein Dienstherr nicht erhörte und damit die Weichen für eine künftige Laufbahn stellte, hinderte die Öffentlichkeit nicht an Spekulationen über die Nachfolge. Die Ablöse des Präfekten stehe nun bald bevor, schrieben italienische Zeitungen im Januar 2004 und nannten Namen aussichtsreicher Kandidaten, darunter Jose Saraiva Martins, den portugiesischen Präfekten der Selig- und Heiligsprechungskongregation, und Christoph Schönborn, den Wiener Erzbischof. Das sei kompletter Unsinn, verlautbarte hierzu der Pressesprecher des letzteren, und er sollte Recht behalten. Denn der „Packesel Gottes", diese Titulierung hatte sich Kardinal Joseph Ratzinger in voreiligen Memoiren selbst zugeschrieben, begab sich ein Jahr später auf eine ganz neue Fährte; er schultert bis auf Weiteres als Papst die Last und den Ballast der Universalkirche.

Diese Chronik eines vereitelten Ruhestands mag Rückschlüsse auf grundsätzliche Unwägbarkeiten der vatikanischen Karriereplanung zulassen. Vor allem aber markiert sie den Beginn der Verwandlung einer grauen Eminenz in einen pontifikalen Popstar, einen Prozess der Privatisierung prominenter Amtsinhaber, dem sich im Zeitalter des massenmedialen Wissensdurstes nicht einmal der Verwalter eines Mysteriums entziehen kann. Benedikt XVI. ist seit dem ersten Tag seines Pontifikates redlich bemüht, den schmalen Grat zwischen pastoraler Volksnähe und populistischer Selbstinszenierung nicht zu überschreiten. Das entspricht seinem Naturell und überdies einem Amtsverständnis, das die Aufmerksamkeit der Menschen auf substanzielle und mithin wenig spektakuläre Glaubensinhalte lenken will. Dennoch steht er seit dem ersten Auftritt auf der Loggia des Petersdomes auch im profanen Rampenlicht einer Öffentlichkeit, deren Interesse sich bis in die hintersten Winkel seines Alltagslebens erstreckt.

Zu Zeiten des Glaubenspräfekten blieb es noch weitgehend unbehelligt. Der düsteren Fama des „Panzerkardinals" zum Trotz bahnte sich Joseph Ratzinger, bewehrt nur mit schwarzer Soutane, lederner Aktentasche und Baskenmütze, seinen kurzen Arbeitsweg ohne jedes Aufsehen; von der Wohnung im Borgo Pio quer über den Petersplatz bis zum Amtssitz im Palazzo del Sant'Uffizio. Dort fristete er das asketische Dasein des rechtschaffenen Intellektuellen und des Recht schaffenden Theologen. Er habe wie ein Besessener geschrieben, manchmal 14 Stunden lang, ohne einen Bissen zu essen, erinnert sich ein Mitbruder im Rückblick, und die diensthabenden Ordensschwestern bestätigen, dass sie die belegten Brote, die sie dem nimmermüden Kardinal aufmunternd auf den Schreibtisch legten, oft genug unberührt wieder abräumten. Kulinarischen Versuchungen ist Joseph Ratzinger auch an Feierabenden und Festtagen kaum erlegen. Die Wirtin der durchaus zünftigen „Cantina Tirolese", nur eine knappe Gehminute von seiner Wohnung entfernt, nennt Knödel und Apfelstrudel als redundante Bestellungen, dazu ein Weißbier – freilich alles in Maßen genossen. Im häuslichen Refugium reduzierte sich die Gesellschaft auf die Haushälterin Ingrid Stampa, zwei Katzen, mit denen er angeblich im bayerischen Dialekt konversierte, und auf Giovanni Pierluigi da Palestrina, Johann Sebastian Bach und Wolfgang Amadeus Mozart, die er auf seinem Flügel leidlich und manchmal bis ins Treppenhaus zu Gehör brachte, wie sein damaliger Wohnungsnachbar, Kardinal Walter Kasper, zu berichten weiß.

Das Klavier und die Haushälterin hat der Kardinal nach seiner Beförderung durch das Konklave in das weit geräumigere „Appartamento" im dritten Stock des Apostolischen Palastes mitgenommen, die Katzen hingegen blieben entgegen ursprünglicher Kolportagen auf der Strecke. Die Übersiedlung ist dem Kardinal offenbar nicht leicht gefallen. Nach der ersten Inspektion in den bis dahin versiegelten Gemächern seines verstorbenen Vorgängers ordnete er einige Umbauten an, insbesondere den Wechsel der zu dunklen Tapeten. An angemessenen Ausweichquartieren hätte es nicht gefehlt. Doch der mittelalterliche Gästeturm „San Giovanni", den bereits Johannes Paul II. nach seiner Wahl vorübergehend bezogen hatte, erschien Benedikt XVI. zu weltenfern, wohingegen das Gästehaus Sanctae Martae noch ganz von der Umtriebigkeit der Elektoren erfüllt war. So beschloss der Erwählte, seine ersten Nächte als neuer Papst in der alten Kardinalswohnung zuzubringen. Dort verfasste er, im Freundeskreis seiner noch einzupackenden Bücher, die Predigt für den großen Tag der Amtseinsetzung: „Habt keine Angst. Wer glaubt, ist nie allein".

Jene „Einsamkeitsfähigkeit", die ihm sein Privatsekretär attestiert, hat der nunmehrige Massenseelsorger teilweise in den neuen Lebensabschnitt herüberretten können. Im Gegensatz zu seinem Vorgänger, der bis in die späteren Jahre seines Pontifikates Besuchermengen aus aller Herren Ländern um sich scharte, weist der Terminkalender Benedikts XVI. einige Leerstellen auf. Privataudienzen in der im zweiten Stock des Apostolischen Palastes gelegenen Bibliothek werden mit wenigen Ausnahmen nur Staats- und Regierungschefs und hohen Kurienbeamten gewährt, der Dienstag bleibt in aller Regel der Lektüre und dem Schreiben oder dem stillen Gebet vorbehalten.

Die beschaulichen Spaziergänge über den Petersplatz freilich nahmen ein jähes Ende. In der irdischen Öffentlichkeit wird jeder päpstliche Schritt von professionellen Medienvertretern gnadenlos beäugt und vom gemeinen Volk mit „Be-ne-detto"-Chören begleitet. Dass dem Kardinal einmal der Nimbus der Menschenscheue vorauseilte, scheint längst vergessen. Wenn Benedikt XVI. sich dem sakralen Rummel einer Generalaudienz stellt und anschließend im Papamobil einen Ausflug ins Pilgerdickicht unternimmt, wirken die händeringenden Grußgesten und das gütige Streicheln über Kinderköpfe zunehmend überzeugend. Mancher will darin noch immer ein unfreiwilliges Zugeständnis an den zirzensischen Zeitgeist erkennen. Andererseits hegt dieser Papst ja die programmatische Absicht, dem katholischen Sittenpredigertum ein wenig abzuschwören und den Vatikan aus den Abseitsstellungen einer weltfremden Verbotsinstanz herauszuführen. „Die Kirche lebt. Und die Kirche ist jung", rief er zum Pontifikatsauftakt in die Menge. Wer solche Frohbotschaften vorausschickt, muss wohl auch die Bereitschaft aufbringen, mit freudigem Beispiel voranzugehen. Bis zu den Oberflächen des Eventkatholizismus, auf denen sich Johannes Paul II. so unbefangen zu bewegen wusste, wird Benedikt XVI. allerdings nicht vordringen. Die Person sei populär, doch die Kirche habe nichts davon, soll der Glaubenspräfekt in einer seltenen autoritätskritischen Anwandlung über seinen noch regierenden polnischen Vorgesetzten gesagt haben. Von dieser harschen Position ist er seit der Amtsübernahme weit abgerückt. Doch es hat bis heute etwas Eigentümliches, wenn er in seinen Audienzansprachen versucht, über dem Fähnchenmeer der frohlockenden Massen auch den Geist der intellektuellen Differenzierung wehen zu lassen. Seiner „Sehenswürdigkeit" tut dies freilich keinen Abbruch. Im ersten Jahr des deutschen Papstes sind über 4 Millionen Pilger nach Rom gekommen. Damit hätte selbst der verstorbene Pontifex der Rekorde nicht konkurrieren können.

Das Bad in der Menge mit einem „Papst zum Anfassen" und die Nutzung der Medien als Mittel der Verkündigung zählen seit Johannes Paul II. zu den rituellen Erscheinungsbildern des vatikanischen Gepränges. Darüber könnte man leicht vergessen, dass die Ära der Unnahbarkeit gar nicht weit zurückliegt. „Um nicht gesehen zu werden und selbst nichts sehen zu müssen", hatte sich noch Paul VI. eine Dachterrasse über seinen Privatgemächern im Apostolischen Palast einrichten lassen; ein später Reflex aus jenen Zeiten, als die Oberhirten der diesseitigen Welt und mithin ihrer Herde noch weit entrückt waren. Begegnungen mit einem Pontifex waren bis zu Johannes XXIII. erlauchten Besuchern vorbehalten und einem rigiden Protokoll unterworfen, das auf die Wahrung von Distanzen Wert legt. Ein weltlicher Herrscher etwa drang im 18. Jahrhundert nur bis zur Schwelle der Privatgemächer vor. Der Papst erhob sich dabei nicht von seinem hohen Thron und ließ sich von seinem Gast den Fuß küssen, ehe er ihm zu seiner Rechten und in angemessener Entfernung eine einfache Sitzgelegenheit anbot. Nichtkatholische Monarchen durften sich in späteren Zeiten bereits nach einem Kniefall und einem Kuss der beringten Hand niederlassen. Diese Geste der Ehrerweisung lässt sich auch heute beobachten, wenn nach einer Generalaudienz eine handverlesene Auswahl von Pilgern zum „baciamano" vorgelassen wird. Bei Privataudienzen wird mittlerweile aber auch ein freundlicher Händedruck akzeptiert.

Dass sich ein Papst aus Rom fortbewegt, um der breiten Masse zu begegnen, ist eine junge Tradition. Pius IX. brach 1857 zu einer Reise durch Mittelitalien auf, um ein Naheverhältnis zwischen dem Herrscher und den Untergebenen des Kirchenstaates zu installieren. Mit wechselndem Erfolg: Während ihm die

Landsleute in den heimatlichen Marken Blumen streuten und gelb-rote Wimpel entgegenschwenkten, wurde er in der Emilia-Romagna mit eisigem Schweigen oder jenen lautstarken Schmähungen empfangen, die der nicht allzu fernen militärischen Attacke auf das Papsttum vorauseilten. In der Vatikanfestung begann noch in der Phase der inneren Emigration die Wiederannäherung an die Gemeinde, als Pius X. im Belvederehof allsonntäglich römische Kirchgänger zum familiären Glaubensgespräch empfing und Benedikt XV. erste Massenempfänge organisierte. Nach der bilateralen Aussöhnung im Lateran führte Pius XI. 1932 Segnungen von Brautpaaren ein, was neue und ungeahnte Popularitätsschübe entfachte. Der Mittwoch als Tag der Generalaudienz wurde von Pius XII. festgelegt, was sein eher kühles Verhältnis zur Allgemeinheit allerdings nicht wesentlich erwärmen konnte. Erst mit dem „papa buono", dem von monarchistischen Berührungsängsten unbelasteten Johannes XXIII., ist das pontifikale Eis nachhaltig gebrochen. Nicht nur im vatikanischen Umfeld, auch in Krankenhäusern, Gefängnissen oder Bahnhöfen bewegte er sich unbefangen auf Menschen zu. Freilich war es damals noch gänzlich unvorstellbar, dass sich im letzten Viertel desselben Jahrhunderts ein Papst in der Badehose, im Skidress oder auch mit einem Texanerhut auf dem Kopf fotografisch verewigen ließ.

Im Informationszeitalter ist die elektronisch popularisierte Allgegenwart eines Papstes irreversibel geworden. Dennoch ist mit Benedikt XVI. auch ein wenig von der alten Aura der Abschottung in den Apostolischen Palast eingezogen. „Man erfährt kaum etwas von dem, was sich hinter den Mauern abspielt", bekennt Luigi Accattoli, der traditionell gut informierte Vatikankorrespondent des „Corriere della Sera". Und der Chefredakteur der Katholischen Nachrichtenagentur, Ludwig Ring-Eifel, hat ein von ihm mitgestaltetes Fernsehporträt zum ersten Jahrestag des neuen Pontifikates mit dem Titel „Der rätselhafte Papst" versehen. Besonders spärlich fließen die Informationen zum Alltagsleben. Denn mit der Tradition seines Vorgängers, zum Mittagstisch bei polnischer Kohlsuppe, Fleisch, Milch und wenig Wein viele Gäste um sich zu scharen, die anschließend willig einiges von seiner Redseligkeit preisgaben, hat Benedikt XVI. gebrochen. Anders auch als Stanisław Dziswisz, der einen größeren Kreis von Eingeweihten regelmäßig mit Detailangaben versorgte, befleißigt sich Privatsekretär Gänswein weitgehender Diskretion. Auskünfte über den Tagesablauf des Souveräns werden immer freundlich, aber grundsätzlich nur in Stichworten erteilt.

Der Wecker klingelt in der Herrgottsfrühe, gegen 6 Uhr. Eine Stunde später begibt sich der Papst in seine Privatkapelle, um die heilige Messe zu lesen, das Brevier-Gebet zu sprechen oder in schweigsamer Kontemplation zu verharren. Es folgen ein italienisches Frühstück mit Kaffee, Brot und Marmelade und eine erste Besprechung mit dem Privatsekretär, der die Post an den Papst inspiziert und dabei vorsorglich die Spreu vom Weizen trennt, „damit der Papst das, was er wirklich tun muss, auch in einer Form der nötigen Ruhe tun kann". Das erste Arbeitspensum in der Abgeschiedenheit endet gegen 11 Uhr. Zu dieser Stunde betritt der Papst seine Bibliothek und damit eine Bühne, weil er hier hohen Besuch aus der profanen Außenwelt, aber auch hohe Repräsentanten der Kurie empfängt. Um 13.30 Uhr steht das tendenziell frugale Mittagessen bereit, das wieder nach italienischer Geschmacksrichtung mit Pasta und Fisch zubereitet ist und oft nur in Gesellschaft des Privatsekretärs verzehrt wird. Nach einer „kurzen Ruhepause im Sessel" absolviert der Papst einen nachmittäglichen Spaziergang in den vatikanischen Gärten, dabei angeblich auf den Fährten Pius XII. wandelnd, um sich dann erneut an den Schreibtisch zu setzen. Derlei intellektuelle Beschäftigung ist zeitaufwendig, weil Benedikt XVI. wichtige Reden und Schriften höchstpersönlich zu Papier bringen will, ohne sich von frommen Ghostwritern inspirieren zu lassen. Nach weiteren internen Gesprächsterminen wird um 19.30 Uhr ein „leichtes Abendessen" serviert. Mit „Don Georg" gönnt er sich vor dem Abendgebet eine kurze Abschweifung ins televisionäre Infotainment. Das

Klavierüben fällt in der Kirchenzentrale meistens aus; Mozart, Bach und Palestrina kommen vielmehr an Urlaubstagen in Castel Gandolfo oder im gebirgigen Feriendomizil von Les Combes im Aostatal zu ihrem Recht. Gegen 23 Uhr lässt sich vom Petersplatz aus gut beobachten, wie im zweiten Fenster von rechts im letzten Stockwerk des Apostolischen Palastes ein Licht erlischt.

Sein Einsamkeitsethos kann Joseph Ratzinger in Ansätzen also auch in seinem neuen Berufsstand entfalten. Immerhin ist er im Interieur des päpstlichen Haushalts lediglich von drei Ordensschwestern, einem Kammerdiener und zwei Privatsekretären umgeben; das mutet im historischen Vergleich überschaubar an. Die Frage, ob er sich manchmal auch einsam fühle, hat Benedikt in einem Fernsehinterview vor seiner zweiten Deutschlandreise so beantwortet: „Nun, ganz so einsam bin ich nicht. Natürlich gibt es sozusagen die Burg, die den Zutritt schwierig macht, aber es gibt eine päpstliche Familie, jeden Tag viele Besuche, vor allen Dingen, wenn ich in Rom bin. Die Bischöfe kommen, andere Menschen kommen, Staatsbesuche, die aber auch persönlich und nicht nur politisch mit mir reden wollen. Insofern ist es doch eine Vielfalt von Begegnungen, die mir Gott sei Dank immer geschenkt wird. Und das ist ja auch wichtig, nicht wahr, dass der Sitz des Petrusnachfolgers ein Ort der Begegnung ist."

Dass Benedikt XVI. in der Lage ist, die Last seines Auftrages zu tragen, wird in seinem achtzigsten Lebensjahr nicht bezweifelt. Die frühe Nachrede vom Übergangspapst ist seit langem verstummt, anhaltender Tatendrang und eine gewisse bayerische Rüstigkeit werden ihm allgemein zugetraut. Über Amtsmüdigkeit hat Joseph Ratzinger seit den Strapazen des Konklaves auch nicht mehr geklagt. Mithin ist zu erwarten, dass er die Entscheidung über den Antritt des Ruhestandes wieder seinem gnädigen Auftraggeber überlässt.

4) Ein Reich von dieser Welt

Die beiden Staaten sind durch einen Fluss getrennt, und überdies durch ein Konkordat. Doch über den Tiber führen viele Brücken hinüber in den Vatikan. Auch die Via della Conciliazione, auf der sich die Pilgerströme kerzengerade dem Dom entgegenwälzen, transportiert nicht nur spirituelle Symbolik. Nach dem Versöhnungsakt im Lateran ließ Vertragspartner Benito Mussolini diese breite Schneise schlagen, um die direkten Verbindungen zwischen beiden politischen Schaltzentralen durch eine Prachtstraße zu veranschaulichen. Nach dem Fall des Dikators wurde Italien eine halbe Ewigkeit lang von der „Democrazia Cristiana" regiert, deren Mitbegründer Alcide Degasperi als Schreiber in der Vatikanischen Bibliothek Zuflucht vor der faschistischen Verfolgung gefunden und von dort aus den republikanischen Neubeginn des Landes vorbereitet hatte. Unter christdemokratischer Anleitung leistete der Vatikan auch seine Beiträge zur Bekämpfung des „gottlosen Bolschewismus" und zur Ausfechtung des Kalten Krieges. „Der Kommunismus ist in seinem innersten Kern schlecht. Wer die christliche Kultur retten will, darf sich unter keinen Umständen auf eine Zusammenarbeit mit ihm einlassen", schreibt Pius XI. 1937 in seiner Enzyklika „Redemptoris Divini", einem Mahnschreiben zum 20. Jahrestag der russischen Oktoberrevolution. Und noch 1959 stellt sich Johannes XXIII. die Frage, ob es katholischen Bürgern erlaubt sei, „bei der Wahl von Volksvertretern ihre Stimme solchen Parteien oder Kandidaten zu geben, die zwar keine der katholischen Lehre entgegengesetzten Prinzipien verkünden, ja sogar den christlichen Namen für sich beanspruchen – etwa als ‚Christen für den Sozialismus' –, tatsächlich jedoch sich mit den Kommunisten verbünden und sie mit ihrer Handlungsweise unterstützen". „Nein", gab sich der Papst zur Antwort. Dass in Italien dennoch die größte kommunistische Partei Westeuropas entstand, konnte die Kirche nicht verhindern. Doch politisch dominant blieb die Katholikenkraft mit Kreuz und Schild auf ihrem Emblem. Von der Stunde Null nach dem Zweiten Weltkrieg bis zum Sommer 1994, als die „Democrazia Cristiana" nach skandalträchtiger Eintragung ins Sündenregister der Schmiergeldermittler ihre eigene Grablegung beschloss. Seither muss sich der „Heilige Stuhl" bei seinen italienischen Seelsorge- und Missionierungsaktivitäten teils regierender, teils oppositioneller Splitterparteien christlicher Orientierung bedienen und ist darauf angewiesen, für die Durchsetzung seiner frommen Interessen lagerübergreifende Koalitionen auf Zeit zu schmieden.

Die traditionell hohe machtpolitische Ausstrahlung ins Nachbarland hat darunter allerdings kaum gelitten. Kein italienischer Wahlkampf verläuft ohne das rituelle Buhlen um die Gunst der Kirche, kein römischer Regierungschef begibt sich offen auf Konfrontationskurs mit dem Vatikan. Mit bilateraler Höflichkeit oder weltanschaulicher Nähe allein ist dieses Phänomen nicht zu erklären. Leere Kirchenbänke trifft man im Mutterland des Katholizismus heute ebenso häufig an wie andernorts im säkularisierten Abendland. Eine Erhebung des Statistikamtes Eurispes kam 2006 zu dem Ergebnis, dass 36,1 Prozent der Italiener am Sonntag den Gottesdienst besuchen, sich aber nach wie vor 87,8 Prozent als Katholiken bezeichnen. Solche Zahlen werfen ein Licht auf eine klassische Ambiguität des mediterranen Lebenswandels: Wenige beherzigen die Gebote der Kirche, alle lieben den Papst. Besonders augenfällig wurde dieser Zwiespalt im Heiligen Jahr 2000, als der Universitätscampus von Tor Vergata nach dem weltbewegenden Weltjugendtreffen mit Johannes Paul II. von Kondomen übersät war. Solche Mitglieder brauche seine Kirche nicht, bemerkte hierzu der damalige Präfekt der Glaubenskongregation, Kardinal Joseph Ratzinger.

Antiklerikaler Protest ist selten im christlich-indifferenten Italien, noch dazu unmittelbar vor der Haustür der Kirche. Es war deshalb eine Begegnung der besonderen Art, als in den ersten Tagen des Jahres 2006 neben vielen Neujahrspilgern auch eine Abordnung der Schwulen- und Lesbenbewegung bis zum Grenzzaun des Petersplatzes vorrückte, mit der Absicht, der Einflussnahme auf das laizistische Nachbarland Einhalt zu gebieten. „Der Vatikan behandelt Italien wie seinen Vorgarten", rief Franco Grillini, Ehrenpräsident des „Arcigay" und Vorkämpfer der Ehe ohne Trauschein, zum Apostolischen Palast hinauf, dessen Fenster freilich geschlossen blieben. Wenige Wochen zuvor hatte sich Romano Prodi, Chef des Mitte-Linksbündnisses und überdies praktizierender Katholik, für die Einführung eines „Zivilen Solidaritätspaktes" ausgesprochen, der unverheirateten Paaren das Recht auf Gütergemeinschaften, Erbnachfolge und Steuererleichterungen einräumt, und zwar unabhängig von ihrer sexuellen Orientierung.

Die Reaktion der Kirchenzentrale war ungewohnt heftig. „Auf der Suche nach Stimmen zerreißen sie die Familie", titelte der „L'Osservatore Romano", einen „Vormarsch der Perversion" beklagte der Bologneser Alterzbischof Giacomo Biffi, und Kardinal Camillo Ruini, Vorsitzender der italienischen Bischofskonferenz und als Speerspitze vatikanischer Politkampagnen berüchtigt, fühlte sich zu einer wenig missverständlichen Klarstellung animiert: „Mit Blick auf die bevorstehende Parlamentswahl bestätigen wir, dass sich Kirche und Klerus mit keiner Partei verbünden werden. Allerdings kämpfen wir gegen alle Gesetze, für die es keinen echten sozialen Bedarf gibt und die die rechtmäßige und auf dem Sakrament der Ehe gegründete Familie schwer beschädigen." Die Botschaft wurde verstanden, insbesondere auch von Silvio Berlusconi, dem geschiedenen und wiederverheirateten italienischen Regierungschef. Nach einer Privataudienz bei Papst Benedikt XVI. sicherte er dem „Heiligen Stuhl" seine Unterstützung im Kampf gegen die Ehe ohne Trauschein zu, ordnete eine Überprüfung des geltenden italienischen Abtreibungsgesetzes an und versuchte, sich ganz grundsätzlich als Mahner gegen den linkslastigen Sittenverfall zu profilieren, wiewohl an seiner eigenen moralischen Integrität auch schon manche Zweifel laut geworden waren. Am 14. Januar 2006 kam es in Rom und Mailand zu Großdemonstrationen für die Gleichberechtigung unverheirateter Paare, bei denen auch einige Transparente mit Karikaturen hochgehalten wurden, die den „Razziapapst" Ratzinger und seinen „Don Camillo" Ruini an den Pranger stellten. Romano Prodi blieb den Kundgebungen mit dem Hinweis fern, das heikle Thema eigne sich nicht für Provokationen.

Seine gesellschaftspolitische Unternehmungslust hatte der Vatikan bereits im Juni 2005 erprobt, als er massiv gegen eine Volksabstimmung zu Felde zog, die sich die Lockerung des Gesetzes zur künstlichen Befruchtung zum Ziel gesetzt hatte. Als das Referendum mangels Wahlbeteiligung scheiterte, rühmte Kardinal Ruini die „Reife der Italiener". Kurz vor den italienischen Parlamentswahlen im April 2006 ließ Erzbischof William Joseph Levada, der neue Präfekt der Glaubenskongregation, mit der unverblümten Aussage aufhorchen, dass sich Gläubige versündigen, wenn sie Politiker wählen, die Schwangerschaftsunterbrechungen befürworten. Ob der Vatikan mit solchen Wortmeldungen die Grenze zur Einmischung in fremde Staatsangelegenheiten überschreitet oder lediglich von seinem unverzichtbaren Recht auf Partizipation an sozialpolitisch relevanten Debatten Gebrauch macht, wird in Italien kontrovers diskutiert. Jedenfalls aber führen solche Beispiele vor Augen, dass der Vatikan durchaus gefechtsbereit ist, wenn es um die Verteidigung katholischer Grundsatzpositionen geht.

Den Vorwurf der konfessionellen Unterwanderung laizistischen Terrains weist er dabei weit von sich. Nach Lesart des „Heiligen Stuhles" leiten sich Werte wie der Schutz der Familie oder die Verteidigung des menschlichen Lebens aus dem Naturrecht ab und verfügen daher über einen Anspruch auf universelle Gültigkeit, der auch von Nichtkatholiken nachvollzogen werden kann. Mit dieser Überzeugung hat Johannes Paul II. 1994 die „Päpstliche Akademie für das Leben" ins Leben gerufen, an der Wissenschaftler unterschiedlicher Nationalitäten und Glaubensrichtungen biologische und bioethische Forschung treiben – freilich im Konsens mit den vatikanischen Vorgaben. Die Akademie erhebt ihre warnende Stimme, wann immer profanierende Gefahren dämmern. Ihr neuer Auftraggeber allerdings beteiligt sich ungern an Grabenkämpfen in den politischen Niederungen des Nachbarlands. Kommentare zum Tagesgeschäft delegiert Benedikt XVI. lieber an die Bischofskonferenz, hohe Kurienvertreter oder seine Presseorgane. Er selbst beschränkt sich auf begleitende Grundsatzbetrachtungen, etwa über den zeitlosen Wert der christlichen Familie. Diese Arbeitsteilung entspricht nicht nur dem angestrebten Imagewandel vom strengen Glaubenswächter zum milden Weltseelsorger. Vielmehr scheint Benedikt XVI. danach zu trachten, dem realpolitischen Aktivismus seines Vorgängers ein Pontifikat der theologischen und spirituellen Sensibilisierung und Schwerpunktsetzung folgen zu lassen, ganz im Sinne seines viel zitierten Begriffes der „Verwesentlichung".

Diese Trendwende zur katholischen Innerlichkeit zeigt bereits personalpolitische Auswirkungen. Mit dem Genueser Erzbischof Tarcisio Bertone hat der Papst keinen erfahrenen Karrierediplomaten, sondern einen profunden Theologen und den ehemaligen Sekretär der Glaubenskongregation zum Kardinalstaatssekretär befördert. Viele Experten prophezeien nun, dass sich der seit den Zeiten Pauls VI. klar fixierte Machtschwerpunkt im Vatikan verlagern wird: von der pragmatisch-wendigen außenpolitischen Drehscheibe des Staatssekretariates zurück zur unverrückbaren Glaubensfestung des Heiligen Offiziums. Hier, an Kardinal Ratzingers langjähriger Wirkungsstätte, darf man fortan die strategische Schaltzentrale im Kampf gegen die „Diktatur des Relativismus" vermuten, den der kulturpessimistische Papstanwärter bereits in seiner Predigt zum Auftakt des Konklaves ausgerufen hat. Freilich ist dieser Kampf nicht als Rückzugsgefecht intendiert. Aufrecht bleibt nicht nur der römische Exklusivanspruch auf die allein selig machende Wahrheit, den Kardinal Ratzinger im Heiligen Jahr 2000 mit seinem umstrittenen Lehrschreiben „Dominus Iesus" hervorgehoben hat. Es gilt auch, den Sonderstatus einer „moralischen Weltmacht" zu verteidigen. Ganz gleich, ob der Papst nun zur politischen Befriedung einer Krisenregion aufruft, vor den Auswüchsen des ungezügelten Kapitals warnt, der westlichen Spaßgesellschaft ins Gewissen redet oder auch nur seine vielsprachigen Weihnachts- und Ostergrüße an den Erdkreis adressiert – immer trifft er als transnationale und überkonfessionelle ethische Instanz auf globale Aufmerksamkeit, zumeist auch auf wohlwollende Anteilnahme.

Diese Autorität verdankt sich zum Teil jenem Respekt, den die Welt ihrer ältesten und mitgliederreichsten Organisation entgegenbringt, vor allem aber den historischen Leistungen ihres späten Repräsentanten Karol Wojtyła. Ohne seine beherzte Mitwirkung am politischen Umbau Osteuropas, ohne die authentische Inbrunst und den sakralen Glamour seiner Auftritte wäre die globale Ausstrahlung eines zentralistisch geprägten Kleinststaates kaum zu erklären. Nicht nur zahlreiche Gesinnungsfreunde halten Johannes Paul II. für eine Lichtgestalt und Schlüsselfigur zum Verständnis des 20. Jahrhunderts. Auch leidenschaftliche Agnostiker wie der Oxford-Professor Timothy Garton Ash bescheinigen ihm exzeptionelle Tugenden: „Ich kann nicht über seine Bedeutung für die katholische Kirche urteilen, aber er war der erste Welt-Führer." Die katholische Kirche hat das Trauma ihrer territorialen Entmachtung im 19. Jahrhundert erst unter dem Pontifikat von Johannes Paul II. endgültig überwunden. In diese Richtung zielt das bilanzierende Urteil Ludwig Ring-Eifels in seinem Buch über die „Weltmacht Vatikan": „Seit mehr als vier Generationen hat der Papst sein altes Staatsgebiet verloren, aber die Kirche ist nicht untergegangen. Sie wurde von ihren Feinden nicht überwältigt und bleibt, so sehen es jedenfalls die Gläubigen, das Werkzeug, mit dem Gott in der Welt wirkt. An seiner Spitze steht unangefochten der Papst, und unter den Mächtigen der Welt erweisen selbst jene, die nicht an Gott und seine Kirche glauben, ihm seine Reverenz." Das eindrücklichste Argument für diese These hat Johannes Paul II. kurz nach seinem Tod geliefert. Zum Tag der Beisetzung sind über 200 Staats- und Regierungschefs, die Führungsriegen von Konfessionen und Religionen und reichlich adelige Gesellschaft aus allen Erdteilen nach Rom gekommen, um sich vor seinem aufgebahrten Leichnam zu verneigen.

Vom historischen Erbe und vom postumen Charisma des polnischen Papstes zehrt auch der deutsche Pontifex. Der römische Audienztourismus blüht wie nie zuvor, der Pilgerzug der Potentaten reißt nicht ab, und als friedliebender Krisenmanager in Kriegszeiten war Benedikt XVI. auch schon gefordert. Erfolgreiches Wirken allerdings wird selbst im Vatikan nicht nur an der Wahrung von Kontinuitäten gemessen. Joseph Ratzinger will erreichen, woran Karol Wojtyła gescheitert ist: die Neuevangelisierung des alten, glaubensfernen Kontinents. In den Zeiten pluraler Relativitäten dürfte einem monotheistischen Sinnstifter einige Macht zufallen. Dabei wird allerdings auch zu beobachten sein, ob sich im Zuge von Papst Benedikts mehrfach angekündigter „Reinigung der Vernunft" das schon fahle Licht der abendländischen Aufklärung noch weiter verdüstert.

Um seine Einwirkung auf die unmittelbare Nachbarschaft muss sich der Vatikan vorerst keine Sorgen machen. Bereits am Tag nach dem Ableben Johannes Pauls II. wussten die römischen Politikzentralen das betrübliche Weltereignis für den laufenden italienischen Regionalwahlkampf zu nutzen. Überall in der Stadt tauchten Plakate mit dem Konterfei des Verstorbenen auf, geziert mit Dankesworten und dem jeweiligen Parteisymbol. Und als im Winter 2006 vom Petersplatz hinauf die ersten Rufe nach der Legitimierung unverheirateter Paare an sein Fenster drangen, arbeitete der Papst im einsamen Hochsitz des Apostolischen Palastes gerade an seiner warmherzigen Liebesenzyklika. Nicht nur zur Überraschung der Demonstranten enthält „Deus Caritas Est" als eindringliches Hohelied auf die Liebe auch eine wohlmeinende Würdigung ihrer erotischen Spielart, jedoch keinerlei Hinweise oder Vorschriften zu deren praktischer Handhabung. Im zweiten Teil des Rundschreibens kommt der Autor allerdings auf die Kompetenzverteilung von Politik und Religion zu sprechen. Die Kirche habe die Pflicht, „auf ihre Weise durch die Reinigung der Vernunft und durch ethische Bildung ihren Beitrag zu leisten, damit die Ansprüche der Gerechtigkeit einsichtig und politisch durchsetzbar werden. Die Kirche kann nicht und darf nicht den politischen Kampf an sich reißen, um die möglichst gerechte Gesellschaft zu verwirklichen. Sie kann und darf sich nicht an die Stelle des Staates setzen."

Der Papst lässt offen, welcher Staat hier gemeint ist. Italien zumindest weiß bis auf Weiteres einen besonderen Schutzengel an seiner Seite.

5) Der Papst und die Seinen
Glaubenshüter, Diplomaten und Sekretäre

Als die Kardinäle am 19. April 2005 Kardinal Joseph Ratzinger zum 265. Nachfolger des Hl. Petrus wählten, war eines klar: Dieser Papst kennt wie kein anderer vor ihm seine Kurie in- und auswendig. Er würde persönliche Karrierepläne standesbewusster Prälaten schon allein deshalb durchkreuzen, weil er viel zu gut darüber Bescheid weiß. Und er wird sich mehr um seinen Behördenapparat kümmern als sein Vorgänger, weil ihm die „stabilitas loci" zu Eigen ist und nicht das Reisefieber. Die Zeiten sind vorbei, in denen Johannes Paul II. auf 104 Reisen 582 Tage unterwegs war und die Kardinäle im Vatikan nach eigenem Gutdünken schalten und walten konnten. Mit Benedikt XVI. ist wieder ein Papst an der Spitze der römisch-katholischen Kirche, der auch im Vatikan selbst den Chefposten einnimmt.

Der Papst. Das ist der Bischof von Rom, der „Statthalter Jesu Christi", der Nachfolger des Apostelfürsten Petrus. Er ist das Oberhaupt der katholischen – der allumfassenden – Kirche und völkerrechtlich der Souverän des Staates der Vatikanstadt. Als Bischof von Rom ist der Papst auch Metropolit der Kirchenprovinz Rom und Primas von Italien. Seine Ehrentitel sind „Heiliger Vater", „Servus Servorum" (Diener der Diener), „Summus Pontifex" (Oberster Brückenbauer) oder „Pontifex maximus" (Größter Brückenbauer). Seit dem 11. Jahrhundert nimmt der Amtsinhaber einen Papstnamen an. „Papa" war ursprünglich jeder Abt, Bischof oder Patriarch. In der römisch-katholischen Kirche wurde der Begriff „Papst" für den Bischof von Rom reserviert. Die Italiener rufen ihm noch heute begeistert „Viva il Papa!" zu.

Am 18. Juli 1870 hat das Erste Vatikanische Konzil (1869/70) jene umstrittene Papstkonstitution „Pastor aeternus" (Ewiger Hirte) verabschiedet, die den Bischof von Rom über alle Autoritäten in der Kirche erhob. Der Papst sei in Fragen der Lehre unfehlbar, stellten die Konzilsväter fest: „Wenn der römische Bischof in höchster Lehrgewalt (ex cathedra) spricht, das heißt, wenn er seines Amtes als Hirte und Lehrer aller Christen waltend in höchster apostolischer Amtsgewalt endgültig entscheidet, eine Lehre über Glauben und Sitten sei von der ganzen Kirche festzuhalten, so besitzt er aufgrund des göttlichen Beistandes, der ihm im heiligen Petrus verheißen ist, jene Unfehlbarkeit, mit der der göttliche Erlöser seine Kirche bei endgültigen Entscheidungen in Glaubens- und Sittenlehren ausgerüstet haben wollte" (zitiert nach Neuner/Roos).

Es hat beinahe 100 Jahre gedauert, bis das Zweite Vatikanische Konzil (1962–65) diese einseitige Heraushebung des Papstes wieder ein wenig ausgeglichen hat, indem es die eigenständige Autorität der Bischöfe betonte. Der lächelnde Konzilspapst Johannes XXIII. (1958–1963) hat dann durch seine gewinnende Persönlichkeit dem Papstamt eine menschlichere Note verliehen. Paul VI. (1963–1978) knüpfte auf seine Weise daran an, indem er auf die Tiara, die Papstkrone, verzichtete. Seither gibt es bei der Amtseinführung nur mehr zwei Symbole: Das aus der Wolle von Lämmern gewobene Pallium deutet an, dass der Hirte das verirrte Lamm auf seine Schultern nimmt. Der Fischerring erinnert an die Aufgabe des Petrus, Menschenfischer zu sein. Auch Joseph Ratzinger hat schon in seinem ersten Amtsjahr einen Verzicht angemeldet. Er legte den Titel „Patriarch des Abendlandes" ab. Still und leise wurde diese Ehrenbezeichnung im Päpstlichen Jahrbuch 2006 weggelassen. Sie sei nicht mehr zeitgemäß, weil sich das „Patriarchat des Abendlandes" im Unterschied zu den Patriarchaten der orthodoxen Kirche (vgl. Russischer Patriarch) nicht auf ein geografisch eindeutiges Gebiet beziehe, hieß die offizielle Begründung. Vatikanexperten lasen darüber hinaus eine ökumenische Geste heraus: Der Papst wolle den orthodoxen Patriarchen nichts streitig machen. Auch nicht ihren Titel.

Ohnehin hat sich das Bild des „Pontifex maximus" im 20. Jahrhundert dramatisch verändert. Die Pius-Päpste – Pius XI. und XII. regierten 1922 bis 1958 – ließen sich noch mit der mächtigen Tiara auf dem Haupt und auf einem Thron sitzend durch die Menge tragen. Johannes Paul II. präsentierte sich weltweit als der erste Papst zum Angreifen. Benedikt XVI. tat am 14. August 2006 einen Schritt in die Öffentlichkeit, wie es ihn vorher noch nie gegeben hatte: In Hinblick auf den Besuch in seiner bayerischen Heimat im September gab er im päpstlichen Sommersitz Castel Gandolfo vier deutschen Journalisten von ZDF, Bayerischem Rundfunk, Deutscher Welle und Radio Vatikan ein Fernsehinterview. Joseph Ratzinger überraschte mit einer positiven Grundhaltung zum Glauben und zur Welt, er stellte die Verbots-Kirche deutlich in die zweite Reihe und ließ sich vor laufender Kamera sogar zu leiser Ironie hinreißen: Den Besuch in dem großen österreichischen Wallfahrtsort Mariazell habe er „einfach so ein bisschen leichtsinnig versprochen". Der Vorschlag habe ihm so gut gefallen, dass er gesagt habe: „Ja, zur Magna Mater Austriae komme ich wieder." Und das sei natürlich sofort als eine Zusage verstanden worden, „die ich auch einhalten werde und gern einhalte".

Von wem die Verlockung zu einem Österreichbesuch im Herbst 2007 kam, ist nicht schwer zu erraten. Der Erzbischof von Wien, Kardinal Christoph Schönborn, gehört zu jenen führenden Persönlichkeiten in der katholischen Kirche, die mit dem Papst gut befreundet sind und Einfluss auf ihn haben. Schönborn hat den 1993 erschienenen römischen Weltkatechismus („Katechismus der Katholischen Kirche") redigiert und teilt mit Benedikt XVI. ein Faible für die orthodoxen Kirchen. Ein Bild vom 3. August 2006 bei einem Ministrantentreffen in Rom demonstrierte die herzliche Beziehung zwischen den beiden Kirchenmännern. Die Auseinandersetzung, die Kardinal Schönborn durch einen Beitrag in der „New York Times" über Schöpfung und Evolution ausgelöst hat, ist ganz im Sinne der Benedikt-Debatte über Glaube und Vernunft, „die zu gegenseitiger Reinigung und Heiligung berufen sind".

Kein Wunder, dass Christoph Schönborn seit der Wahl von Joseph Ratzinger zum Papst als heißer Kandidat für ein höheres Amt in Rom gilt. Eine Aufgabe in Hinblick auf die orthodoxen Kirchen wäre dem Erzbischof von Wien ebenso auf den Leib geschnitten wie die Kongregation für das Katholische Bildungswesen. Doch die Spekulationen darüber, wer im Vatikan noch auf welchen Chefposten avancieren werde, waren im ersten Jahr Benedikts XVI. wenig verlässlich. Das öffentliche Rom und die Vatikanexperten der großen italienischen Zeitungen sind irritiert. Bei keinem anderen Papst haben sie so sehr im Dunkeln darüber getappt, wer seine Zuträger, Einflüsterer und Ghostwriter seien. Der Wechsel vom Polen Karol Wojtyła zum Deutschen Joseph Ratzinger hat den Fluss der Indiskretionen aus der polnischen Kolonie in Rom urplötzlich abreißen lassen. Nicht einmal perfekt lancierte Luftballons haben daran bisher etwas ändern können. Einen dieser Versuche, den Vatikan aus der Informationsreserve zu locken, setzte Marco Politi in die Welt. Der angesehene Vatikanexperte der Tageszeitung „La Repubblica" berichtete, der Papst lasse die kirchliche Haltung zu Aids und dem Schutz durch Kondome für christliche Eheleute überprüfen.

Geradezu erlösend wirkte auf die Vaticanisti der italienischen Zeitungen daher die lang erwartete Ernennung eines neuen Staatssekretärs. Am 24. Juni 2006 wurde offiziell bekannt, dass Benedikt XVI. den Erzbischof von Genua, Kardinal Tarcisio Bertone, zum Nachfolger des 78-jährigen Angelo Sodano beruft. Der Staatssekretär ist die Nummer zwei in der Hierarchie. Keiner steht dem Papst näher als der Norditaliener, der am 15. September 2006 sein Amt antrat. Der 71-jährige „Cardinale del sorriso", der lächelnde Kardinal, nimmt nicht nur formal den wichtigsten Platz neben dem Papst ein. Ratzinger kennt Tarcisio Bertone aus sieben Jahren Zusammenarbeit – von 1995 bis 2002 – in der Glaubenskongregation. Der Papst hat sich als seinen „Vize" einen Vertrauten geholt, der ihm kirchenpolitisch sehr nahesteht und mit dem er sich gerne auch informell berät. Benedikt XVI. frage niemanden in der Kurie, was zu tun sei, heißt es im Vatikan – außer Bertone. Der neue Staatssekretär war es, den der Papst Ende Juli 2006 in seinem Urlaubsdomizil empfing, um mit ihm seinen Terminkalender und die weitere Reform der Kurie zu erörtern. Zu ihren Gesprächsthemen gehörten darüber hinaus die Beziehungen zu den orthodoxen Kirchen, die Verhandlungen mit China sowie die Ernennung eines neuen vatikanischen „Außenministers" in der Nachfolge von Erzbischof Giovanni Lajolo.

Der leutselige Fußballfan Bertone ist in Rom populär und durch seine verbindliche Art eine ideale Ergänzung zu dem eher zurückgezogenen Professor Ratzinger. Aber so unterschiedlich sie im Charakter sind, so sehr sind der deutsche Papst und der italienische Kardinal ein Herz und eine Seele in der Sache. Gemeinsam haben Ratzinger und Bertone die harte römische Linie gegen die deutschen Bischöfe im Konflikt um die Schwangerenberatung vertreten. Gemeinsam haben sie das Dokument „Dominus Iesus" aus dem Jahr 2000 unterschrieben und den Kirchen der Reformation mitgeteilt, dass sie keine „Kirchen im eigentlichen Sinn" seien.

Vatikanintern hat das Staatssekretariat durch die Berufung Bertones deutlich an Gewicht gewonnen, und innerhalb der Behörde wurden die Diplomaten zurückgedrängt. Denn Bertone kommt nicht aus den Kreisen der vatikanischen Diplomatie. Damit verschieben sich die Machtverhältnisse zwischen den beiden Abteilungen im Staatssekretariat. Der neue Mann an der Spitze wird sein Augenmerk auf die innere Abteilung legen, die für das Funktionieren der Kurie selbst zuständig ist. Die äußere Abteilung, in der die diplomatischen Beziehungen des „Heiligen Stuhls" zu den Staaten koordiniert werden, tritt in den Hintergrund. Denn, so sagen Insider im Vatikan: Dem deutschen Papst sei der innere Aufbau der Kirche wichtiger als ihre diplomatischen Verflechtungen mit den Staaten.

Unter Johannes Paul II. hatten Kardinalstaatssekretär Angelo Sodano und der Leiter der Glaubenskongregation, Joseph Ratzinger, eine ähnlich starke Position. Unter Benedikt XVI. wird eindeutig der Staatssekretär das Sagen haben. Die Bedeutung der Glaubenskongregation tritt auch deshalb zurück, weil Benedikt XVI. selbst mehr am Schreibtisch sitzt als sein Vorgänger. Das können Rompilger beobachten, wenn sie spätabends über den Petersplatz schlendern und hoch über den Vatikanmauern im Arbeitszimmer des Papstes noch das Licht brennt. Auch die vielen Privataudienzen wurden abgeschafft. Ebenso die Gepflogenheit Johannes Pauls II., dass ausgewählte Gruppen von ein bis zwei Dutzend Besuchern mit ihm in der päpstlichen Privatkapelle die Frühmesse feierten.

Stanisław Dziwisz, der einflussreiche Privatsekretär des polnischen Papstes, hatte genau darüber gewacht, wer Zutritt zu diesen exklusiven Begegnungen mit Johannes Paul II. erhielt. Jetzt passt Ratzingers Privatsekretär Georg Gänswein auf, dass sein Chef nicht ständig gestört wird. Der Sekretär, der bei öffentlichen Auftritten und den wenigen Reisen immer diskret hinter Papst Benedikt XVI. steht, gilt den Römerinnen und Römern als „George Clooney des Vatikans". Eine Klatschpostille hat den Papstsekretär beim Tennisspielen in Shorts und Poloshirt abgebildet. Die Schweizer „Weltwoche" kürte ihn daraufhin zum „unbestritten schönsten Mann im Talar, den der Vatikan je hervorgebracht hat". Die 85-jährige Signora Franca, die Frau des italienischen Staatspräsidenten Carlo Ciampi, brachte es beim Staatsbesuch des Papstes im römischen Quirinalpalast auf den Punkt: „Un bell' uomo", ein schöner Mann!

Vom Typ her drängt sich sogar der Vergleich mit Kardinal Bertone auf: Ein gutes Image in der Öffentlichkeit ist gepaart mit einer strengen innerkirchlichen Linie. Der im Schwarzwald aufgewachsene Gänswein, der am 30. Juli 2006 seinen 50. Geburtstag feierte, hat bis 2005 an der päpstlichen Opus-Dei-Universität vom Heiligen Kreuz in Rom kanonisches Recht gelehrt.

Auf die Frage eines Journalisten, ob Frauen zu Priesterinnen geweiht werden könnten, antwortete Gänswein: „Wer das Sakrament der Priesterweihe abschafft, der schafft auch das Priestertum und letztlich alle anderen Sakramente ab." Eine gültige Weihe von Frauen zum Priester könne es nicht geben.

Eine Ironie der Geschichte ist, dass zuallererst der Freiburger Erzbischof Oskar Saier den jungen Theologen gefördert hat. Er ließ Gänswein in Rom und München studieren, musste aber dann bald feststellen, dass sein hoffnungsvoller Kirchenjurist in ein anderes Fahrwasser geriet. Das wurde 1994 offenkundig, als die drei oberrheinischen Bischöfe Karl Lehmann, Walter Kasper und Oskar Saier einen aufsehenerregenden Vorstoß für einen neuen Umgang mit Katholiken in ziviler Zweitehe machten. Sie wollten erreichen, dass wiederverheiratete Geschiedene im Einzelfall, nach reiflicher Gewissensentscheidung, wieder zur Kommunion gehen dürften. Kardinal Ratzinger lehnte ab. Gänswein schloss sich gegen seinen Diözesanbischof und Förderer der römischen Haltung an – und machte ab 1995 Karriere im Vatikan. Zuerst in der Kongregation für den Gottesdienst und die Sakramente, ab 1996 dann in der Glaubenskongregation. Dort wetteiferte der aufstrebende Kirchenmann mit dem damaligen Ratzinger-Sekretär Josef Clemens um die Gunst des Chefs. Der vorläufige Ausgang: Gänswein wurde Privatsekretär des Papstes, ist rund um die Uhr am Handy für seinen Chef erreichbar und weicht dem Papst seinerseits nicht von der Seite. Clemens wurde Bischof in der Abteilung für die Laien im römischen Stadtteil Trastevere – das ist schon rein geografisch weit weg von den kirchlichen Machtzentren rund um den Petersplatz.

Näher beim Papst, aber auch außerhalb der Vatikanmauern, residiert ein weiterer deutscher Kirchenmann, der in der Hierarchie weit hinaufgekommen ist: Kardinal Walter Kasper, Präsident des päpstlichen Einheitsrates und damit zuständig für das Gespräch der römisch-katholischen Kirche mit den anderen christlichen Kirchen. Der frühere Tübinger Theologe und Widerpart von Kardinal Ratzinger soll für den Papst die ökumenischen Kastanien aus dem Feuer holen – in einem Klima, das der jetzige Papst und sein Staatssekretär Bertone durch ihr umstrittenes Dokument „Dominus Iesus" schwer belastet haben. Umso mehr hat Kasper sich gefreut, dass beim Weltjugendtag 2005 in Köln und der dortigen Begegnung mit den Protestanten „ein paar Mal der Theologe Ratzinger mit dem Papst durchgegangen ist". Benedikt XVI. habe über die vorbereitete Rede hinaus frei formuliert und Anknüpfungspunkte für das ökumenische Miteinander gesucht. Das sei „sehr hilfreich" gewesen, sagte Kasper in einem Gespräch mit österreichischen Journalisten im Frühjahr 2006 – und schränkte im selben Atemzug ein: „In der Tat wissen wir aber im Moment nicht, wie wir mit den Protestanten weiterkommen." Im Verhältnis zur orthodoxen Kirche gehe jedoch viel voran. Das werde nicht ohne Auswirkungen auf die Protestanten bleiben.

Zum persönlichen Netzwerk des Papstes in theologischen und kirchenpolitischen Fragen gehört Walter Kasper nicht. Mehr Einfluss wird Erzbischof Giovanni Lajolo zugeschrieben. Benedikt XVI. hat den bisherigen „Außenminister" im Staatssekretariat per 15. September 2006 zum neuen Präsidenten der Kommission für den Vatikanstaat ernannt. In der Nachfolge von Kardinal Edmund Casimir Szoka wurde Lajolo zu einem der führenden Männer bei der Reform der Kurie, die der Papst langsam aber konsequent vorantreibt. Durch die Abberufung Lajolos aus der Außenabteilung des Staatssekretariats hat sich Benedikt XVI. zugleich die Möglichkeit geschaffen, dort neue Akzente zu setzen. Zu den starken Männern im Vatikan gehört auch der Präfekt der Bischofskongregation, Giovanni Battista Re. Der Kardinal hat selbst Erfahrungen im Staatssekretariat gesammelt und kennt die Kirche weit über Rom hinaus, weil alle Verfahren für Bischofsernennungen über seinen Schreibtisch gehen.

Als den „Mann fürs Grobe" in Italien hat der Papst den mächtigen Präsidenten der italienischen Bischofskonferenz, Kardinal Camillo Ruini, an seiner Seite. Er ist der Stellvertreter des Papstes in der Diözese Rom und Hausherr der Lateran-Basilika, der prachtvollsten römischen Kirche neben dem Petersdom. Immer dann, wenn der Papst nicht direkt zu gesellschaftspolitischen Entscheidungen in Italien Stellung nehmen kann, springt Ruini in die Bresche: ob es um die Gleichstellung der katholischen Schulen ging, um die Familienpolitik oder um die künstliche Befruchtung im Reagenzglas, gegen die der Präsident der italienischen Bischofskonferenz einen regelrechten Feldzug geführt hat.

Einen Akzent dafür, wohin der Dialog der Religionen gehen wird, setzte der Papst mit der Neubesetzung der Kongregation für die Evangelisierung. Schon als Kardinal Joseph Ratzinger hatte Benedikt XVI. den Konflikt erkannt, der sich am asiatischen Horizont abzeichnet. Als drängende Aufgabe der christlichen Theologie und des Religionsdialogs formulierte Ratzinger: „Die Herausforderung für Jesus im dritten Jahrtausend wird Buddha sein." Vor diesem Hintergrund hat der Papst im Mai 2006 den Erzbischof von Bombay, Kardinal Ivan Dias, zum Präfekten der Kongregation für die Evangelisierung der Völker ernannt. Der Inder löste auf diesem Posten den Italiener Crescenzio Sepe ab, der als Erzbischof nach Neapel wechselte. Nicht in Italien und nicht in Europa, sondern auf dem asiatischen Kontinent, so ist der Papst überzeugt, wird sich die wesentliche philosophische und theologische Auseinandersetzung und Begegnung am Beginn des dritten Jahrtausends abspielen.

Benedikt XVI. hat sein persönliches Netzwerk fein gesponnen. Wenige Vertraute gehen mit auf seinem Weg. Mit anderen tritt er, in professoraler Distanz, gerne in ein Fachgespräch ein, sei es mit dem deutschen Philosophen Jürgen Habermas über „Vorpolitische moralische Grundlagen eines freiheitlichen Staates", mit dem von Rom verstoßenen Kirchenreformer Hans Küng über die Zukunft der Religion oder mit der italienischen Islamkritikerin Oriana Fallaci über den Zusammenstoß der Kulturen. Dass Joseph Ratzinger nicht zum „einsamen Mann im Vatikan" geworden ist, dazu trägt eine ihm lieb gewordene Gewohnheit bei, die er auch als Papst nicht aufgegeben hat: Jedes Jahr trifft sich der ehemalige Theologieprofessor mit einem Schülerkreis zum privaten und intellektuellen Austausch – zuletzt im Sommer 2006 in der päpstlichen Sommerresidenz Castel Gandolfo.

6) Mini-Bürokratie für den Weltkonzern

Die „Ministerien" und Behörden des Papstes

Sie ist für eine weltweit agierende Organisation keineswegs eine überbordende Bürokratie. Die Kurie des Vatikans umfasst neun Kongregationen, die „Ministerien", die jeweils von einem Kardinal als „Minister" geleitet werden. Dazu kommen drei Gerichtshöfe, neun Päpstliche Räte und sieben Päpstliche Kommissionen. Nur etwas mehr als 3.000 Beschäftigte sorgen dafür, dass der über Jahrhunderte gewachsene und bewährte Verwaltungsapparat reibungslos funktioniert. Hier in den „Ministerien" und Behörden des Papstes wird ein Kaiser Karl seliggesprochen oder die erste kirchliche Ehe einer Fürstentochter für ungültig erklärt, hier wird der Bischof für eine Diözese im brasilianischen Regenwald ernannt oder dem Oberhirten von St. Pölten sein Rücktritt nahegelegt, hier bekommt ein katholischer Theologe einen Rüffel wegen häretischer Schriften, einem anderen wird die Lehrbefugnis an der Universität entzogen – nichts, was einigermaßen von Bedeutung ist, geschieht in der römisch-katholischen Weltkirche ohne Zutun des Vatikans.

Macht und Ohnmacht, Tradition und Reformgeist, der Buchstabe der Bürokratie, der töten kann, und der Geist des Evangeliums, der befreit und lebendig macht, liegen im Vatikanstaat und in den vatikanischen Behörden an der Via della Conciliazione und im römischen Stadtteil Trastevere eng beisammen. Oft genug gescholten wegen ihrer Weltfremdheit, vielfach beneidet wegen ihrer vergleichsweise hohen Effizienz bei geringstem Aufwand, stellt sich die römische Kurie so dar wie die Mauern des Vatikans, an denen der Rompilger zur Warteschlange vor den Vatikanischen Museen entlanggeht. Den einen ein Symbol der Standhaftigkeit und des Widerstandes gegen den Zeitgeist, ist sie den anderen der Inbegriff eines von Säkularisierung und Demokratisierung hinweggefegten Gebäudes antiquierter Vorschriften und Verbote.

Wer an den bunten Schweizergardisten vorbei – am besten unter der Schirmherrschaft eines Bischofs, wenn nicht eines Kardinals – in die Innenbereiche der vatikanischen Ämter vorgedrungen ist, wird vom äußeren Erscheinungsbild ernüchtert. Keine wertvollen Bilder und brokatbestickten Sitzgarnituren erwarten den Besucher, sondern schlicht und zweckmäßig ausgestattete Konferenzräume und Büros. Ein Mikrofon vor jedem Sitzungsteilnehmer wie in der Glaubenskongregation oder beim Rat für die Laien ist das modernste, was sich der Vatikan für seine Mitarbeiter und die aus aller Welt anreisenden Bischöfe, Theologen, Ordensleute oder Laien leistet. Jedes Vier-Sterne-Seminarhotel ist komfortabler ausgestattet, von technischem Schnickschnack, wie Beamer oder Videokonferenzschaltungen, gar nicht zu reden.

Das Hofzeremoniell beschränkt sich im Vatikan auf den Papst, der Prunk ist der großen Liturgie vorbehalten. An der Kurie stechen höchstens die violetten und purpurroten Farbtupfer der Amtstracht hervor – das Zingulum und der Pileolus der Bischöfe und der Kardinäle. Mehr schmückendes Beiwerk braucht eine Bürokratie nicht, die in Äonen denkt und von zölibatären Würdenträgern in würdigem Alter gelenkt wird. An der Wende von Johannes Paul II. zu Benedikt XVI. war der Großteil der führenden Kurienkardinäle um die 70 Jahre alt. Joseph Ratzinger selbst stand im 79. Lebensjahr, als er von der Glaubenskongregation, dem damals wichtigsten „Ministerium" an der Kurie, in das Papstamt gehievt wurde.

Zwei Jahrzehnte lang hatte Ratzinger den Ton in der römischen Verwaltung angegeben. Der deutsche Kardinal stand von

1981 bis 2005 als Präfekt an der Spitze der Glaubenskongregation. Er war der theologische und kirchenpolitische Vertraute von Papst Johannes Paul II. und trug die innerkirchlichen Nachwehen des Zweiten Vatikanischen Konzils (1962–65) aus. Mit Ratzinger an der Spitze hatte das „Sanctum Officium", wie das „Glaubensministerium" seit 1908 hieß, eine Vorrangstellung unter den päpstlichen Behörden inne. Es konnte noch einmal zu der Form auflaufen, die es bis zur Kurienreform 1965 auch formal gehabt hatte. Die anerkannte Persönlichkeit, die theologische Brillanz und das enge Verhältnis zum polnischen Papst bewirkten, dass die Ratzinger-Behörde am meisten öffentlich in Erscheinung trat.

Dass Ratzinger dann zum Papst gewählt wurde, lag beinahe in der Natur der Sache. Der deutsche Professor hatte weltweite Verbindungen aufgebaut und galt als Garant dafür, dass sich die römisch-katholische Kirche mit sanften Kurskorrekturen auf der Linie seines Vorgängers weiterentwickeln würde. Keine Revolution, sondern Evolution erwarteten die Kardinäle von ihrem „Glaubenshüter". Diese Richtung gab der neue Papst schon bald in der vatikanischen Verwaltung vor, in der die Karten neu gemischt wurden und werden. Mit dem Abgang Ratzingers aus der Glaubenskongregation ist die bislang letzte große Ära dieser ehemaligen Inquisitionsbehörde zu Ende gegangen.

Die Wahl des deutschen Professors zum Papst hat die Ordnung im Vatikan wieder hergestellt. So wie sie seit 1965 offiziell gilt: An der Spitze der päpstlichen Behörden steht nicht die Glaubenskongregation, sondern das Staatssekretariat. Der Kardinalstaatssekretär ist der „Ministerpräsident" des Papstes, die neun Kongregationen sind die „Ministerien": die Kongregation für die Glaubenslehre, für die Orientalischen Kirchen, für Gottesdienst und Sakramentenordnung, für die Selig- und Heiligsprechungsprozesse, für die Evangelisierung der Völker, für den Klerus, für die Institute geweihten Lebens und Gesellschaften apostolischen Lebens, für das Katholische Bildungswesen und für die Bischöfe. Alle Neune sind dem Staatssekretariat untergeordnet.

Diese Rangordnung in seinem Verwaltungsapparat hat Benedikt XVI. durch die Besetzung von Staatssekretariat und Glaubenskongregation unterstrichen. Zum neuen Staatssekretär ernannte der Papst mit Wirkung vom 15. September 2006 einen seiner engsten Vertrauten, Tarcisio Bertone (71). Der populäre Kardinal, ganz ein Diener seines Herrn, zieht jetzt an der Kurie die Fäden und tritt mit entsprechendem Selbstbewusstsein in Erscheinung. An die Spitze der Glaubenskongregation hat Benedikt XVI. dagegen William Joseph Levada (70) berufen. Der frühere Erzbischof von San Francisco ist ein unauffälliger Verwalter seines Amtes, der im Schatten seines Vorgängers Ratzinger steht. Levada wurde zwar im Frühjahr 2006 seinem Rang entsprechend zum Kardinal ernannt. Öffentlich in Erscheinung getreten ist Levada aber in den ersten eineinhalb Jahren seit seiner Berufung nach Rom überhaupt nicht.

Vorbei ist die Ratzinger-Ära, in der die Glaubenskongregation alle Jahre wieder durch ein neues Dokument aufgefallen ist. Kardinal Levada agiert nur im ausdrücklichen Auftrag des Papstes. Joseph Ratzinger war als Präfekt der Glaubenskongregation beinahe ein Vize-Papst gewesen. Unter seinem Nachfolger nimmt das „Sanctum Officium" wieder den üblichen Status eines vatikanischen „Ministeriums" ein: Es wird tätig, wenn der Papst einen Auftrag gibt, wenn ein Bischof eine Anfrage stellt oder Unbekannte einen Theologen wegen eines der Häresie verdächtigen Buches anschwärzen.

„Ministerpräsident" Bertone hat als Kardinalstaatssekretär den höchsten Rang in der inneren Verwaltung des Vatikans inne und ist gleichzeitig der höchste Repräsentant der diplomatischen und politischen Aktivitäten des „Heiligen Stuhls". Er kann unter bestimmten Umständen sogar die Person des Papstes vertreten, etwa dann, wenn es um den Abschluss eines Konkordates geht. Das sind jene zwischenstaatlichen Verträge, in denen der „Heilige Stuhl" sich mit einem Staat über die Rechte der römisch-katholischen Kirche einigt. Die Republik Österreich und der Vatikan haben den bis heute gültigen, wenn auch mehrfach ergänzten, Vertrag am 5. Juni 1933 abgeschlossen. Für Rom unterschrieb damals Kardinalstaatssekretär Eugenio Pacelli, der spätere Papst Pius XII., wie aus der Präambel hervorgeht: „Seine Heiligkeit, Papst Pius XI. und die Republik Österreich, die in dem Wunsche einig sind, die Rechtslage der katholischen Kirche in Österreich zum Besten des kirchlichen und religiösen Lebens in gegenseitigem Einvernehmen in dauerhafter Weise neu zu ordnen, haben beschlossen, eine feierliche Übereinkunft zu treffen. Zu diesem Zwecke haben Seine Heiligkeit zu Ihrem Bevollmächtigten Seine Eminenz den Hochwürdigsten Herrn Kardinal Eugen Pacelli, Ihren Staatssekretär, und der Herr Bundespräsident der Republik Österreich, den Herrn Bundeskanzler, Dr. Engelbert Dollfuß und den derzeit auch mit der Führung des Bundesministeriums für Unterricht betrauten Herrn Bundesminister für Justiz Dr. Kurt Schuschnigg zu seinen Bevollmächtigten ernannt."

Dem Staatssekretär sind seit der Kurienreform von Papst Johannes Paul II. im Jahr 1988 ein „Innenminister" und ein „Außenminister" unterstellt. Sie leiten die Sektion für die Allgemeinen Angelegenheiten und die Sektion für die Beziehungen mit den Staaten. Was mit Brief und Siegel vom Papst hinausgeht, kommt aus der ersten Sektion. In diesem „Innenministerium" sind das Bleisiegel des Papstes und der Fischerring aufbewahrt. Die Abteilung für die äußere Beziehung vertritt den Vatikan bei internationalen Organisationen und Konferenzen. Wenn es bei einer Bevölkerungskonferenz der UNO heißt, „der Vatikan" habe eine Stellungnahme abgegeben, dann kommt diese aus der Außenabteilung des Staatssekretariats. Darüber hinaus gibt es diplomatische Vertretungen in mehr als 170 Ländern, von A wie Albanien bis Z wie Zimbabwe. Akkreditiert ist der Nuntius, der Gesandte des Papstes, beim jeweiligen Staat als Vertreter des „Heiligen Stuhls". Der ist ebenso wie der Staat der Vatikanstadt (Stato della Città del Vaticano) ein eigenes Völkerrechtssubjekt.

Ob es um den EU-Beitritt der Türkei geht oder das schwierige Verhältnis des Vatikans zur Volksrepublik China – die kirchenpolitische Linie dafür wird im Staatssekretariat vorgedacht. Der Staatssekretär und der Erzbischof, der das „Außenministerium" leitet, sind die international auftretenden Diplomaten und die politische Feuerwehr des Papstes. Sie sollen für die römisch-katholische Kirche und für die Gläubigen in einem Staat das jeweils Beste aus einer politischen Situation machen. Diese Aufgabe stand schon bei der Entstehung der Abteilung für die Außenbeziehungen Pate. Sie wurde 1793 errichtet und sollte sich mit den Folgen der Französischen Revolution für die römische Kirche auseinandersetzen.

Das bedeutendste der neun „Ministerien" ist weiterhin die Kongregation für die Glaubenslehre. Auch wenn ihr neuer Chef Levada nicht mehr so im Rampenlicht steht wie sein Vorgänger Ratzinger, gibt die Glaubenskongregation den Ton in der römisch-katholischen Weltkirche an. In dem wehrhaften Palast unmittelbar links neben dem Petersplatz werden die Grenzen der römisch-katholischen Lehre definiert (siehe Kapitel 8). Die Glaubenskongregation hat damit den größten Einfluss auf den Alltag der römisch-katholischen Christen in aller Welt. Gleich danach kommt die Kongregation für die Bischöfe. Wer wo Bischof wird und warum, darüber wacht Kurienkardinal Giovanni Battista Re (73). Als „Minister" der Bischofskongregation ist Re dafür zuständig, dass die Auswahlverfahren für neue Bischöfe ordnungsgemäß über die Bühne gehen und der Papst einen Vorschlag für einen Kandidaten auf den Tisch bekommt, der in der betroffenen Diözese zumindest nicht auf breite Ablehnung stößt. Dass dies trotzdem auch in Österreich passiert ist, kann nicht direkt der Bischofskongregation angelastet werden. Denn die letzte Instanz für jede Bischofsernennung ist der Papst. Auf den hatten bei den Ernennungen von Hans Hermann Groër (Erzbischof von Wien, 1986–1995) oder Kurt Krenn (Weihbischof in Wien, 1987–1991, Bischof von St. Pölten, 1991–2004) andere Informanten mehr

Einfluss als die offiziell dafür zuständige römische Abteilung (siehe Kapitel 19).

Für öffentliches Aufsehen sorgt fallweise die Kleruskongregation. So hat Kurienkardinal Darío Castrillón Hoyos im September 2005 den Bischof von Regensburg dabei unterstützt, die „Rätedemokratie" in seiner Diözese zurückzustutzen. „Nicht der ganz große Vatikan, der Papst oder die Glaubenskongregation", schrieb die „Süddeutsche Zeitung" am 15. September 2005, wohl aber der Präfekt der Kleruskongregation habe jene Mitverantwortung und Mitsprache der Laien in Frage gestellt, die sie in den Pfarrgemeinderäten und Diözesanräten seit der Würzburger Synode 1975 haben. „Sie sollen Pastoralräte im Sinne des allgemeinen Kirchenrechts werden, die irgendwie und unverbindlich den Pfarrer oder den Bischof beraten. Die Laien sollen dienen und zuliefern, nicht mitgestalten", kommentierte die Zeitung das Schreiben des römischen „Klerusministers". Der Bischof von Regensburg sah sich jedenfalls in seiner Ansicht bestätigt, dass die römisch-katholische Kirche keine Demokratie sei. Er schaffte den gewählten Diözesanrat und die Dekanatsräte ab und ersetzte sie durch ausschließliche Beratungsgremien, deren Mitglieder er selbst ernannte.

Der Fall zeigt symptomatisch, wie Rom agiert. Sehr oft ist es nicht die Absicht der vatikanischen Behörden, sich aus eigenem Antrieb weltweit überall und mutwillig einzumischen. Vielmehr gehören meistens zwei dazu: ein konservativer Bischof, der gegen reformfreudige Katholiken durchgreifen will, und eine päpstliche Kongregation, die solchen Ordnungswillen im Zweifelsfall gerne unterstützt. So hat die römische Kleruskongregation dem Bischof von Regensburg auch in einer zweiten Streitfrage den Rücken gestärkt. Der Bischof entzog dem örtlichen Vorsitzenden der Reformbewegung „Wir sind Kirche" seine Lehrbefugnis als Religionslehrer, weil dieser für die Priesterweihe von Frauen eingetreten sei – im Widerspruch zu einer „definitiven Lehre" der Kirche. Der Betroffene legte in Rom Be-

Die Römische Kurie

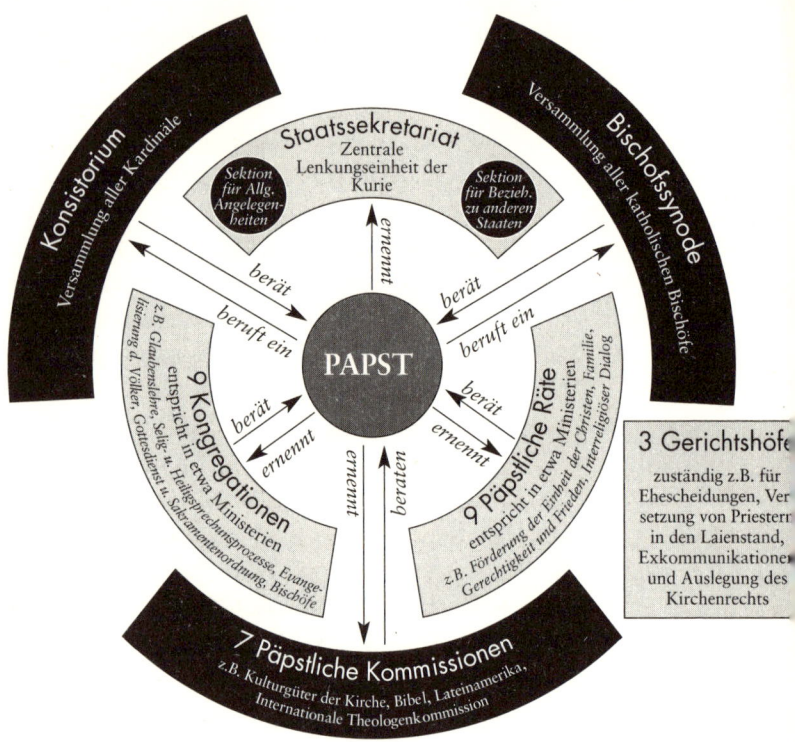

Konsistorium
Versammlung aller Kardinäle

Bischofssynode
Versammlung aller katholischen Bischöfe

Staatssekretariat
Zentrale Lenkungseinheit der Kurie

Sektion für Allg. Angelegenheiten

Sektion für Bezieh. zu anderen Staaten

ernennt

berät

berät

beruft ein

beruft ein

PAPST

9 Kongregationen
entspricht in etwa Ministerien
z.B. Glaubenslehre, Selig- u. Heiligsprechungsprozesse, Evangelisierung d. Völker, Gottesdienst u. Sakramentenordnung, Bischöfe

9 Päpstliche Räte
entspricht in etwa Ministerien
z.B. Förderung der Einheit der Christen, Familie, Gerechtigkeit und Frieden, interreligiöser Dialog

berät

berät

ernennt

ernennt

ernennt

beraten

3 Gerichtshöfe
zuständig z.B. für Ehescheidungen, Versetzung von Priestern in den Laienstand, Exkommunikationen und Auslegung des Kirchenrechts

7 Päpstliche Kommissionen
z.B. Kulturgüter der Kirche, Bibel, Lateinamerika, Internationale Theologenkommission

© Süddeutsche Zeitung, 15. April 2005

schwerde ein. Die Kleruskongregation gab aber, wenig überraschend, dem Bischof Recht.

Zu klären, ob denn das alles rechtens sei und auf dem Boden des „Codex Iuris Canonici" steht, ist Sache der drei vatikanischen Gerichtshöfe. Dieser Codex des kanonischen Rechts ist das Gesetzbuch der lateinischen Kirche. Es wurde zuletzt 1983 aufgelegt und umfasst 1752 Canones (Rechtssätze), die „allen Gliedern des Volkes Gottes ihren Platz in der kirchlichen Rechtsordnung, ihre Rechte und Pflichten" zuordnen. Wenn es denn einmal hart auf hart geht, gibt es sogar in der katholischen Kirche den ordentlichen Rechtsweg. So hat ein Regensburger Dekanatsratsvorsitzender, der vom Bischof entlassen wurde, bei der Apostolischen Signatur Widerspruch eingelegt. Seine Begründung: Die Kleruskongregation sei für Maßnahmen betreffend die Laien in der Kirche nicht zuständig. Der oberste kirchliche Gerichtshof soll nun Klarheit schaffen – und sei es nur über formale Zuständigkeiten, die aber nicht ohne inhaltliche Folgen wären.

Bleiben die neun Päpstlichen Räte als große Aktionsfelder der Kirchenzentrale. Durch sie organisiert der Vatikan innerkirchliche Dialoge – etwa über die Laien oder zu Ehe und Familie – und pflegt politische und kirchenpolitische Außenkontakte. Im März 2006 hat Benedikt XVI. erstmals in diese kuriale Struktur eingegriffen. Die Räte wurden von elf auf neun verringert, indem verwandte Bereiche zusammengelegt wurden. Der „Rat für die Seelsorge für Migranten und Menschen unterwegs" und der „Rat für Gerechtigkeit und Frieden" wurden eine Einheit, ebenso der „Rat für die Kultur" und der „Rat für den interreligiösen Dialog". Der Sitz dieser Behörden ist teilweise im Palazzo San Calisto im römischen Stadtteil Trastevere weit außerhalb des vatikanischen Machtzentrums. Dort wo die Rompilger sich nach dem Besuch des Petersdoms in den vielen kleinen Lokalen niederlassen, hat der Vatikan seine Räte für die Laien und die Familien untergebracht. Hier koordinieren die weltweit aktiven kirchlichen Hilfswerke ihre Zusammenarbeit im Päpstlichen Rat „Cor Unum". Der „Rat für Gerechtigkeit und Frieden" vertritt den Vatikan bei Welthandelskonferenzen oder internationalen Seminaren zur Armut und Globalisierung.

Dass der ganze Verwaltungsapparat hinter den Mauern des Vatikans von Männern in schwarzer Soutane dominiert ist, liegt in der Natur der römisch-katholischen Kirche. Zumal das Thema „Die Päpste und die Frauen" historisch gesehen wenig ruhmreich ist. „Sie waren die Geliebten, die Töchter, Schwiegertöchter, Schwägerinnen von Päpsten; sie waren Herrscherinnen, die eine natürliche Autorität ausstrahlten oder Frauen mit der Bestimmung zu Heiligen, beschämend für so manchen Herren auf dem Stuhl Petri", schrieb Inge Baldinger in einer Bilanz anlässlich der Wahl von Kardinal Joseph Ratzinger in den „Salzburger Nachrichten". „Manche dieser Frauen – es sind vor allem jene rund um die lebensfrohen Päpste der Renaissance – haben nie an Glamour verloren (etwa Maddalena de'Medici, Giulia Farnese oder Lucrezia Borgia), anderen begegnet man heute in jeder Apotheke und in jedem Bio-Markt (etwa Hildegard von Bingen)."

Im Vergleich zu diesen schillernden Frauengestalten agieren die wenigen Frauen, die derzeit in führenden Positionen im Vatikan tätig sind, unaufgeregt, wenn auch keineswegs nur angepasst. Für den „Rheinischen Merkur" hat sich Bettina Gabbe auf die Suche gemacht und in einer Reportage vom 20. Juli 2006 Schwester Enrica Rosanna als eine der ranghöchsten Frauen an der Kurie entdeckt. Die Salesianerin aus der Lombardei ist „Sottosegretario" der Ordenskongregation. Sie nimmt damit die dritte Position ein, hinter dem Kardinal, der das „Ministerium" als Präfekt leitet, und dem Erzbischof, der als Sekretär den zweiten Rang innehat.

Unter dem Motto „Die Technik muss das Heilige spiegeln" gestaltet Judith Zoebelein seit 1995 den Internetauftritt des Vatikans (www.vatican.va). Bis zu zehn Millionen Zugriffe am Tag auf Dokumente, Ansprachen und aktuelle Meldungen kann die gebürtige New Yorkerin verzeichnen. In der Internationalen Theologenkommission sitzen seit zwei Jahren erstmals zwei Frauen: die US-amerikanische Theologin Sara Butler und die deutsche Dogmatikerin Barbara Hallensleben. Die Harvard-Juristin Mary Ann Glendon ist Präsidentin der Päpstlichen Akademie für Sozialwissenschaften und hält bei internationalen Konferenzen die Fahne des Vatikans hoch. Nicht Rom sei altmodisch, sagte Glendon dem „Rheinischen Merkur", sondern „wirklich altmodisch ist der alte Feminismus der siebziger Jahre mit seiner Abneigung gegen Mann, Ehe und Mutterschaft". Der Emanzipationsbewegung wirft Glendon eine „starre Position in Bezug auf Abtreibung und Rechte für Homosexuelle" vor.

Mit solchen gesellschaftspolitischen Streitfragen muss sich die römische Archäologie-Professorin Letizia Ermini Pani nicht auseinandersetzen. Die Leiterin der Päpstlichen Akademie für Archäologie glaubt auch nicht, dass mit ihrem Aufstieg an die Spitze einer vatikanischen Institution schon eine neue Zeit für Frauen an der Kurie angebrochen sei. Diese Revolution darf wohl nicht vom Vatikan selbst erwartet werden. Da sind katholische Bischöfe und Laien auf allen Kontinenten gefordert. Was sich dort Neues tut, wird an der Kurie aufmerksam registriert. Denn eines kann man der Vatikanbürokratie nicht vorwerfen: Dass sie sich völlig von ihrer Basis abkoppeln würde. Der Verwaltungsapparat rund um den Petersdom in Rom hat nicht zuletzt deshalb so viele Jahrhunderte überdauert, weil er – meist spät, aber doch – dem Wandel der Zeit gefolgt ist.

7) Verurteilungen, Verbote und späte Einsichten
Von der Inquisition zur Glaubenskongregation

Es sei ein „trauriges Kapitel" gewesen, dem sich die Kirche mit einem „für Reue offenen Herzen" zuwenden solle. Das sagte Papst Johannes Paul II. am 31. Oktober 1998 über die Inquisition. Die Ketzerprozesse und die Hexenverfolgung, die Verurteilung von Wissenschaftlern und Theologen, die Zensur und der Index der verbotenen Bücher sind eines der dunkelsten Kapitel in der Geschichte der katholischen Kirche. Am 12. März 2002 schloss Johannes Paul II. diese Verfehlungen in sein viel beachtetes „Mea culpa" ein: das große Reuebekenntnis der römisch-katholischen Kirche über ihre historischen Verfehlungen.

Die römische Inquisition (Congregatio Romanae et universalis Inquisitionis) wurde 1542 von Papst Paul III. als ständige Kardinalskongregation gegründet. Mit der Bulle „Licet ab initio" ernannte er sechs Kardinäle zu Generalinquisitoren für die ganze Kirche. Dazu kam im Jahre 1571 die Indexbehörde. Beide Einrichtungen sollten das Sinndeutungsmonopol der römisch-katholischen Kirche gegen die Erfindung des Buchdrucks und gegen die Reformation behaupten. Der Frankfurter Kirchenhistoriker Hubert Wolf, der das von der Deutschen Forschungsgesellschaft unterstützte Forschungsprojekt „Römische Inquisition und Index" leitet, sprach vom „wohl bedeutendsten Versuch einer Totalkontrolle von Wissenskultur".

1908 wandelte Pius X. die Inquisitionsbehörde in die Sacra Congregatio Sancti Officii um. Dieses „Sanctum Officium" behielt aber seine Sonderstellung innerhalb der vatikanischen Ämter. Der Papst selbst übernahm formal die Leitung und ernannte einen Kardinal zum Sekretär. Der letzte in diesem Amt war Kardinal Alfredo Ottaviani. Erst bei der Kurienreform durch Papst Paul VI. verlor dieses Heilige Offizium im Jahre 1965 seine Vormachtstellung und wurde zur Kongregation für die Glaubenslehre – eine vatikanische Behörde, die von einem Kurienkardinal und nicht mehr vom Papst selbst geleitet wird und wie alle anderen Behörden im Vatikan dem Staatssekretariat untergeordnet ist.

Die Geschichte der Inquisition ist geprägt durch schwere Irrtümer und späte Einsichten. Traurige Berühmtheit erlangte der „Fall Galilei", der, wie so viele, mit einer Denunziation begann: Ein Dominikanermönch zeigte Galileo Galilei (1564–1642) im Jahr 1615 beim päpstlichen Inquisitionsgericht an. 1616 wurde die Lehre des Nikolaus Kopernikus, dass die Erde sich um die Sonne drehe und nicht der Mittelpunkt des Universums sei, als Irrtum verurteilt. Seine entsprechende Lehrschrift aus dem Jahr 1543 kam auf den Index, das Verzeichnis der verbotenen Bücher. 1633 verurteilte das Inquisitionsgericht Galilei zu einer Gefängnisstrafe, die Papst Urban VIII. wenige Monate später in eine Verbannung umwandelte. Als Galilei 1642 im Alter von 77 Jahren starb, dauerte es noch mehr als hundert Jahre, bis Rom im Jahre 1757 die Lehre vom heliozentrischen Weltbild mit der Sonne im Mittelpunkt anerkannte.

Noch immer kommen neue Details ans Licht. Das zeigte im Jahr 2001 ein aufsehenerregender Aktenfund über die Vorgeschichte des Galilei-Prozesses. Ein spanischer Forscher stieß im Vatikan auf eine anonyme Anzeige, in der Galilei bereits um 1628, also fünf Jahre vor seiner endgültigen Verurteilung, theologischer Irrlehren beschuldigt worden war. In dem eineinhalb Seiten langen Schriftstück behauptet ein unbekannter Denunziant, dass Galilei schon 1623 die Irrlehre des Atomismus vertreten habe. Dabei handelt es sich um einen Vorläufer der Atomphysik, der im Widerspruch zur Substanzlehre des Aristoteles stand.

Diese aber hatte eine zentrale theologische Bedeutung. Denn auf ihr gründete die Lehre von der Verwandlung von Brot und Wein bei der Eucharistie in den Leib und das Blut Christi (Transsubstantiation). Der Archivfund bot neue Nahrung für die These, dass Galilei von der Inquisition nicht so sehr wegen seiner naturwissenschaftlichen Beobachtungen verfolgt wurde, sondern wegen philosophisch-theologischer Abweichungen.

Erst 350 Jahre nach seinem Tod wurde Galilei schlussendlich von der Kirche offiziell und voll rehabilitiert. Im Oktober 1992 erklärte Papst Johannes Paul II., seine Verurteilung sei ein „tragisches Verkennen" gewesen. Der Fall Galilei zeigt damit besonders deutlich, wie schwer es ein einmal verurteilter „Irrlehrer" hatte, von seinem Makel wieder loszukommen. Beispiele dafür gibt es bis herauf in die Gegenwart. So sorgte im 19. Jahrhundert der Fall des italienischen Reformtheologen Antonio Rosmini (1797–1855) für Aufsehen. Er wurde 1849 unter Pius IX. auf den Index der verbotenen Bücher gesetzt. Ein Häresieverfahren wurde 1854 zwar niedergeschlagen, doch folgte 1887 unter Leo XIII. eine nachträgliche Verurteilung von 40 Thesen, die aus dem Denken Rosminis abgeleitet waren. Erst 152 Jahre nach dem Verbot seiner Bücher zog sich die Glaubenskongregation im Jänner 2001 mit zwei bemerkenswerten Begründungen aus der Affäre: Zum einen sei der Theologe missverstanden worden. Denn die 40 verurteilten Thesen hätten nicht zu seinem authentischen Denken gehört. Es habe sich nur um „mögliche Folgerungen aus der Lektüre seiner Schriften" gehandelt, die nicht Rosmini selbst anzulasten seien. Die Inquisition hatte sich gleichsam in der Person geirrt und dem Verurteilten das zum Vorwurf gemacht, was andere aus seinen Ansichten geschlossen hatten. Zum anderen habe Rosmini, im Nachhinein betrachtet, keine häretischen Absichten gehabt. Im Gegenteil: Er habe in einem kühnen und mutigen Versuch der katholischen Lehre neue Zugänge zum modernen Denken eröffnet – wenn auch mit „manch riskanter Formulierung".

Solche „riskante Formulierungen" hat die römische Glaubenskongregation auch im 20. Jahrhundert in den Werken zahlreicher Theologen entdeckt. Das Muster ist dabei meist dasselbe: Im Visier sind Theologen, bei denen sich innerkirchliche Kritik mit einem neuen theologischen Denkansatz verbindet. Rosmini hatte in seiner Schrift „Von den fünf Plagen der Heiligen Kirche" die herrschenden Zustände kritisiert und darüber hinaus versucht, im Geist des philosophischen Idealismus eine Alternative zur Neuscholastik in der Theologie zu formulieren. Im 20. Jahrhundert wurde der Theologe Hans Küng zur Symbolfigur für diese brisante Mischung aus Kirchenkritik und „riskanten" theologischen Denkansätzen. Seine Verurteilung löste die schwerste und am längsten andauernde Krise zwischen dem römischen Lehramt und der theologischen Wissenschaft aus. Die römische Akte 399/57i wurde bereits anlässlich der Doktorarbeit des damals 29-jährigen Schweizer Theologen im Jahre 1957 angelegt. Küng hatte nachgewiesen, dass die Lehrunterschiede von Katholiken und Protestanten in der Rechtfertigungslehre im Grunde gering seien. Mitnichten, meinte die römische Kirchenzentrale, durch die noch nicht der Geist des Zweiten Vatikanischen Konzils geweht war. Doch wie Galilei und Rosmini hat die Geschichte auch Hans Küng Recht gegeben. Sogar viel rascher. Es vergingen nur 42 Jahre, bis seine These durch ein höchst offizielles Dokument bestätigt wurde. Am 30. Oktober 1999 haben der Lutherische Weltbund und die römisch-katholische Kirche in Augsburg genau zu jener Rechtfertigungslehre, über die Küng seine Dissertation geschrieben hatte, eine „Gemeinsame Erklärung" unterschrieben. Diese beschwört „den Konsens in Grundwahrheiten der Rechtfertigungslehre" und stellt darüber hinaus fest, dass die gegenseitigen Lehrverurteilungen des 16. Jahrhunderts heute nicht mehr zutreffen.

Die späte Erkenntnis reichte allerdings nicht für eine offizielle Rehabilitation des Priesters, der sich in Tübingen einen Namen als Fundamentaltheologe und Religionswissenschaftler gemacht hat. Denn die Causa Küng war zwei Jahrzehnte lang die Spitze des Eisbergs in den Auseinandersetzungen nach dem Zweiten Vatikanischen Konzil (1962–65) gewesen. 1970 traf der Theologe mit seinem Buch „Unfehlbar? Eine Anfrage" in das Herz des römischen Kirchenverständnisses. Küng stellte die Unfehlbarkeit des Papstes in Frage und ging auch in dem folgenden Buch „Christ sein" nicht schonungsvoll mit dem kirchlichen Lehramt um. Am 25. Dezember 1979 machte der damalige Präfekt der Glaubenskongregation, der kroatische Kardinal Franjo Šeper, reinen Tisch. Dem kritischen Theologen wurde die Befugnis entzogen, im Namen der römisch-katholischen Kirche zu lehren. Der „Fall Küng" wurde zum Synonym für die Frage, wie ernst Rom die Mitverantwortung der Bischöfe und der Laien in der römisch-katholischen Kirche nimmt und unter welchen Voraussetzungen eine Einheit der christlichen Kirche denkbar sei.

26 Jahre nach dem Bruch, am 24. September 2005, kam es zu einer aufsehenerregenden Einladung: Der neue Papst Benedikt XVI. empfing Küng in seiner Sommerresidenz. Das vier Stunden lange Gespräch sei freundschaftlich und nicht nur freundlich verlaufen, stellte der umstrittene Theologe fest. Der persönlichen Aussöhnung folgten aber keine formalen Konsequenzen. Dazu waren und sind beide Seiten – noch – nicht bereit. Hans Küng hat sich nach seiner Verurteilung durch Rom einen internationalen Namen als Religionswissenschaftler und Vermittler zwischen Glaube und Naturwissenschaften gemacht. Er will von sich aus nicht um eine Aufhebung des Lehrverbots ansuchen. Denn das notwendige Verfahren missachte grundlegende Regeln, wie die volle Akteneinsicht oder eine angemessene Verteidigung. „Das ist nach wie vor ein Gericht, das immer Recht hat", sagte Küng.

In diese Kerbe schlägt auch der lateinamerikanische Befreiungstheologe Leonardo Boff, der zur Symbolgestalt für den Konflikt zwischen Rom und der sozialpolitisch angehauchten Theologie in Mittel- und Südamerika wurde. Boff veröffentlichte 1982 sein Buch „Charisma und Macht", das wiederum Kirchenkritik und Kirchenreform thematisierte. Er kritisierte die Unterdrückung der Frau in der römisch-katholischen Kirche, die Missachtung der Menschenrechte in innerkirchlichen Verfahren, die Machtkonzentration in den Händen des Klerus und die strenge Kontrolle der Glaubenslehre. Nicht ohne Sinn für Dramatik schilderte Boff in einem späteren Interview, wie ihm die „Ex-Inquisition" unter Kardinal Joseph Ratzinger den Prozess gemacht habe. „1984 befand ich mich auf dem Stuhl, auf dem Galileo Galilei und Giordano Bruno gesessen hatten." Eine Verpflichtung zu „unterwürfigem Schweigen" für ein Jahr war die Folge, inklusive Schreib- und Publikationsverbot.

Insgesamt sollen nach Angaben von Leonardo Boff in der Amtszeit von Johannes Paul II. 140 Theologen gemaßregelt worden sein. Der bekannteste im deutschen Sprachraum ist neben Hans Küng der Paderborner Theologe und Psychotherapeut Eugen Drewermann. Er suchte und fand für die „Jungfrauengeburt" oder den „Gottessohn" Vorbilder und Parallelen in anderen Religionen und geriet durch seine tiefenpsychologische und mythologische Deutung der Bibel ins Schussfeld der römischen Glaubensbehörde. International erregten die Verfahren gegen Jacques Dupuis, Anthony de Mello und Tissa Balasuriya großes Aufsehen. Der Philosoph, Theologe und Psychologe de Mello gründete in Indien ein Institut für Pastoral und Spiritualität. Dabei habe er sich, so der Vatikan, von der einzigartigen Bedeutung des Jesus von Nazareth als Sohn Gottes entfernt. Bei de Mello wie bei Balasuriya ging es erstmals um die Auseinandersetzung und Begegnung mit der asiatischen Religiosität.

Das bislang letzte offizielle Dokument über ein Lehrbeanstandungsverfahren der Glaubenskongregation wurde am 13. Dezember 2004 veröffentlicht. Verurteilt wurde das Buch „Jesus: Symbol of God" des Jesuiten Roger Haight aus dem Jahr 1999. Nach sorgfältigem Studium sei die Kongregation zu dem Schluss gekommen, dass der Autor schwerwiegende Irrtümer über fundamentale Glaubenswahrheiten, wie die Erscheinungen des Auferstandenen oder das leere Grab, als Grundlage für den Glauben der Jünger verbreite. Darüber hinaus sah sich der Vatikan aber erstmals veranlasst, das Prüfungsverfahren „nach Artikel 26 der Vorschriften für eine doktrinäre Überprüfung" genau zu dokumentieren: Von der ersten Aufforderung an den Ordensoberen, den Autor zur Korrektur seiner Irrtümer zu bewegen, über die Hinzuziehung theologischer Berater bis zur Anforderung einer vom Autor persönlich unterschriebenen Stellungnahme. Die Glaubenskongregation wollte damit der vielfachen Kritik an dem Schema begegnen, das über Jahrhunderte die Verfahren der Inquisition geprägt hat: Ein Autor wird in Rom denunziert, er weiß weder wer ihn angezeigt hat noch warum, die Gutachten gegen ihn bleiben geheim, die Verurteilung erfolgt, ohne dass der Betreffende sich verteidigen konnte.

Die aktuelle „Ordnung für die Lehrüberprüfung" stammt aus dem Jahr 1997 und ist aus der Sicht des Vatikans „autorenfreundlich". Der jeweils zuständige Bischof soll stärker einbezogen werden, der beanstandete Autor soll einen Verteidiger bekommen. Zufrieden sind die potenziell betroffenen Theologen damit nicht. In der renommierten Jesuitenzeitschrift „Stimmen der Zeit" kritisierte der Theologe Ladislaus Örsy 1998 die neue Verfahrensordnung. Auch sie widerspreche in wesentlichen Punkten der heutigen Rechtskultur und verstoße gegen das Gebot der Gerechtigkeit. Der in den USA lehrende Kirchenrechtler wandte sich gegen den automatisch eintretenden Ausschluss aus der Kirche als schärfste Strafe. Stattdessen sollte die kirchliche Autorität Geduld gegenüber solchen Theologen üben und „der Zeit, der Gnade und der brüderlichen Korrektur Raum lassen".

Aber nicht nur einzelne Theologen kamen nach dem Zweiten Vatikanischen Konzil ins Visier der Glaubenskongregation, sondern auch Bischöfe und ganz Bischofskonferenzen. So ist dem damaligen Kardinal Joseph Ratzinger im Jänner 1998 offenbar der Geduldsfaden mit der österreichischen Reformgruppe „Wir sind Kirche" gerissen. In zwei Geheimbriefen an die Verantwortlichen der Diözese Graz-Seckau unterstrich der Präfekt der Glaubenskongregation, dass die Forderungen dieser Plattform teilweise der kirchlichen Lehre widersprächen und in offenem Gegensatz zur kirchlichen Ordnung stünden. In Hinblick auf das sogenannte Kirchenvolksbegehren in Österreich forderte Ratzinger, „die Entwicklung dieser Gruppen weiterhin aus der Nähe zu verfolgen und eventuell auch Vorkehrungen zu treffen, damit sich die Gläubigen – und besonders die Priester – nicht aktiv daran beteiligen".

Im selben Jahr spitzte sich auch der offene Konflikt zwischen den deutschen Bischöfen und dem aus Deutschland stammenden Präfekten der Glaubenskongregation zu. Die Beteiligung kirchlicher Einrichtungen an der Schwangerschaftskonfliktberatung war Rom ein Dorn im Auge. Im Juni 1998 forderte Ratzinger persönlich die deutschen Bischöfe auf, bis zum Herbst ein neues Konzept für die katholischen Beratungsstellen vorzulegen und keine sogenannten Beratungsscheine mehr auszustellen. Ein solcher Schein bestätigt, dass eine Schwangere in der Beratung war. Das ist nach deutschem Recht die Voraussetzung dafür, dass eine Abtreibung durchgeführt werden darf. Nach Ansicht Roms machten sich die kirchlichen Beratungsstellen durch die Ausstellung des Scheins mitschuldig daran, dass eine Abtreibung ermöglicht wurde. Das Zeugnis der Kirche für das Leben werde dadurch „verdunkelt". Die Mehrheit der deutschen Bischöfe hielt dem entgegen, dass nur durch die kirchlichen Beratungsstellen eine Chance bestehe, schwangere Frauen in Konfliktsituationen zu unterstützen und dadurch Abtreibungen zu verhindern. Eine Verständigung über diese gegensätzlichen Positionen scheiterte auch deshalb, weil eine Minderheit der deutschen Bischöfe durchaus eine harte Haltung Roms wünschte. Schließlich musste sich die gemäßigte Mehrheit beugen und den Ausstieg der Kirche aus der Schwangerenkonfliktberatung vollziehen. Das Zentralkomitee der deutschen Katholiken gründete daraufhin die Laienorganisation „Donum Vitae". Diese ersetzte ab dem Jahr 2000 die katholischen Beratungsstellen für Schwangere.

Schon 1994 waren die drei oberrheinischen Bischöfe Walter Kasper, Oskar Saier und Karl Lehmann in Konflikt mit Ratzinger geraten. Die drei prominenten Oberhirten waren für eine versöhnlichere Haltung gegenüber Katholiken in ziviler Zweitehe eingetreten. Ratzinger wandte sich entschieden gegen eine Milderung des Kommunionverbotes für die wiederverheirateten Geschiedenen und behielt damit bis heute Recht. Seine Kontrahenten ist der jetzige Papst aber nicht losgeworden: Karl Lehmann ist Vorsitzender der Deutschen Bischofskonferenz und war daher bei der Kardinalskür nicht zu übergehen. Walter Kasper steht als brillanter und keineswegs mundtoter Theologe und Kardinal an der Spitze des Päpstlichen Rates für die Einheit der Christen.

Einmal scheint sogar Joseph Ratzinger selbst leichte Zweifel gehabt zu haben, wie „endgültig" eine von Papst Johannes Paul II. festgeschriebene Lehrmeinung sei. In seinem Schreiben „Ordinatio Sacerdotalis" vom 22. Mai 1994 hatte Papst Johannes Paul II. erklärt: „Damit also jeder Zweifel bezüglich der bedeutenden Angelegenheit, die die göttliche Verfassung der Kirche selbst betrifft, beseitigt wird, erkläre ich kraft meines Amtes, die Brüder zu stärken (vgl. Lk 22,32), dass die Kirche keinerlei Vollmacht hat, Frauen die Priesterweihe zu spenden, und dass sich alle Gläubigen der Kirche endgültig an diese Entscheidung zu halten haben." Führende deutsche Theologen, wie Wolfgang Beinert, Hermann-Josef Pottmeyer oder Theodor Schneider, beanstandeten die „Endgültigkeit" dieser Aussage. Sie richteten an die Glaubenskongregation die Anfrage, ob die Entscheidung des Papstes tatsächlich unfehlbar sei. Kardinal Ratzinger ließ am Inhalt keinerlei Zweifel aufkommen, gab aber in Bezug auf den formalen und bindenden Charakter des Papstschreibens eine Antwort wie das Orakel von Delphi: Ja, dem sei so. Die Lehrmeinung des Papstes sei unfehlbar. Aber diese seine Antwort auf die gestellte Frage sei nicht unfehlbar.

„Gottseidank habe ich niemals die Kirche mit der Glaubenskongregation verwechselt, denn da hätte ich keinen Augenblick in ihr verbleiben können", resümierte der deutsche Theologe Bernhard Häring über seine Erfahrungen mit der Nachfolgebehörde der ehemaligen Inquisition. Der angesehene Moraltheologe hatte sich gegen das „Pillenverbot" gewandt, das Papst Paul VI. 1968 in seiner Enzyklika „Humanae vitae" ausgesprochen hatte – entgegen der Mehrheitsmeinung der von ihm selbst eingesetzten Kommission. Häring schloss sich jenen Bischofskonferenzen an, die das gebildete Gewissen des einzelnen Christen als entscheidende Instanz in Moralfragen betonten.

1989 zog Bernhard Häring in seinem Buch „Meine Erfahrungen mit der Kirche" ein ernüchterndes Resümee. Seine und ähnliche Erfahrungen der Ohnmacht gegenüber einer zentralen Behörde sind es, die die Glaubenskongregation als Nachfolgerin der Inquisition bei Theologen aus aller Welt häufig in Misskredit gebracht haben. Dabei ist unbestritten, was der Dominikaner Augustine Dinoya bei einem Gespräch mit österreichischen Medienvertretern in der Glaubensbehörde in Rom gesagt hat: Dass jede Glaubensgemeinschaft selbstverständlich das Recht haben müsse festzustellen, ob eine theologische Meinung mit zentralen Inhalten der Lehre übereinstimme oder nicht. „Wenn ein Buch gegen das Credo verstößt, das alle Christen eint, dann kann dieser Theologe nicht für die römisch-katholische Kirche sprechen."

Es wird daher künftig auch an den einzelnen Bischöfen und Bischofskonferenzen liegen, nicht in jedem Fall das Heil in Rom zu suchen, sondern sich selbst stärker mit den Theologen ihrer Region auseinanderzusetzen. Denn nicht immer greift die Glaubenskongregation von sich aus ein. Oft werden kritische theologische Fragen auch nach Rom delegiert, um einen Konflikt nicht vor Ort austragen zu müssen. Genau diese Konfliktkultur zwischen dem Lehramt der Bischöfe und der theologischen Wissenschaft muss aber gepflegt werden. Denn eine Lehre lässt sich aus der Geschichte der Verbote, Verurteilungen und späten Einsichten von Inquisition und Glaubenskongregation mit Sicherheit ziehen. Diese hat der Theologe Ladislaus Örsy in seinem kritischen

Beitrag von 1998 treffend formuliert: „Der Zeit, der Gnade und der brüderlichen Korrektur Raum zu lassen. Das ist auch biblisch gut begründet. Hat doch Jesus davor gewarnt, das Unkraut in einem Acker sofort auszureißen. Denn zu leicht könnte dabei auch die gute Ernte vernichtet werden."

8) Heine ja, Hitler nein: 400 Jahre Zensur
Der Index der verbotenen Bücher

Selbst beim viel gelobten Reformkonzil des 20. Jahrhunderts war sie noch keineswegs selbstverständlich: die Einsicht, dass eine weltweit präsente geistige und geistliche Macht wie die römisch-katholische Kirche nicht mehr alle Bücher und die neuen Medien, wie Film, Video und Internet, unter Kontrolle halten konnte. Die Massenmedien hatten dem „Index Librorum Prohibitorum" zwar längst seine Grundlage entzogen. Doch eine vierhundert Jahre alte Tradition stirbt langsam. Vor allem in Rom.

Es begann im 16. Jahrhundert. Durch die Reformation und das gleichzeitige Aufkommen des Buchdrucks hatte sich die römisch-katholische Kirche plötzlich mit einem völlig neuen Phänomen konfrontiert gesehen: dass alle des Lesens kundigen Gläubigen sich selbst Zugang verschaffen konnten zu den Originaltexten der Bibel, zu theologischen Werken und nicht zuletzt zu literarischen Arbeiten, die Anstand und Sitte gefährdeten. Das adäquate Mittel dagegen schien das Verbot. Katholiken durften bei Strafe der Exkommunikation die inkriminierten Werke weder lesen noch besitzen. Erste Ansätze dazu hatte es schon im 13. Jahrhundert in Frankreich gegeben, wo den Laien das Lesen der Bibel verboten wurde, ausgenommen die Psalmen. Mit der Bulle „Exurge" folgte am 15. Juni 1520 das römische Verbot der Schriften des Reformators Martin Luther. Der Index kam dann 1559 heraus. Damit hatte jene Liste das Licht der Welt erblickt, die bis 1948 immer wieder neu aufgelegt wurde – mit

Nachträgen bis 1962. Der Index der verbotenen Bücher wuchs im Laufe der Jahrhunderte auf mehr als 6.000 Titel an. Nur 1898 hatte es einen ernsthaften Versuch gegeben, das Treiben der Buchzensoren in engere Bahnen zu lenken: Papst Leo XIII. ordnete an, die Indexkongregation sollte sich nur mehr auf theologische Werke konzentrieren. Damit wurde das kirchliche Zensurwesen auf seinen Anfang zurückverwiesen: die Verbreitung von Irrlehren zu verhindern.

Ein Indexverfahren begann, wenn ein Buch entweder aus der Kurie selbst oder von außerhalb angezeigt wurde. In einer ersten Stufe prüften der Sekretär und zwei Gutachter, ob überhaupt ein Prozess eingeleitet werden solle. Wenn es zu einem Verfahren kam, wurde ein schriftliches Gutachten – bei katholischen Autoren zwei – erstellt. Es folgte die Diskussion in einer Versammlung von Fachleuten. Am Ende gab es eine Empfehlung an das Kardinalsgremium der Kongregation. Drei Beschlüsse waren möglich: die Indizierung mit anschließender Veröffentlichung dieses Beschlusses, die Nichtindizierung ohne Bekanntgabe, dass es überhaupt ein Verfahren gegeben hatte, oder die Einholung weiterer Gutachten. Die Ergebnisse konnten durchaus widersprüchlich sein – was dafür spricht, dass die römische Behörde keine gleichgeschaltete Verbotsmaschine war. Vielmehr waren in der Verfahrensordnung einige Hürden eingebaut, um Willkür und Denunziantentum vorzubeugen. Dass dies zumindest grundsätzlich wirksam war, zeigt das Beispiel von „Onkel Toms Hütte". Der weltberühmte Roman ist 1853 knapp aber doch dem römischen Verbot entgangen. Ein Konsultant sah in dem Buch eine Anleitung zu Aufruhr und Revolution. Der zweite Gutachter wies seinem eifernden Kollegen dagegen nach, dass die methodistische Autorin Harriet Beecher-Stowe den Rassenhass und die Sklaverei verurteile – in bester katholischer Tradition, die die Gleichwertigkeit aller Menschen und damit aller Rassen vertrete.

Der Index der verbotenen Bücher war selbst nur eine Kurzfassung, in der alle 20 bis 30 Jahre die in der Zwischenzeit ausgesprochenen Verbote nachgetragen wurden. Das entscheidende Dokument waren die sogenannten „Bandi". Diese Urteilsplakate von Indexkongregation und Inquisition wurden an den Hauptkirchen Roms und auf dem Campo de Fiori angeschlagen. Kleinformate der „Bandi" wurden an die Nuntien und andere kirchliche Stellen in der ganzen Welt verschickt. Erst durch das Projekt der Deutschen Forschungsgesellschaft „Römische Inquisition und Indexkongregation" ist es möglich geworden, diese „Bandi" aufzuarbeiten und damit Licht ins Dunkel der Bücherverbote zu bringen. Der Historiker Hubert Wolf leitet dieses auf Jahre angelegte Forschungsprojekt und nennt als Beispiel für neue Erkenntnisse die „Kritik der reinen Vernunft" von Immanuel Kant. Von diesem philosophischen Bestseller war bislang nur bekannt, dass er am 11. Juni 1827 indiziert wurde. Grundlage des Verbotes sei aber nicht die deutsche Originalausgabe, sondern eine italienische Übersetzung aus den Jahren 1820/22 gewesen. „Stellt Kants Kritik im deutschen Original schon erhebliche Anforderungen an das Verständnis, so ist dieses nach der äußerst schlechten Übersetzung ins Italienische kaum mehr möglich. Dennoch wurden auf dieser Grundlage nicht nur diese Übersetzung, sondern alle weiteren Ausgaben, auch das Original, verboten", sagt Wolf.

Auch Heinrich Heines „Reisebilder" und „Neue Gedichte" oder Leopold von Rankes „Geschichte der Päpste" gerieten erst durch die französischen Übersetzungen ins Visier der römischen Zensurbehörde. Kein Geringerer als der österreichische Staatskanzler Metternich soll Heine, den prominentesten Vertreter des „Jungen Deutschland", in Rom denunziert haben. Das steht zwar nicht einmal in den geheimen Protokollen der Inquisition, weil es dort ein Grundsatz war, dass Denunzianten geschützt wurden. Hubert Wolf konnte aber nachweisen, dass die Anschuldigungen trotz der französischsprachigen Grundlage nicht aus Paris gekommen waren, sondern aus Wien. Heine war vor allem wegen Anstiftung zur Revolution in Rom angeschwärzt worden. Das römische Bücherverbot sollte aus Angst vor einer Wiederholung der

Französischen Revolution von 1789 und „Pariser Verhältnissen" einen Träger des revolutionären Ungeistes mundtot machen. Den Beleg fand Wolf in Wien, in der Korrespondenz des österreichischen Staatskanzlers.

Nicht an der deutschen Sprache lag es, dass Adolf Hitlers „Mein Kampf" nicht auf den Index kam. Die Indexbehörde hat im Februar 1934 eines der ideologischen Grundwerke der nationalsozialistischen Bewegung, Alfred Rosenbergs „Der Mythus des 20. Jahrhunderts", auf den Index der verbotenen Bücher gesetzt. Dies geschah über ein Jahr, nachdem Adolf Hitler zum Reichskanzler ernannt worden war, und über sechs Monate, nachdem Rom und Berlin das Reichskonkordat unterzeichnet hatten. „Diese Indizierung wurde allgemein als ein deutliches Signal für den fortdauernden ideologischen Kampf der katholischen Kirche gegen die nationalsozialistische Weltanschauung aufgefasst", erklärt Wolf. Dass es dennoch ein Indexverfahren gegen Hitlers Propagandaschrift gegeben hat, konnte erst sei dem Jahr 2003 nachgewiesen werden. Damals wurden die vatikanischen Archive bis zum Jahr 1939 geöffnet. Wolf schilderte in einem Festvortrag beim Symposium „Buchzensur durch Römische Inquisition und Indexkongregation" am 29. November 2005 an der Universität Münster, wie es zur Einleitung des Verfahrens gegen Hitler kam: „Nach der erfolgreichen Verurteilung Rosenbergs wandte sich im Herbst 1934 der als ‚braun' geltende Rektor der deutschen Nationalkirche in Rom, Santa Maria dell'Anima, Bischof Alois Hudal, an Papst Pius XI. Er bat ihn um die feierliche Verurteilung folgender gefährlicher Zeitirrtümer: totalitärer Staatsbegriff, radikaler Rassismus und rücksichtsloser Nationalismus, und zwar in Form einer Enzyklika und eines neuen Syllabus errorum, also einer Liste der Irrtümer." Der Papst griff diese Anregung umgehend auf und setzte im Heiligen Offizium eine entsprechende Kommission ein. Zwei Gutachter wurden beauftragt und gingen so gründlich an ihre Arbeit heran, wie es Hudal genau nicht beabsichtigt hatte: Sie beschäftigten sich nicht allgemein mit Rassismus und Nationalismus, sondern setzten sich konkret mit Hitler auseinander. Was Hudal hintanhalten wollte, sei geschehen, sagte Wolf bei dem Symposium: „Die Jesuiten Franz Hürth und Johann Baptist Rabeneck beschäftigten sich, statt die Themen allgemein zu traktieren, fast ausschließlich mit Hitlers Mein Kampf. Sie hielten dieses Buch für die Quelle, aus der man die gefährlichsten Lehren zu Totalitarismus, Rassismus und Nationalismus am besten synthetisieren könnte."

37 Sätze wollten die römischen Gutachter verurteilt wissen, die sie alle in „Mein Kampf" begründet sahen, vor allem die Rassenlehre. Zu einer feierlichen Verurteilung ist es allerdings nicht gekommen. Als Papst Pius XI. am 14. März 1937 die Enzyklika „Mit brennender Sorge" veröffentlichte, stellte das Heilige Offizium seine Beschäftigung mit Adolf Hitler endgültig ein. Die offizielle Begründung: Ein Teil der geplanten Verurteilungen von Hitlers Positionen sei in dem päpstlichen Rundschreiben schon aufgenommen – wenigstens der Sache nach, wenn auch ohne namentliche Nennung Hitlers. Für den Historiker Wolf bleiben aber die brisanten Fragen offen: „Warum ist man in Rom vor einer öffentlichen und namentlichen Verurteilung Hitlers zurückgeschreckt, nachdem man sich über drei Jahre mit dem Hauptwerk des Führers und Reichskanzlers beschäftigt hatte, von dem man eindeutig überzeugt war, dass es schlimme häretische und klar verdammungswürdige Aussagen enthielt?"

Nach dem derzeitigen Stand der Forschung sei es schwierig, den jeweiligen Anteil des amtierenden Papstes Pius XI. und seines Staatssekretärs für diese zurückhaltende Vorgangsweise gegenüber Hitler festzumachen. Pius XI. galt als nazikritisch, Kardinalstaatssekretär Eugenio Pacelli – der spätere Papst Pius XII. – ist dagegen wegen seiner Haltung gegenüber Hitler höchst umstritten (siehe Kapitel 9). So konnte Wolf in seinem aufsehenerregenden Festvortrag vorerst nur die offenen Fragen formulieren: „Hat der Diplomat Eugenio Pacelli als Kardinalstaatssekretär den eher grundsätzlich denkenden Gelehrten auf dem Papstthron Achille

Ratti von einem solch politisch durchaus brisanten Schritt abgehalten? Oder muß man doch Pius XI. selbst als den eigentlichen Bremser annehmen, der aus Rücksicht auf die sich seit 1936 äußerst problematisch gestaltenden Beziehungen zwischen der Kurie und dem italienischen Faschismus keine weitere, deutsche Front aufmachen wollte?" Unter dem Strich bleibt die ernüchternde Erkenntnis, dass das römische Bücherverbot am wichtigsten Fallbeispiel des 20. Jahrhunderts gescheitert ist.

Waren es bei Hitlers „Mein Kampf" verhängnisvolle kirchenpolitische Rücksichten, die eine Verurteilung verhinderten, so ist die Geschichte des Index auch von literarischer Neidgenossenschaft geprägt. Ein klassisches Beispiel zeigte Mariano Delgado in einem Beitrag über „Spanische Inquisition und Buchzensur" in den „Stimmen der Zeit" auf. Demnach dürfte Lope de Vega seinen Rivalen im Kampf um die Gunst der Leser, Miguel de Cervantes y Saavedra, bei der Zensurbehörde angeschwärzt haben. In der 1616 erschienenen zweiten Auflage seines „Don Quijote" entfernte Cervantes selbst einen Satz aus Kapitel 36, in dem es um die zwischen Katholiken und Protestanten umstrittenen Verdienste für den Himmel ging. Doch die freiwillige Selbstzensur half dem Autor nichts. Denn die erste Auflage war noch im Umlauf, und ein Grundsatz der spanischen Indexbehörde hieß, dass kein Autor einen Irrtum von sich aus tilgen dürfe, solange sich nicht die Inquisitoren ihr eigenes Urteil hätten bilden können.

An Fleiß mangelte es den Indexbehörden nicht. Wie selbstverständlich diese Zensurpolitik in der römisch-katholischen Kirche geworden ist, zeigt die Geschichte ihrer Abschaffung. Während im 19. Jahrhundert die staatliche Bücherzensur allmählich obsolet wurde und in der protestantischen Wissenschaftskultur keinen Platz mehr fand, behielt Rom den Index bis über die Mitte des 20. Jahrhunderts hinaus bei. Der langjährige Leiter des Diözesanarchivs der Diözese Limburg, Hermann H. Schwedt, hat die innerkirchliche Diskussion in den Jahren 1965 und 1966 penibel aufgearbeitet. „Der offene Widerspruch zum geltenden kirchlichen

Recht bis hin zum Widerspruch zu den Erfordernissen der Moderne, in der Bücherverbote keineswegs die christliche Verkündigung fördern, und nicht zuletzt der faktische Widerspruch der großen Masse der Katholiken, die sich über die römischen Indizierungen einfach hinweg setzte – all dieses wurde mindestens schon in den Fünfzigerjahren offenbar und führte trotzdem nicht zu einer breiten Reformbewegung."

Noch 1960 stellte sogar ein Reformtheologe wie Hans Küng zu der Frage, wie das Zweite Vatikanische Konzil mit der verbotenen Bücherliste verfahren sollte, überaus vorsichtig fest: „Eine grundsätzliche Reform (oder sogar Abschaffung) des Index ließe sich in Erwägung ziehen." Noch wenige Monate vor dem Beginn des Konzils richtete sich ein römisches Indexdekret gegen die Leben-Jesu-Darstellung des Pariser Abbé Jean Steinmann. Die Begründung: Seine „Geschichte Jesu" degradiere die Jesusüberlieferungen der Kirchenväter und ihrer Nachfolger zu unzuverlässigen Nachrichten und Mythen, befand Rom. Vor diesem Hintergrund war es nicht verwunderlich, dass die Vorlage aus der römischen Kurie an das Konzil über die Zukunft des Index nicht an Abschaffung dachte, sondern in 18 Punkten Verbesserungen vorschlug. Immerhin war man sich bewusst, dass viele Ausnahmen zu berücksichtigen sein würden – von den dispensierten Professoren, die verbotene Bücher für ihre Forschung lesen mussten, bis zu den Direktoren der Diözesanbibliotheken, sofern sie keine Laien waren. Zudem hatten sich sogar in den innersten Kreisen Zweifel breitgemacht, ob der Index nicht das Gegenteil dessen erziele, was beabsichtigt war: Mehr Werbung als Warnung. „Verboten vom Hl. Officium" sei so etwas wie ein verkaufsförderndes Markenzeichen geworden.

Das Argument, dass heftige kirchliche Kritik erst recht die Neugier wecke, war also schon in den Sechzigerjahren bekannt. Es hat sich aber ein halbes Jahrhundert später noch nicht überall durchgesetzt. Das jüngste Beispiel dafür, dass Rom ein mediales Produkt durch kritische Stellungnahmen interessanter macht, als es vielleicht ist, war der Film „Da Vinci Code" nach dem Bestseller „Sakrileg" von Dan Brown. Angelo Amato, Sekretär der Glaubenskongregation, sah in dem Buch „Beleidigungen, Verleumdungen sowie historische und theologische Fehler enthalten, die Jesus, die Evangelien und die Kirche betreffen." Der neue starke Mann im Vatikan, Kardinalstaatssekretär Tarcisio Bertone, stieß in dasselbe Horn. Weniger prinzipiell und damit in der Wirkung wohl zielführender, argumentierte das „Opus Dei", das in dem 148-Minuten-Thriller von Regisseur Ron Howard als kriminelle Bande dargestellt wird. Die konservative kirchliche Vereinigung nannte das Buch einen Groschenroman und richtete an die Filmproduzenten den Appell, im Vorspann einen Hinweis auf den „fiktiven Charakter" des Inhalts anzubringen.

Tatsächlich hatte es vor dem Zweiten Vatikanischen Konzil ernsthafte Versuche gegeben, den Index nicht abzuschaffen, sondern im Gegenteil auch auf Filme auszudehnen. Letztendlich gelang es aber Papst Paul VI. unter dem Generalthema einer Kurienreform das Bücherverbot auszuhebeln. Der Papst degradierte das „Sanctum Officium" zur Kongregation für die Glaubenslehre. Diese sollte nicht mehr nur der „Sicherung", sondern auch der „Förderung" des Glaubens dienen. Dazu gehöre die Untersuchung von Schriften, die gegebenenfalls „missbilligt" (lat. reprobat) werden sollten. „In diesem unscheinbaren Wort missbilligt lag das offizielle Ende der kirchlichen Bücherverbote versteckt", resümiert der Historiker Schwedt. Am 14. Juni 1966 stellte die neu errichtete Glaubenskongregation schließlich offiziell fest, dass der römische Index keine Rechtsnorm mehr sei, sondern nur moralischen Wert besitze. Eine 400-jährige Geschichte von Denunziation, fragwürdigen Verfahren und Verurteilungen, die sich später zum Teil als nichtig erwiesen, war für den Vatikan zu Ende.

Nicht allerdings für das konservative „Opus Dei". Das einflussreiche „Werk Gottes" hält seine Mitglieder geistig an der kurzen Leine und führt geschätzte 1.000 Werke auf einem inoffiziellen Index. Dass sich darunter Dan Browns Bestseller „Sakrileg" findet, überrascht nicht. „Der Name der Rose" von Umberto Eco wird aber wohl trotz Verbots im Bücherschrank von manchem „Opus-Dei"-Mitglied stehen. Auch die neuerdings in konservativen Kirchenkreisen wieder heftig umstrittene Evolutionstheorie von Charles Darwin wird beim „Opus Dei" nicht gut angeschrieben sein. Allerdings sind die „Entstehung der Arten" oder die „Abstammung des Menschen" nie auf dem offiziellen römischen Index gestanden. Hubert Wolf hat dafür eine These. Vieles deute darauf hin, sagte der Wissenschaftler im September 2004 der „Zeit", „dass man nach dem Fall Galilei in Rom naturwissenschaftliche Theorien dann unbehelligt lässt, wenn nicht ein unmittelbarer Zusammenhang mit der Bibel hergestellt werden kann". Ein Hinweis, der sich auch in der aktuellen Auseinandersetzung um Schöpfungsglaube und Evolutionslehre als Richtschnur empfiehlt.

9) Geheime Akten und umstrittene Päpste
Die Konflikte um das vatikanische Geheimarchiv

Das Ende des 19. Jahrhunderts war für Historiker eine gute Zeit. Papst Leo XIII. (1878–1903) gewährte 1880 erstmals Einblick in das sagenumwobene vatikanische Geheimarchiv. Der österreichische Historiker Ludwig von Pastor hatte dabei wesentlichen Anteil. Er schrieb an seiner epochemachenden „Geschichte der Päpste", wirkte 1901 als Direktor des Österreichischen Historischen Instituts in Rom und ab 1921 als österreichischer Gesandter beim Vatikan. Doch so groß die Euphorie der Geschichtsforscher damals war, so sehr wurden bald die Einschränkungen bewusst. Denn zum einen lagen zahlreiche Dokumente, die die Historiker besonders interessiert hätten, gar nicht im zentralen vatikanischen Archiv. Zum anderen hält der Vatikan an einer besonders langen Sperrfrist fest.

Zu den Sonderarchiven gehörte jenes der Inquisitionsbehörde. Dieses gab der damalige Präfekt der Glaubenskongregation, Kardinal Joseph Ratzinger, erst 1998 frei, knapp 120 Jahre nach der Öffnung des zentralen Archivs. Erst seit dem Ende des 20. Jahrhunderts sind damit die Akten der römischen Inquisition für die Forschung zugänglich. Etwa der berühmte Wortlaut des Verhörs des Mathematikers und Astronomen Galileo Galilei (1564–1642) am 21. Juni 1633 im Vatikan: „Frage: Haben Sie vertreten, dass die Sonne das Zentrum der Welt sei und dass die Erde nicht das Zentrum der Welt sei und dass diese sich auch bewegt? Galilei: Weder vertrete ich noch habe ich diese Auffassung des Kopernikus vertreten, nachdem mir per Gebot befohlen wurde, davon abzulassen. Im Übrigen bin ich hier in Ihren Händen, mögen Sie machen, was Sie wollen" (siehe Kapitel 7).

365 Jahre, von 1633 bis 1998, hat es gedauert, bis der Vatikan durch die Öffnung des Inquisitionsarchivs Licht ins Dunkel des Galilei-Prozesses brachte. Erst im 20. Jahrhundert sind die Sperrzeiten der vatikanischen Archive kürzer geworden. Sie sind aber noch immer länger, als das in den meisten Archiven demokratischer Staaten der Fall ist. Dort gelten 30 bis 50 Jahre nach Aktenschluss als Geheimhaltungsfrist. Der Vatikan hält seine Dokumente dagegen bis zu 70 Jahre unter Verschluss, und zwar immer vom Todesjahr des jeweiligen Papstes gerechnet. So wurde das Archiv bis zum Ende des Pontifikats von Papst Benedikt XV. (1914–1922) durch eine Erklärung geöffnet, die der Archivpräfekt im Sommer 1988 zum Historikertag nach Stuttgart mitgebracht hat. Nach diesen Usancen hätte das Archivmaterial über die Regierungszeit von Papst Pius XI. erst im Jahr 2009 geöffnet werden sollen. Aber wegen der umstrittenen Frage, wie sich die Päpste zum Naziregime verhalten haben, ist der Druck auf die Öffnung des Archivmaterials über die Päpste der Vorkriegszeit und des Zweiten Weltkrieges besonders groß. Die Akten von Pius XI. (1922–1939) und Pius XII. (1939–1958) stehen auf der Wunschliste der Historiker ganz oben. Schon 1997 hat der Jüdische Weltkongress gefordert, dass der Vatikan seine Archive über Naziraubgold öffnen solle. Rom entgegnete, dass alle einschlägigen Dokumente bereits zugänglich seien und keinen Hinweis darauf enthielten, dass der Vatikan in irgendeiner Form in die Affäre um NS-Fluchtgold aus Kroatien verwickelt gewesen sein könnte.

Am 14. Februar 2003 hat der Vatikan dann doch einen wesentlichen Schritt in die Öffentlichkeit getan. Ein halbes Jahrzehnt vor der üblichen 70-Jahre-Frist seit dem Tod von Pius XI. wurden die geheimen Akten über die Beziehungen zu Nazideutschland bis 1939 freigegeben. Damit sind die Dokumente aus der Regierungszeit von Pius XI. zugänglich, die das Verhältnis des Vatikans zum Hitlerregime betreffen. Dazu gehört ein Konvolut von 3,5 Millionen Blatt über das Schicksal von Kriegsgefangenen von 1940 bis 1946. Das Interesse der Historiker gilt aber vor allem den Materialien aus den päpstlichen Nuntiaturen von Berlin und München und aus dem Staatssekretariat. Denn dort amtierte unter Pius XI. sein Nachfolger Pius XII. Dieser war von 1917 bis 1929 zunächst Nuntius in München und Berlin und ab 1930 Staatssekretär des Vatikans. In dieser Eigenschaft unterzeichnete Eugenio Pacelli 1933 das von den Nazis später gebrochene Konkordat zwischen Deutschland und dem „Heiligen Stuhl".

„Weniger als eine halbe Sache", sagte Rolf Hochhuth, Autor des Vatikan-Dramas „Der Stellvertreter", zur Öffnung der Archive bis 1939. Trotzdem wird es bis auf Weiteres dabei bleiben. Denn die Regierungszeit von Papst Pius XII. ist erst 1958 zu Ende gegangen, vor nicht einmal 50 Jahren. An eine generelle Öffnung der Archive direkt aus dem Zweiten Weltkrieg ist also nach vatikanischen Gepflogenheiten vorerst nicht zu denken. Es bleibt bei Spekulationen und angeblich sensationellen Enthüllungen, wie sie in Buchtiteln wie „Im Inneren des Vatikans" von Thomas J. Reese oder „Der Vatikan und Hitler. Die geheimen Archive" von Peter Godman zum Ausdruck kommen. Der jüngste große Eklat war der Rücktritt einer jüdisch-christlichen Historikerkommission im Jahr 2001. Diese hatte jene zwölf Bände von Dokumenten aus der Zeit des Zweiten Weltkrieges studiert, die vier Jesuiten schon in den Achtzigerjahren im Auftrag von Papst Paul VI. (1963–1978) publiziert hatten. Nach Ansicht der Forscher ist das nur ein Bruchteil des vorhandenen Materials. Die Historikerkommission erstellte eine Liste von 47 Fragen, die nur durch weitere Einblicke in das Geheimarchiv hätten beantwortet werden können. Als der Vatikan dieses Ansinnen erwartungsgemäß ablehnte, trat das Forscherteam zurück.

Der Hintergrund für das besondere Interesse an den Akten aus der Zeit des Kriegs- und Nachkriegspapstes Pius XII. ist nicht nur dessen umstrittene Haltung zum Naziregime. Der Konflikt wird noch dadurch verschärft, dass der Vatikan einen Seligsprechungsprozess für diesen Papst weit vorangetrieben hat. Am 19. November 1965 hat Papst Paul VI. die Eröffnung dieses Verfahrens in der Aula des Zweiten Vatikanischen Konzils (1962–65) angekündigt. Doch die Seligsprechungskongregation sieht sich immer wieder mit Anfragen und Vorwürfen konfrontiert. Historiker und jüdische Organisationen werfen Eugenio Pacelli vor, dass er ein Antisemit gewesen sei und nichts gegen den Holocaust unternommen habe. Zuletzt haben im Jänner 2006 neuerlich zwei Sitzungen mit Historikern und Theologen stattgefunden. Die dabei aufgeworfenen Fragen waren so umfangreich, dass der Vatikan für den Oktober 2006 eine 200 Seiten umfassende schriftliche Beantwortung ausgearbeitet hat.

Die Gegenposition des Vatikans zu den Vorwürfen hat die italienische Jesuitenzeitschrift „La Civiltà Cattolica", die als offiziöses Sprachorgan der römischen Kurie gilt, im Dezember 2003 ausgeführt. Demnach habe Pius XII. allen römischen Priestern und Ordensleuten ausdrücklich erlaubt, ihre Häuser für „bedürftige Mitmenschen" zu öffnen. Mehr als 4.000 Juden hätten in kirchlichen Häusern Zuflucht gefunden. Von einer SS-Aktion im jüdischen Wohnviertel Roms habe der Papst erst am Morgen des 16. Oktober 1943 gehört, als die Betroffenen bereits verschleppt worden waren. „Neue Dokumente" hätten aber gezeigt, dass Pius XII. beim deutschen Botschafter Ernst von Weizsäcker interveniert und mit einem öffentlichen Protest gedroht habe. Dadurch sei das Leben von 8.000 noch nicht verschleppten römischen Juden gerettet worden. Einschränkend stellte aber selbst die Jesuitenzeitschrift fest, Pius XII. sei nicht zum Propheten geboren gewesen. Gleichwohl sei das Oberhaupt der katholischen Kirche immer davon überzeugt gewesen, in seiner Weihnachtsbotschaft 1942 die Massaker an den Juden im nationalsozialistischen Deutschland deutlich angesprochen zu haben. In dieser Botschaft zum Heiligen Abend hatte der Papst die Judenverfolgung allerdings nicht beim Namen genannt. Er sprach nur von „hunderttausenden Personen, die manchmal nur aufgrund ihrer Nationalität und ihres Ursprungs zum Tode bestimmt sind."

Die Befürworter der Seligsprechung von Pius XII. im Vatikan weisen auch auf die Enzyklika „Mit brennender Sorge" seines Vorgängers Pius XI. hin. Seit diesem im Jahr 1937 auf Deutsch veröffentlichten Lehrschreiben sei die Verurteilung der Rassenpolitik der Nazis durch die römisch-katholische Kirche eindeutig gewesen. Pius XII. sei dann während des Krieges deshalb nicht öffentlich gegen das Hitlerregime aufgetreten, weil er besorgt gewesen sei, dass die deutschen Machthaber dann mit noch schärferer Repression reagieren würden. Als Beleg führt der Jesuitenpater Peter Gumpel, der als Untersuchungsrichter die Seligsprechung Pius XII. betreibt, die öffentliche Verurteilung der Judendeportationen durch die holländischen Bischöfe an. Diese habe zur Folge gehabt, dass die Nazis die Deportationen beschleunigten. Am 26. Juli 1942 war der Hirtenbrief der holländischen Bischöfe von allen Kanzeln verlesen worden. Fünf Tage darauf wurden Katholiken jüdischer Abstammung verhaftet und in die Vernichtungslager deportiert, darunter die Karmelitin Edith Stein.

Pius XII. soll diese Schreckensnachricht so schwer getroffen haben, dass er einen bereits vorbereiteten Protest gegen die Judenverfolgung doch nicht veröffentlicht habe. Auf zwei eng beschriebenen Blättern soll der Papst seine Verurteilung der Nazigräuel schon formuliert haben. Dann aber seien ihm die Deportationen in Holland dazwischengekommen. „Wenn der Brief der holländischen Bischöfe 40.000 Menschenleben kostete, dann würde mein Protest vielleicht 200.000 kosten. Das darf und kann ich nicht verantworten", soll der Papst gesagt haben. So bezeugt es seine Mitarbeiterin, Schwester Pasqualina Lehnert. Der Pontifex habe aus diesem Dilemma den Schluss gezogen: „Es ist besser, in der Öffentlichkeit zu schweigen und für diese armen Menschen, wie bisher, in der Stille alles zu tun, was menschenmöglich ist." Einen Beweis dafür kann Rom außer der Aussage der Ordensfrau nicht vorlegen. Das liegt allerdings in der Natur der Sache, wenn deren Angabe richtig ist und Pius XII. seinen vorbereiteten Text tatsächlich verbrannt hat.

Ganz unabhängig von diesem einzelnen Vorgang hält aber die jüdische Seite grundlegend an ihrer Kritik fest. Der Rabbiner Walter Homolka, Rektor des Abraham Geiger Kollegs und Gastprofessor am Kanonistischen Institut der Universität Potsdam, fasste diese Sicht in einem Gastkommentar der „Presse" am 21. Jänner 2005 zusammen. 40 Jahre nach der versöhnlichen Erklärung des Zweiten Vatikanischen Konzils zum Judentum meinte Homolka, dass Pius XII. sogar nach dem Krieg noch eine antijüdische Haltung eingenommen habe: „Neu veröffentlichte Dokumente legen offen, dass Pius XII. während des Dritten Reiches von der Kirche gerettete jüdische Kinder nach 1945 nicht an ihre Familien, Freunde oder jüdische Institutionen übergeben wollte, wenn sie getauft worden waren. Die Taufe habe sie zu unverbrüchlichen Kindern der Kirche gemacht." Diese Sichtweise sei zwar im katholischen Kirchenrecht gut begründet, sie löse aber in der heutigen Perspektive zu Recht harsche internationale Kritik aus.

„Tröstlich ist hier, dass gegenwärtig mit einem positiven Abschluss des Seligsprechungsprozesses nicht gerechnet werden muss", resümierte der Rabbiner. Tatsächlich besteht bis dato der Eindruck, dass der Vatikan über Pius XII. immer nur so viel bekannt gibt, wie ihm durch bohrende Fragen von außen abgetrotzt wird. So hieß es auch zu den von Homolka zitierten Dokumenten, dass diese, kaum aufgetaucht, schon widerlegt worden seien. Ein Ende dieses Schlagabtausches ist nicht abzusehen. Allerdings ist es unwahrscheinlich, dass der Vatikan eine Seligsprechung des umstrittenen Papstes riskiert, solange erhebliche Einwände nicht ausgeräumt wurden.

Ohnehin muss sich die Öffentlichkeit damit abfinden, dass im „päpstlichen Geheimarchiv" nicht alles zu finden ist, was seriöse Historiker oder effekthascherische Autoren reizt. Das Beispiel der Inquisitionsarchive deutet darauf hin, dass einzelne vatikanische

Behörden besonders heikle Dokumente nie in das päpstliche Archiv abgeliefert haben. Auch Experten im vatikanischen Archiv selbst machen sich keine Illusionen darüber, dass sie alle Dokumente in ihrer Obhut hätten. Hermann H. Schwedt, langjähriger Diözesanarchivar in Limburg, nennt im Gespräch die sogenannten Kriminalfälle und den Sakramentenmissbrauch als zwei Bereiche, die grundsätzlich unter Verschluss stünden. Dabei geht es unter anderen um den Missbrauch der Beichte durch den Beichtvater, um die sogenannte „Sollicidatio". Das ist die Bedrängnis, die Ausnutzung oder gar die Erpressung, die ein männlicher Beichthörer gegenüber einer weiblichen Beichtenden ausüben konnte. Überdies ruhten persönlichste Angelegenheiten aus dem Umfeld von Herrscherhäusern in den Archiven. Ein Beispiel wäre etwa ein uneheliches Kind einer Fürstin. Sie lässt die Sache durch einen Bischof oder einen anderen geistlichen Vertreter in Rom vorbringen, um vom Papst die Lossprechung zu erhalten. Damit wird die Causa aktenkundig. Doch diese Akten bleiben bis heute geheim.

Der Vatikan begründet dies offiziell mit dem Persönlichkeitsschutz. Dieser sei auch nach Jahrhunderten noch der höhere Wert als das öffentliche Interesse der Forschung. Eine ausführliche Begründung der Glaubenskongregation für die Sperre delikater Dokumente gab 1998 der damalige Mitarbeiter Tarcisio Bertone, der mittlerweile zum Kardinalstaatssekretär avanciert ist. In seinem Beitrag in der „Römischen Quartalschrift" berichtet Schwedt: „Eine weitere Sperrung von Archivalien betrifft nicht den zeitlichen, sondern den inhaltlichen Aspekt: nicht konsultierbar seien Akten mit Moral- und Sakramentenvergehen (delitti morali o sacramentali), die Erzbischof Bertone ‚delicta maiora' nannte. Es handle sich nur um wenige Hefte persönlicher Art (pochi fascicoli di carattere personale)." Archivarische Gründe habe Bertone dafür nicht angegeben, sondern er habe nur von erforderlicher Diskretion und dem zu respektierenden Andenken der Person gesprochen. Es sei auch nicht näher umschrieben worden, welche Art von Vergehen diese Sperre betreffe. „Möglicherweise sind die schon erwähnten 50 Bände gemeint mit dem Betreff ‚poligamia, sodomia, sollecitazione, sortilegi, superstizione, magia ecc.'. Die ‚sollicitatio ad turpia', also die Anstiftung zur Unsittlichkeit im Zusammenhang mit der Beichte, scheint auch unter diese Sperre zu fallen, weil Kardinal Ratzinger 1996 diese Fälle zu den ‚Geheimnissen' zählte, die nicht preisgegeben werden dürfen."

Im Einzelfall entscheidet in Rom immer der zuständige Kardinal oder der Papst selbst. Es gibt keine allgemeingültigen und transparenten Regeln dafür, was in das zentrale Archiv kommt und was nicht. Niemand kann einzelne Abteilungen dazu anhalten, ihre Archivbestände abzugeben, weil es kein Abgabegesetz gibt. Daher ist es in Rom ein offenes Geheimnis, dass insbesondere das Staatssekretariat eigene Archivbestände hat, die auch bei der offiziellen Öffnung der päpstlichen Geheimarchive geheim bleiben – etwa das eine oder andere Dokument über politische Verwicklungen von päpstlichen Gesandten. Da sind der Fantasie keine Grenzen gesetzt – vom Waffenschmuggel eines Nuntius zwischen Syrien und Israel bis zu Geheimkontakten durch den Eisernen Vorhang hindurch. Er habe Akten gezielt gesucht und nicht gefunden, erzählt ein Historiker. In einem Umschlag sei ein leeres Blatt aufgetaucht, nur mit dem Hinweis versehen, dass das entsprechende Dokument in einer Sonderablage aufbewahrt sei. Bei der Angelegenheit dürfte es sich um einen schwerwiegenden politischen Konflikt gehandelt haben, in den ein Nuntius persönlich verwickelt war. Die zuständige vatikanische Behörde ist offenbar der Meinung, dass die Veröffentlichung des Falles selbst nach 70 oder 100 Jahren noch Aufsehen erregen könnte. Vor allem den ehemaligen Ostblock betreffend dürften wichtige Dokumente im Staatssekretariat liegen.

Der Archivar und Vatikanexperte Schwedt hält daher trotz aller Kritik die Öffnung der Nuntiaturarchive bis 1939 für einen großen Fortschritt – vorausgesetzt, „dass keine großen Brocken herausgenommen wurden". Was er allerdings nicht glaube, sagt Schwedt. „Denn ein Fachmann würde da leicht dahinterkommen.

Das wissen die Archivare. Daher gehen sie dieses Risiko gar nicht ein." Bis zum Beweis des Gegenteils sei davon auszugehen, dass die Archivare nichts von dem vorenthielten, was im Archiv abgegeben worden sei. Kleinere Lücken könnten allenfalls durch schlechte Archivierung in den betreffenden Nuntiaturen selbst entstanden sein. Schwedt ist daher als Archivfachmann sehr froh über die hohe Professionalität, mit der in jüngster Zeit die Dokumente in den vatikanischen Archiven aufbereitet werden – auch wenn dies den Forscherdrang der Historiker zusätzlich auf eine harte Probe stelle. Die im Jahr 2003 geöffneten Nuntiaturarchive von Pius XI. sind noch immer nicht bis 1939, sondern aus praktischen Gründen derzeit nur bis 1930 zugänglich. Denn jedes einzelne Blatt muss registriert und gekennzeichnet werden, damit es nicht mehr abhandenkommen kann. Das irritiert die Historiker, die möglichst früh nach jedem Original greifen möchten. Es beruhigt auf der anderen Seite aber die Archivexperten, die vor einer voreiligen Freigabe warnen: Bei unsachgemäß behandelten Archivalien drohe die Gefahr, dass sie nach 100 Jahren nicht mehr benutzbar seien und die spätere Forschung heutige Thesen nicht mehr an den Originalen überprüfen könnte. Die Mahnung, die sein Lehrer dem Kirchenhistoriker Hubert Wolf mitgegeben hat, wäre dann nicht mehr einzulösen: „Glaubt nicht, was in den Büchern steht. Seht lieber selbst nach."

10) Große Vorbilder, zweifelhafte Wunder
Die Selig- und Heiligsprechungsverfahren

Benedikt XVI. hat die Sache rasch entschieden. Für eine Seligsprechung sei weiterhin der Nachweis erforderlich, dass auf die Fürsprache der betreffenden Person ein physisches Wunder geschehen sei. Damit wischte der neue Papst mit einem Federstrich die Bemühungen vom Tisch, bei den Seligsprechungsverfahren die umstrittene Frage des Wunders auf eine andere Ebene zu heben. Vorerst zumindest. Denn vor der Vollversammlung der zuständigen vatikanischen Behörde im April 2006 gab der Papst dann doch den Auftrag, drei Fragen einer Prüfung zu unterziehen: die Zuständigkeit der Ortsbischöfe bei der Auswahl und Einleitung solcher Prozesse, die Bedeutung und Definition des Wunders sowie die Kriterien für ein Martyrium. Vor allem die Frage des Wunders sei „im Lichte der kirchlichen Tradition, der heutigen Theologie und nach dem neuesten Stand der Wissenschaften" zu klären.

Die einschlägigen Überlegungen der Experten in der vatikanischen Kongregation für die Selig- und Heiligsprechungsprozesse gehen schon zwei Jahrzehnte zurück. Zum einen wollten sie das Empfinden vieler Katholiken aufgreifen, dass der Nachweis eines physischen Wunders an der Wende vom 20. zum 21. Jahrhundert nicht mehr dem entspreche, was für das vorbildliche christliche Leben eines Menschen ausschlaggebend sei. Zum anderen spielte die Überlegung eine Rolle, dass die Kirchen in den weniger entwickelten Ländern Afrikas oder Lateinamerikas weniger Möglichkeiten hätten, ein solches Wunder mit medizinischen Gutachten nachzuweisen. Schon Ende der Achtzigerjahre hatte demgemäß ein führender Fachmann in Rom gesagt, dass bereits ein Vorschlag für eine neue Bewertung von Wundern in der Schublade liege. Damals, auf dem Höhepunkt der Regierungszeit von Papst Johannes Paul II., hatte die Kongregation es aber nicht für klug gehalten, dem Papst eine Änderung der Normen für die Seligsprechung vorzuschlagen.

Einer dieser Vorschläge wäre gewesen, dass der Nachweis eines Wunders nicht an einem einzigen konkreten Fall erbracht und nicht unbedingt medizinisch belegt werden müsste. Als Wunder könnte auch gewertet werden, wenn eine große Zahl von Katholiken bezeugte, dass sie einen Verstorbenen um Hilfe angerufen hätte und dieses Gebet erhört worden sei: durch eine positive Wendung in ihrer Ehe, durch das unverhoffte Herauskommen eines Kindes aus der Drogensucht, durch das unerwartete Angebot eines neuen Postens nach langer Arbeitslosigkeit, durch eine glückliche Fügung in finanzieller Bedrängnis. Solche Erfahrungen haben Tausende Gläubige berichtet, nachdem sie den Jesuiten und Volksmissionar Pater Rupert Mayer um Hilfe angerufen haben. Der Priester und Ordensmann wurde beim Besuch von Papst Johannes Paul II. am 3. Mai 1987 in München seliggesprochen: Seine Zivilcourage und sein soziales Engagement aus christlicher Motivation seien beispielhaft für Menschen unserer Zeit, hieß die Begründung. Mayer hatte früh seine warnende Stimme gegen den Nationalsozialismus erhoben, wurde wegen einer Predigt sechs Monate eingesperrt und schließlich sieben Monate im Konzentrationslager Sachsenhausen in Isolationshaft gehalten. Dass auf seine Fürsprache, tausendfach bezeugt, „Wunder" im weiteren Sinne geschehen seien und anerkannt werden könnten, ist eine der Reformideen vatikanischer Seligsprechungsexperten. Denn für die angestrebte Heiligsprechung des deutschen Sozialapostels und Nazigegners fehlt genau das: ein medizinisches Wunder, das sich seit der Seligsprechung vor 19 Jahren ereignet haben müsste.

Alle anderen Untersuchungen für die Heiligsprechung sind abgeschlossen.

Anhand dieses Falls griff der päpstliche Untersuchungsrichter Pater Peter Gumpel in einer Stellungnahme gegenüber der „Münchner Kirchenzeitung" im Oktober 2005 neuerlich den Gedanken auf, ob das geforderte Wunder immer medizinischer Natur sein müsse. Im Falle von Rupert Mayer könnten auch die vielen nachweislichen Gebetserhörungen als Wunder angesehen werden. Bereits 1960 seien in München mehr als 30.000 Zeugnisse vorgelegen, dass Mayer in einer Ehekrise und anderen persönlichen Schwierigkeiten geholfen habe. Die große Zahl der voneinander unabhängigen Erhörungen könne kein Zufall sein, meinte der Jesuit Gumpel über den Jesuiten Mayer, der schon zu Lebzeiten als der „15. Nothelfer" verehrt worden sei. Beeindruckt zeigte sich der Untersuchungsrichter vom anhaltenden Andrang an Mayers Grab in der Bürgersaalkirche in der Münchner Fußgängerzone. An einem Tag habe er in der Krypta mit einer Zähluhr fast 6.000 Besucher festgestellt. „Die Menschen haben viel Vertrauen zu ihm."

Theologisch könnten solche Argumente dem Papst aus Bayern nicht fremd sein. Daher liegt die Vermutung nahe, dass Benedikt XVI. mit seinem vorläufigen Beharren auf einem medizinischen Wunder nur einen Riegel gegen die Flut der Seligsprechungen unter seinem Vorgänger vorschieben wollte. Diese Interpretation wird durch eine zweite Maßnahme bestätigt: Benedikt XVI. steht den großen Festgottesdiensten bei einer Seligsprechung nicht mehr selbst vor. Nur bei der nächsten Stufe, der Heiligsprechung, tritt er in Erscheinung. Der Papst ordnete damit die Seligsprechungen und Heiligsprechungen wieder dort ein, wo sie hingehören. Denn für einen „Heiligen" ist nicht nur ein weiteres Wunder erforderlich, er soll auch in der gesamten römisch-katholischen Weltkirche angesehen sein und verehrt werden. Für die Seligsprechung genügt es dagegen, dass die Person regional oder von einer begrenzten Gemeinschaft verehrt wird.

Für heftige Diskussionen hatte die Wunder-Frage im Seligsprechungsprozess für den letzten österreichischen Kaiser, Karl I.
(1887–1922), gesorgt. Im August 1991 gab die Erzdiözese Wien
bekannt, dass eine auf die Fürbitte Karls I. zurückgeführte Wunderheilung im Ordenskrankenhaus der Barmherzigen Schwestern
vom hl. Vinzenz von Paul in Curitiba (Brasilien) nachgewiesen
worden sei. Die aus Polen stammende Ordensfrau Maria Zita
Gradowski habe an schwer entzündeten Krampfadern in den Bei-
nen gelitten. Eine Geschwulst hatte sich gebildet, eine Operation
war nicht mehr möglich. Der tödliche Ausgang der Erkrankung
schien unvermeidlich. Schwester Maria Zita war schon seit Monaten ans Bett gefesselt. Im Gebet habe die Ordensfrau Karl I. um
seine Fürbitte angerufen, woraufhin über Nacht die plötzliche
und vollständige Heilung eingetreten sei. Das Wunder sei umso
glaubwürdiger, als in dem Ordenskrankenhaus sofort Fachärzte
eine Untersuchung durchgeführt hätten. Zudem erlaube der
große zeitliche Abstand – die Heilung fand 1969 statt –, nun endgültig von einer Dauerheilung zu sprechen. In den Medien wurde
diese Meldung nicht eben respektvoll unter dem Titel „Krampf-
adern-Wunder" abgehandelt.

Aber nicht nur zweifelhafte Wunder, auch die große Zahl hat
die Seligsprechungsverfahren in Misskredit gebracht. Unter Johannes Paul II. hatte es bei weltweit 147 Zeremonien 1.338 Seligsprechungen gegeben, davon waren 1.032 Märtyrer und 306 sogenannte „Bekenner". In den Status der weltweiten Verehrung,
also der Heiligsprechung, wurden bei 51 festlichen Gottesdiensten 482 Verstorbene erhoben, davon 402 Märtyrer und 80 Bekenner. Zum Vergleich: In den 120 Jahren von Papst Pius IX.
(1846–1878) bis Paul VI. (1963–1968) hatte es insgesamt nur
238 Heiligsprechungen gegeben. In den 400 Jahren vom 16. bis
zum 18. Jahrhundert waren es gar nur 64 gewesen. Benedikt XVI.
zog in seiner Ansprache vor der Vollversammlung der Kongregation die Bremse. Schon als Präfekt der Glaubenskongregation
hatte er öffentlich kritisiert, dass es zu einer Inflation an Seligspre-

chungen gekommen sei. Als Papst meldete er seinen Wunsch nach einer quantitativen Mäßigung an und schärfte die Voraussetzungen ein. Ein Seligsprechungsprozess könne nur eingeleitet werden, so der Papst, wenn der Kandidat oder die Kandidatin tatsächlich im „Ruf der Heiligkeit" stehe. Eine herausragende christliche Lebensführung allein oder besondere kirchliche oder soziale Leistungen seien für sich genommen noch kein hinreichender Grund, um die Einleitung eines Verfahrens zu rechtfertigen. Zur Definition des Martyriums machte Benedikt XVI. geltend, dass nur jene Gewalterfahrung damit gemeint sei, bei der die Täter durch „Hass gegen den Glauben" motiviert gewesen seien.

Eine Ausnahme machte der Papst nur beim Selig- und Heiligsprechungsprozess für seinen Vorgänger Johannes Paul II. Dafür hat Benedikt XVI. sogar die Mindestfrist von fünf Jahren aufgehoben. Nicht unbedingt zur Freude der Experten in der Seligsprechungskongregation, die nicht viel von schnellen Verfahren halten – vor allem dann nicht, wenn sie sich dem „Druck von der Straße" ausgesetzt sehen. Schon bei der Beerdigung des polnischen Papstes in Rom waren Transparente mit der Forderung „santo subito" – ein Heiliger, sofort – aufgetaucht. Als Benedikt XVI. dann Ende Mai 2006 nach Polen kam, war die Erwartung der Katholiken in der Heimat seines Vorgängers groß, dass er ihnen zumindest die Seligsprechung als Gastgeschenk mitbringen werde. So eilig hatte es der Papst aber dann doch nicht. Immerhin hatte bei dem Münchner Volkspriester Rupert Mayer allein die Seligsprechung 37 Jahre gedauert. Für eine Heiligsprechung dürften noch einmal mindestens 25 Jahre ins Land ziehen.

Mehr als 1.000 Verfahren sind in Rom anhängig. Davon gelten einige Hundert als ernsthaft. Die anderen ruhen, weil noch kein Wunder nachgewiesen werden konnte. Der zuständigen Behörde ist das nur recht. Denn hinter vorgehaltener Hand wird kein Hehl daraus gemacht, dass viele Seligsprechungsverfahren der vergangenen Jahrzehnte „unter großem Druck einzelner Gruppen" durchgeboxt worden seien. Wohl in keiner anderen Sache hat der Lobbyismus im Vatikan so geblüht wie bei den Selig- und Heiligsprechungsverfahren. So sah sich die Erzdiözese Wien ausdrücklich zu dem Hinweis veranlasst, dass die Seligsprechung Kaiser Karls I. nicht von einer „monarchistischen Lobby" und der Familie Habsburg betrieben werde. Das sei durch die genauen Prüfungen, wie sie das Kirchenrecht vorschreibt, unmöglich. Im Beweiserhebungsverfahren hätten Historiker und Zeugen den Lebenswandel des Kaisers genauestens geprüft und für heiligmäßig befunden. In einem weiteren Verfahrensschritt sei nachgewiesen worden, dass Karl I. vielfach von Gläubigen verehrt werde. Dabei spielten die aus seiner tiefgläubigen Haltung gespeiste Friedensliebe und sein Abscheu vor dem Blutvergießen des Ersten Weltkriegs eine besondere Rolle. Immerhin hat das Verfahren für Karl I. insgesamt 55 Jahre gedauert. Das spricht für das Bemühen im Vatikan, die Form zu wahren. Dass allerdings bald nach der Seligsprechung des Kaisers Bestrebungen bekannt wurden, auch für seine Gattin Zita einen Prozess anzustrengen, deutet wieder auf die drängende Lobby hin. Sehr zum Missfallen der zuständigen Behörde in Rom. „Gibt es eine große religiöse Verehrung der Kaiserin Zita? Ist weithin bekannt, dass Menschen sie in der Not anrufen?", fragte ein Experte im Vatikan und gab im selben Atemzug die Antwort: „Ich bezweifle das." Mit der Begründung, mit der eine Seligsprechung Zitas angestrebt werde, „könnte man gleich alle Habsburger seligsprechen".

Als Paradebeispiel für einen Heiligen, den eine starke Lobby gepuscht hat, gilt kritischen Geistern Josemaría Escrivá de Balaguer (1902–1975), der Gründer des „Opus Dei". Der spanische Priester rief sein „Werk Gottes" im Jahre 1928 ins Leben. Bei seinem Tod hatte es weltweit rund 90.000 Mitglieder. Bereits 17 Jahre danach, am 17. Mai 1992, wurde Escrivá in Rom seliggesprochen. Das war ebenso ein Rekord wie die nur zehn Jahre später, am 6. Oktober 2002, erfolgte Heiligsprechung. Diese wurde mit einer zweiten ihm zugesprochenen und am 20. Dezember 2001 bestätigten Wunderheilung begründet. Den tatsächlichen

Ausschlag gab aber die herrschende kirchenpolitische Linie. Das „Opus Dei" stand bei Papst Johannes Paul II. in hohem Ansehen, weil es die römische Idee von der Aufgabe der katholischen Laien in Reinkultur pflegt: Diese sollen sich weniger bei innerkirchlichen Auseinandersetzungen zu Wort melden, sondern sich „draußen in der Welt", im persönlichen Leben und in ihrer beruflichen Position als Botschafter und Zeugen des Christentums bewähren. Über diese Ideologie hinaus, die beim Papst Gefallen fand, können weltweite Vernetzungen und finanzielle Ressourcen eine Selig- und Heiligsprechung beschleunigen. Wer mehr Zeugen für das heiligmäßige Leben des Kandidaten namhaft machen kann und wer mehr Gutachten von Historikern, Medizinern oder Theologen vorlegen kann, der kann der Seligsprechungskongregation mehr zuarbeiten und das Verfahren beschleunigen.

Ob kirchenpolitisch wie bei Escrivá oder politisch wie bei Franz Jägerstätter – Seligsprechungen waren und sind immer ein Signal an die Öffentlichkeit und daher oft umstritten. Für den oberösterreichischen Bauern, Wehrdienstverweigerer und Märtyrer Franz Jägerstätter läuft seit 1997 ein Seligsprechungsverfahren. Er hatte gegen den Rat seines Bischofs, der ihn an seine Verantwortung gegenüber Obrigkeit und Familie gemahnte, den Wehrdienst verweigert. Am 9. August 1943 wurde Jägerstätter im Zuchthaus Brandenburg auf dem Schafott hingerichtet. Erst am 7. Mai 1997 hob das Landgericht Berlin das Todesurteil auf Antrag der Angehörigen auf. Nicht nur wegen der erst kurzen Verfahrensdauer – mit neun Jahren ist noch nichts aus der Zeit – wird die Seligsprechung noch dauern. Der Vatikan will auch noch zuwarten, solange ehemalige Soldaten der Wehrmacht sich durch die kirchliche Anerkennung des „Deserteurs" irritiert fühlen könnten.

Kritik hagelte es, als Johannes Paul II. im Mai 1987 während seines Besuchs in Köln die 1942 in Auschwitz ermordete Karmelitin Edith Stein seliggesprochen hat. Die Philosophin und Pädagogin, Tochter einer jüdischen Breslauer Familie, war als 29-Jährige katholisch geworden. Sie sei von den Nazis aber nicht als christliche Märtyrerin, sondern als Jüdin ermordet worden, lautete die Kritik. Die Hervorhebung des Leidens von Christen in der Todesmaschinerie der Nazis könnte davon ablenken, dass diese Vernichtungspolitik wesentlich auf die unentrinnbare Auslöschung des jüdischen Volkes zielte. Dass der Papst das gemarterte jüdische Volk hervorhob, änderte daran ebenso wenig wie die Tatsache, dass Edith Stein unter ihrem Ordensnamen Schwester Teresia Benedicta vom Kreuz verehrt wird.

Das Für und Wider spitzt sich zu, wenn es um die Seligsprechung eines Papstes geht. Das zeigt sich gegenwärtig am Konflikt um Pius XII. (siehe Kapitel 9). Eine salomonische Lösung hat Rom beim Konzilspapst Johannes XXIII. (1958–1963) getroffen. Der Papst, der mit der Einberufung des Zweiten Vatikanischen Konzils seiner Kirche die Augen für die „Zeichen der Zeit" geöffnet hat, wurde im September 2000 gleichzeitig mit Papst Pius IX. (1845–1878) seliggesprochen. Dieser hatte beim Ersten Vatikanischen Konzil 1869/79 die Unfehlbarkeit und den Primat des Papstes festgeschrieben. So konnten die einen ihren Reformpapst des 20. Jahrhunderts feiern, die anderen den Repräsentanten eines absolutistischen Papsttums. Wer das positiv sehen will, kann darin ein Zeichen der „allumfassenden", der katholischen Kirche erkennen. Ohne Zweifel sind Seligsprechungen besser als Bannsprüche.

11) Die Prinzessin und die Richter
Eheprozesse an der „Rota Romana"

14 Jahre hat der Albtraum gedauert. Am 28. Juni 1992 konnte die schöne Prinzessin dann aufatmen. Ihre Ehe mit dem Pariser Playboy Philippe Junot wurde vom höchsten kirchlichen Ehegericht, der „Rota Romana" in Rom, für null und nichtig erklärt. Die Verbindung war nie zustande gekommen. Die beiden waren nach kirchlichem Recht nicht verheiratet, weil der notwendige Ehewille im Sinne der römisch-katholischen Kirche gefehlt hatte. Die Voraussetzungen nach Kanon 1096 des Kirchenrechts waren nicht erfüllt, „dass die Eheschließenden zumindest nicht in Unkenntnis darüber sind, dass die Ehe eine zwischen einem Mann und einer Frau auf Dauer angelegte Gemeinschaft ist, darauf hingeordnet, durch geschlechtliches Zusammenwirken Nachkommenschaft zu zeugen."

Der Eheprozess, den das Fürstenhaus von Monaco angestrengt hatte, war jahrelang im Mittelpunkt des öffentlichen Interesses gestanden. Denn zum einen ist es nur regierenden Monarchen und ihrem Anhang erlaubt, sich für die sogenannte Annullierung – die Nichtigerklärung einer Ehe – schon in erster Instanz direkt an die „Rota Romana" in Rom zu wenden. Zum anderen hatte nicht nur die katholische Öffentlichkeit ein scharfes Auge darauf, ob der päpstliche Gerichtshof im Fall der Klatschpostillen-Prinzessin besondere Milde würde walten lassen – oder ob vor den römischen Richtern alle Katholiken gleich seien.

Kein Wunder, dass die Akte Caroline/Junot auf die lange Bank geschoben wurde und mehr als zehn Jahre bei der „Rota" auflag. Das Verfahren war schon bald nach dem Scheitern der kurzen Beziehung angestrengt worden. 1978 kirchlich getraut, hatte sich das Paar bereits 1980 standesamtlich wieder scheiden lassen. 1981 wandte sich das Fürstenhaus an die „Rota", um die kirchliche Annullierung der Ehe zu erreichen. Schlussendlich dauerte es bis 1992, bis der Vatikan sich dem Gutachten des Psychiaters Diego de Caro anschloss. „Die Ehe wird wegen der Unfähigkeit des Gatten annulliert, aus Gründen psychischer Natur seine wesentlichen ehelichen Pflichten zu erfüllen", hieß es laut italienischen Zeitungen in der Urteilsbegründung, die offiziell nur den beiden Betroffenen zugestellt wird.

Junot soll in einer Nacht in Monaco mit Freunden eine Wette abgeschlossen haben: Ich führe die begehrte Fürstentochter in den Hafen der Ehe. Daraus zog der Gutachter den Schluss, dass der bekannte Lebemann „zum Zeitpunkt der Hochzeit kein Geheimnis daraus gemacht habe, die ehelichen Verpflichtungen im Sinne der katholischen Lehre zu ignorieren". Junot habe eine Beziehung mit einer früheren Partnerin auch nach der Eheschließung mit Caroline aufrechterhalten. Allein daraus gehe deutlich hervor, dass er nie den Willen gehabt habe, seiner kirchlich angetrauten Gattin die Treue zu halten. Die damals 21-jährige Prinzessin wiederum habe bei der Hochzeit noch nicht die notwendige geistige Reife gehabt, um die vollen Konsequenzen ihres Jawortes vor dem Priester und zwei Zeugen erkennen zu können. Schlimmer noch: Die beiden sollen vor der Hochzeit vertraglich vereinbart haben, keine Kinder zu bekommen – was ausdrücklich das bei der Trauung abgegebene Versprechen unterlaufe, Kindern das Leben zu schenken.

Das viel beachtete Urteil der römischen Richter war nicht nur ein Glück für die Fürstentochter von Monaco, sondern auch ein Hoffnungsschimmer für andere katholische Paare. Denn in früheren Jahrzehnten hatten vor allem körperliche Mängel – etwa die Unfähigkeit, den Geschlechtsakt zu vollziehen – oder gar körperliche Gewalt in den Urteilen der katholischen Ehegerichte eine wesentliche Rolle gespielt. Das Caroline-Erkenntnis im Jahr 1992 signalisierte dagegen die zunehmende Bereitschaft der höchsten kirchlichen Instanz, auch seelische Gründe und prägende gesellschaftliche Umstände für das Nichtzustandekommen einer Ehe anzuerkennen. So sagte der Wiener Kirchenrechtsexperte Bruno Primetshofer in der „Presse" vom 9. Juli 1992 zu dem Urteil: Angesichts des bekannten Playboy-Charakters Junots und dessen materialistischer Orientierung sei es beinahe unmöglich, dass er Einsicht in die Wesenselemente der Ehe, wie Treue, Unauflöslichkeit oder Weitergabe menschlichen Lebens, gehabt habe.

Mangelhafter Ehekonsens und der Ausschluss von Nachkommenschaft – wie bei Caroline und Philippe – waren nach der jüngsten römischen Statistik über die Prozesse an der „Rota Romana" die häufigsten Gründe für die Nichtigerklärung einer Ehe. 125 Verfahren wurden im Jahr 2004 unter dem Titel „Mangel an Konsens" geführt, davon 66 wegen eines schweren Defekts in der Urteilsfähigkeit und 49 wegen der Unfähigkeit, die Wesensmerkmale der christlichen Ehe zu verstehen und anzuerkennen. In der Mehrheit dieser Fälle hatten die römischen Richter aber nicht so viel Einsehen wie bei der Prinzessin und dem Playboy. Denn nur 48-mal wurde für die Trennung entschieden, 67-mal „pro vinculo", also für das Bestehen des Ehebandes. An zweiter Stelle der Urteilsstatistik rangierten Willensmängel, insbesondere die teilweise Vortäuschung des Ehewillens laut Kanon 1101 § 2 des Kirchenrechts: „Wenn aber ein oder beide Partner durch positiven Willensakt die Ehe selbst oder ein Wesenselement der Ehe oder eine Wesenseigenschaft der Ehe ausschließen, ist ihre Eheschließung ungültig." In 23 Fällen an der „Rota" machten die Partner den Ausschluss von Nachkommenschaft geltend. Die römischen Richter haben das aber nur neunmal für nachgewiesen betrachtet, 14 Urteile ergingen „pro vinculo".

Gemeinsam ist diesen jüngsten veröffentlichen Fällen und dem Caroline-Prozess, dass bei einem kirchlichen Annullierungsverfahren nur jene Fakten zum Tragen kommen, die vor der Eheschließung bestanden haben. Das ist auch der Punkt, in dem die

Fürstentochter – bei aller anzunehmenden Korrektheit des Verfahrens selbst – einen Vorteil gehabt haben könnte. Denn die Beschaffung entsprechender Beweise ist leichter, wenn hochkarätige und damit teure Gutachten beigebracht werden können. Genau darin besteht für trennungswillige Paare oft die Schwierigkeit: Die nötigen Beweise oder Zeugen dafür aufzubringen, dass es ihre Vorbehalte gegen Wesensmerkmale der Ehe bereits vor der Eheschließung gegeben habe und etwa eine Beziehung zu einer dritten Person nicht erst später aufgenommen wurde. Nur ein Geständnis der beiden Partner, dass ein Ehehindernis schon vor der Trauung vorgelegen sei, ist zu wenig. Alle Trennungsgründe, die erst nach der Hochzeit aufgetreten sind, zählen bei einem Annullierungsverfahren nicht. Denn das käme einer Scheidung der Ehe im Nachhinein gleich wie im zivilen Recht. Eben das ist aber nach dem römisch-katholischen Verständnis des Ehebundes – „bis der Tod euch scheidet" – nicht möglich.

Noch im Februar 2005 hat Papst Johannes Paul II. den kirchlichen Eherichtern eingeschärft, streng 'zwischen dem zu unterscheiden, was vor der Trauung gewesen sei und wie eine Partnerschaft sich nachher entwickelt – oder vielmehr – auseinanderentwickelt habe. In einer Ansprache an die Mitglieder der „Rota" wandte sich der Papst vehement gegen Vorschläge, die Nichtigkeit einer Ehe auch dann festzustellen, wenn die Beziehung nach der Hochzeit total gescheitert sei. Eine solche Begründung für die Annullierung, wie sie bei Ehegerichten vor allem in den USA vorkomme, stehe „im Gegensatz zu den elementarsten Prinzipien des Kirchenrechts und der katholischen Lehre". Die kirchlichen Eherichter dürften sich nicht von „falschem Mitleid mit den Betroffenen" oder von irrigen Denkströmungen der Gesellschaft leiten lassen.

Trotzdem gehen manche Experten so weit zu sagen, dass bis zu einem Drittel der kirchlich geschlossenen Ehen wegen mangelnden Ehewillens gar nicht zustande gekommen seien – und demnach für nichtig erklärt werden könnten. Eine Eheannullie-

△ *Hinter dieser weltberühmten Fassade liegen die Geheimnisse des Vatikans verborgen: Der Petersdom in Rom mit der begehbaren Kuppel von der Via della Conciliazione aus gesehen.*

△ Sicherheit hat beim Eintritt in den Petersdom Vorrang: Früher haben scharfe Augen darauf geachtet, dass keine Frau im Minirock die Basilika betritt. Heute wird nach Sprengkörpern gesucht.

◁ Ein Bild für die Klosterchronik: Der Petersplatz ist der Treffpunkt für Katholiken aus aller Welt. Nonnen gehören hier ebenso selbstverständlich zum Stadtbild wie Touristen.

Griechische Helden, römische Götter und 2000 Jahre Christentum – aus dieser Melange lässt sich in Rom 365 Tage im Jahr ein gutes Geschäft machen. ▷

△ Vor dem imposanten „Jüngsten Gericht" von Michelangelo in der Sixtinischen Kapelle findet die Papstwahl statt. Jede Verbindung nach außen ist
den Kardinälen streng untersagt.

◁ *Papst Pius XI. (1922–1939)
hat sich in seiner mutigen Enzyklika „Mit brennender Sorge"
vom 14. März 1937 deutlich
gegen den Nationalsozialismus
gewandt.*

*Kardinal Eugenio Pacelli
trug als Pius XII. während
des Zweiten Weltkrieges
schwer an seiner Verant-
wortung. Rom möchte den
Papst seligsprechen, aber
Historiker kritisieren, er
habe sich nicht klar gegen
Hitler ausgesprochen.* ▷

△ *Kardinal Karol Wojtyła (r.) mit seinem Vorgänger Johannes Paul I.*
Albino Luciani war der 33-Tage-Papst. Die Ursache für seinen plötzlichen
Tod ist bis heute nicht restlos geklärt.

△ Der Papst und der Attentäter: Am 27. Dezember 1983 hat Johannes Paul II. den Mann, der auf ihn geschossen hatte, in seiner Gefängniszelle besucht. Der Papst verzieh Ali Ağca die Tat.

◁ Kardinal Angelo Sodano: Der Staatssekretär ist der offizielle Vertreter des „Staates der Vatikanstadt" bei internationalen Behörden.

Der „Opus Dei"-Mann Joaquín Navarro-Valls (l.) war der erste Laie an der Spitze des vatikanischen Pressesaals. William Joseph Levada ist der Nachfolger von Joseph Ratzinger als Präfekt der Glaubenskongregation. ▽

△ *Immer an seiner Seite: Georg Gänswein umsorgt seinen Chef. Die Schweizer „Weltwoche" kürte den Papstsekretär zum „unbestritten schönsten Mann im Talar, den der Vatikan je hervorgebracht hat".*

△ „Wir sind Papst": Die einprägsame Schlagzeile der „Bild"-Zeitung zur
Wahl des Deutschen Joseph Ratzinger war ebenso falsch wie genial.

Joseph Ratzinger neuer Papst

Früherer Münchner Erzbischof nennt sich Benedikt XVI. / Freude und Kritik unter Katholiken

die tageszeitung

Oh, mein Gott!

Papst Benedikt XVI.

Papst Benedikt

△ *Der Regierungspalast des Staates der Vatikanstadt. Hier wird der kleins-*
te von den UN anerkannte Staat der Welt verwaltet.

△ *Soldaten der Schweizer Garde im Vatikan. Die Rekruten schwören bei ihrer Angelobung, „wenn es erheischt sein sollte", ihr Leben für den Papst hinzugeben.*

rung sei jedenfalls keineswegs nur Prinzessinnen vorbehalten, unterstrich die Kirchenrechtlerin Martha Wegan. Die Österreicherin war Anwältin an der „Rota Romana" und wollte getrennten Ehepartnern in ihrem aufsehenerregenden Buch „Ehescheidung möglich? Auswege mit der Kirche" (aktuelle Ausgabe 1993) Mut machen, ihre Verbindung auch kirchlich annullieren zu lassen. Die Möglichkeiten dazu seien viel zu wenig bekannt, meist werde nur in sehr krassen Fällen der Weg zum Diözesangericht beschritten.

Tatsächlich mag es in einer Gesellschaft, in der bereits jede zweite Ehe standesamtlich geschieden wird, nicht nur bei Philippe Junot berechtigte Zweifel am Willen zu einer Beziehung auf Dauer gegeben haben. Zwar schiebt Kanon 1099 des Kirchenrechts einer allzu großzügigen Praxis für die Annullierung einer Ehe einen Riegel vor: „Ein Irrtum über die Einheit oder die Unauflöslichkeit oder die sakramentale Würde der Ehe beeinträchtigt den Ehekonsens nicht, sofern er nicht den Willen bestimmt." Auf der anderen Seite erkennt die „Rota Romana" aber zunehmend mehr Gründe dafür an, dass dieser freie und ungezwungene Wille der Partner bei der Trauung beeinträchtigt sein könne. 1990 hat das Ehegericht eine Verbindung für nie zustande gekommen erklärt, weil einer der Partner zum Zeitpunkt der Trauung unter Drogen gestanden sei. Dieser Einfluss habe das abgegebene Eheversprechen beeinträchtigt.

Größtes Aufsehen in Italien erregte ein Urteil, das im Jahresbericht 2004 veröffentlicht wurde. Unter dem Aktenzeichen A 37/03 erklärte das höchste Gericht des Papstes eine Ehe wegen Unverbesserlichkeit des Mannes für nichtig. Aus seiner „tief eingewurzelten Mentalität" habe sich der Sizilianer vorbehalten, seine Frau bei „Nichterfolg der Ehe" wieder nach Hause zu schicken. Zudem habe er die „Vorherrschaft seiner sizilianischen Männlichkeit in übertriebener Weise" ausgeübt. Das Gericht befreite die geplagte Ehefrau, aber in Rom hagelte es Kritik: Die Sizilianer würden wieder einmal zum Klischee gemacht. TV-Unterhalter Pippo Baudo sah „eine klare Beleidigung, geschrieben in der üblichen grellbunten Art: Sizilianer brennen vor Eifersucht, sind Machos – immer das Gleiche."

Derart spektakuläre Urteile sind bei Eheprozessen in Österreich nicht bekannt. In der Alpenrepublik hat es mehr Aufmerksamkeit erregt, dass zwei prominente Politikerinnen der ÖVP vor den Eherichtern Gnade gefunden haben. Kurz vor Weihnachten 1995 wurde bekannt, dass die erste Ehe der damaligen ÖVP-Frauen-, Familien- und Umweltpolitikerin Maria Rauch-Kallat annulliert wurde. Damit war für die spätere Gesundheitsministerin der Weg frei zur zweiten kirchlichen Hochzeit – nach Kirchenrecht die erste gültige. Rauch-Kallat gab vor dem Eisenstädter Bischof Paul Iby ihrem seit Mai 1994 standesamtlich angetrauten Grafen Alfons Mensdorff-Pouilly das Jawort.

Im erzbischöflichen Palais in Salzburg fand das kirchenrechtliche Verfahren für die damalige Außenministerin Benita Ferrero-Waldner ein glückliches Ende. Zu Silvester 2003 meldete die Katholische Presseagentur, Ferrero-Waldner habe nach der Annullierung ihrer ersten Ehe wieder kirchlich geheiratet. „Die Hochzeit fand in der erzbischöflichen Hauskapelle in Salzburg statt, Erzbischof Alois Kothgasser nahm die Trauung vor. Ursprünglich hätte die kirchliche Trauung ein strikt privater Termin sein sollen. Die massive Präsenz der Bundespolitik führte aber zu starkem Medieninteresse", hieß es in der „Kathpress". Dieses starke Medieninteresse – für die erste Exklusivmeldung hatte die Salzburger ORF-Redakteurin und Kirchenexpertin Elisabeth Mayer gesorgt – kam nicht von ungefähr. Denn Ferrero-Waldner war die Kandidatin der ÖVP für die Wahl des Bundespräsidenten. Die Öffentlichkeit sah daher, ob zu Recht oder zu Unrecht, die kirchenrechtliche Sanierung der Ehe auch im Zusammenhang mit der Präsidentschaftskandidatur.

Nicht ohne Grund hob der Erzbischof anlässlich der zweiten Trauung hervor, dass das Annullierungsverfahren ordnungsgemäß in zwei Instanzen durchgeführt worden sei. Auch die Dauer des Verfahrens, so ergänzte „Kathpress", habe sich mit eineinhalb Jahren im üblichen Rahmen bewegt. Das Verfahren war im Jänner 2002 am zuständigen Diözesangericht in Salzburg eröffnet und im Sommer 2003 in zweiter Instanz am Metropolitangericht Wien beendet worden. Da beide Gerichte zu demselben Urteil kamen, war eine Berufung nach Rom nicht notwendig. Für die Wahl entscheidend war die Annullierung der ersten Ehe, die die Politikerin in der Wallfahrtsbasilika Maria Plain in Salzburg geschlossen hatte, letztendlich nicht. Beim Urnengang am 25. April 2004 setzte sich der SPÖ-Kandidat Heinz Fischer mit 52,4 Prozent der Stimmen gegen seine Mitbewerberin durch.

Die Kritik, dass Prominente sich leichter täten, vor den kirchlichen Richtern in Salzburg, Wien oder Rom Gnade zu finden, hält sich hartnäckig. Spekulationen finden auch dadurch Nahrung, dass die Urteile bei Eheprozessen aus Gründen des Persönlichkeitsschutzes nicht veröffentlicht werden. Im jährlichen Berichtband der „Rota Romana" sind alle Fälle anonymisiert. Zumindest finanziell sind aber alle katholischen Ehepaare vor den kirchlichen Gerichten gleich. 250 Euro werden in der ersten Instanz verrechnet, 150 in der zweiten. Auch die vorausgehende Beratung, wie chancenreich ein Annullierungsverfahren sein könnte, funktioniert gut. Die Verfahren, die vor einem Diözesangericht in erster Instanz angestrengt werden, enden meist im Sinne der Betroffenen. Von den 65 Prozessen im Jahr 2005 in der Erzdiözese Wien gingen 60 zugunsten der Trennung aus – ganz im Gegensatz zum Berufungsgericht in Rom, das naturgemäß mit vielen Grenzfällen zu tun hat und häufiger für den Bestand des Ehebandes entscheidet.

Jüngst haben die österreichischen Bischöfe bei ihrer Frühjahrskonferenz 2006 wieder auf diese einzige offizielle Möglichkeit hingewiesen, dass wiederverheiratete Geschiedene dem Verbot des Sakramentenempfanges entrinnen könnten. Dabei stand im Hintergrund, dass die jungen Paare die kirchliche Trauung zunehmend scheuen. 1990 hatte es österreichweit noch 25.420

katholische Eheschließungen gegeben. Im Jahr 2000 ist die Zahl auf 16.185 zurückgegangen, 2004 waren es nur mehr 12.269. Dabei spielt die Angst mit, sich vor dem Priester und zwei Zeugen das Jawort zu geben und bei einer allfälligen Scheidung und zweiten standesamtlichen Ehe vom Kommunionempfang ausgeschlossen zu sein. Denn die Möglichkeit, die der Vatikan laut italienischen Zeitungen dem wiederverheirateten Medienmogul Silvio Berlusconi zugestanden hat, gibt es nicht für jede und jeden: Der ehemalige Ministerpräsident, den die Italiener bei den Wahlen 2006 zurück in die Opposition geschickt haben, soll bei Gottesdiensten in einer Privatkapelle die Kommunion empfangen.

Italienische Zeitungen sehen aber auch im Vatikan selbst einen Hoffnungsschimmer am Horizont. Schon kurz nach dem Amtsantritt von Benedikt XVI. setzte „La Repubblica" das Gerücht in die Welt, der neue Papst wolle die Zulassung von wiederverheirateten Geschiedenen zu den Sakramenten überdenken. Im Jänner 2006 legte dann der „Corriere della Sera" mit der Vermutung nach, Benedikt XVI. könnte – im Gegensatz zu seinem Vorgänger – die Richtlinien für die Annullierung einer Ehe weiter fassen. Kirchenrechtliche Bestimmungen dürften kein Hindernis sein, auch die seelsorglichen Grundsätze der römisch-katholischen Kirche zu verwirklichen, wird der Papst zitiert. Das kanonische Verfahren der Annullierung einer Ehe sei ein rechtliches Instrument zur Wahrheitsfindung – und nicht dazu da, den Gläubigen das Leben schwer zu machen.

Faktum ist, dass die Zahl der Verfahren zunimmt, insbesondere seit psychische Gründe dafür berücksichtigt werden, dass ein Partner keine Ehe führen könne. Die kirchlichen Gerichte in aller Welt haben 1994 schon 76.829 Eheurteile gesprochen. Die Tendenz ist seither stets steigend. Die „Rota Romana" hat im Jahr 1994 insgesamt 94 Urteile gefällt, von denen 42 die Ungültigkeit der Eheschließung feststellten und 52 „pro vinculo" endeten. Die jüngste Statistik aus dem Jahr 2004 weist bereits 140 Eheprozesse vor der höchsten Instanz in Rom aus. 69 Paare durften sich über

Annullierung freuen, in 71 Fällen wurde zugunsten des Ehebandes entschieden. Aus Österreich gehen jährlich maximal ein halbes, aus Deutschland bis zu einem Dutzend Verfahren in die Berufung nach Rom. Führend sind die USA mit 50 und Italien mit bis zu 100 Annullierungsverfahren jährlich, die in letzter Instanz an der „Rota Romana" entschieden werden.

Ob die Richter dabei eher gnädig gestimmt sind oder nicht, hängt nicht zuletzt vom Papst ab. Denn eines ist im Vatikan klar: Für den Buchstaben des Gesetzes sind die einzelnen Behörden zuständig. Den Geist, in dem diese ausgelegt werden, bestimmt der amtierende Papst.

12) „Strahlende" Sender rund um den Globus
Die Medienmacht des Vatikans

Der Päpstliche Rat für die sozialen Kommunikationsmittel sitzt mitten im Zentrum der Macht. Während andere Räte, die formal den gleichen Status haben, weitab vom Vatikan im Palazzo San Calisto in Trastevere ihr Dasein fristen, sind die vatikanischen Medienleute nahe um den Petersplatz versammelt. Der Medienrat, bei dem sich alle Fernsehstationen akkreditieren müssen, residiert im Palazzo San Carlo. Der Pressesaal des „Heiligen Stuhls" – die Sala Stampa della Santa Sede – ist unmittelbar rechts vor dem Petersplatz in der Via della Conciliazione angesiedelt. Die Mitarbeiter von Radio Vatikan haben von ihren Studios unweit der Engelsburg ebenfalls nur einen Sprung in die Kirchenzentrale.

Nicht erst seit dem „Fernseh-Superstar" Karol Wojtyła hat es der Vatikan verstanden, die weltweiten Kommunikationsmittel in den Dienst der Päpste und Kardinäle zu stellen. Botschaften des Papstes sind schon an der Wiege von Radio und Fernsehen gestanden. Vor 75 Jahren, am 12. Februar 1931 um 16.49 Uhr, hat Radio Vatikan seinen Sendebetrieb aufgenommen und zum ersten Mal ein Papst im Rundfunk das Wort ergriffen. Auf Lateinisch rief Pius XI. Millionen Menschen in aller Welt, die sich angesichts dieser Sensation auf Plätzen und vor Radiogeschäften versammelt hatten, zu: „Höret, ihr Himmel, auf das, was ich sage; lausche, o Erde, den Worten meines Mundes."

1949 flimmerte dann erstmals das Bild eines Papstes über Schwarz-Weiß-Bildschirme. Pius XII. war in zwei kurzen Filmnachrichten in den USA im Fernsehen zu sehen. Im Heiligen Jahr 1950 erreichte Radio Vatikan bereits 15 bis 20 Länder mit Live-Übertragungen. Zu Pfingsten 1954 konnte der Papst über Eurovision im Fernsehen eine Grußbotschaft in fünf Sprachen versenden. 1964 gehörte der Vatikan zu den elf Gründerstaaten von Intelsat, der Vereinigung für internationale Telekommunikationssatelliten.

Besonders die großen zeremoniellen Gottesdienste im Petersdom eigneten sich von Anfang an bestens für das Fernsehen. 1974 war die Premiere der Ausstrahlung der Christmette über Satellit. Am 16. Oktober 1978 waren 72 Länder live dabei, als auf der Mittelloggia der Basilika die Wahl des Krakauer Kardinals Karol Wojtyła zum Papst verkündet wurde. Die Öffnung der Heiligen Pforte durch Johannes Paul II. im Heiligen Jahr 2000 wurde in 60 Ländern live übertragen. Derzeit bietet das Vatikanische Fernsehzentrum (CTV) für die Gottesdienstübertragungen zu Weihnachten und zu Ostern Kommentare in Englisch, Französisch, Italienisch, Portugiesisch, Spanisch und Ukrainisch an.

Das mächtigste Sprachrohr der Kirchenzentrale ist aber auch im Zeitalter des Satellitenfernsehens der Hörfunksender Radio Vatikan. „Die Stimme des Papstes und der Weltkirche", wie sich der Sender offiziell nennt, ist direkt dem Staatssekretariat unterstellt. Der Kardinalstaatssekretär – der Ratzinger-Vertraute Tarcisio Bertone – kann dem Generaldirektor von Radio Vatikan Weisungen erteilen. Das unterstreicht den engen Zusammenhang zwischen vatikanischer Diplomatie und Medienarbeit. Denn immerhin sendet Radio Vatikan in 47 Sprachen, die von rund 35 Sprachredaktionen mit drei bis sechs Mitgliedern – je nach Sendezeit – betreut werden. Die rund 210 männlichen und weiblichen Redakteure kommen aus 60 Ländern der Erde. Insgesamt sind etwa 400 Personen bei Radio Vatikan angestellt – die Auslandskorrespondenten nicht gezählt.

Konnte der habsburgisch-spanische Kaiser Karl IV. (1316–1378) sagen, „in meinem Reich geht die Sonne nicht unter", so gilt für den Vatikan: Auf der ganzen Welt ist unser Radio nicht zu überhören. Für Millionen Menschen sogar in der Muttersprache: Albanisch, Amharisch, Arabisch, Armenisch, Bulgarisch, Chinesisch, Dänisch, Deutsch, Englisch, Esperanto, Estnisch, Finnisch, Französisch, Hindi, Italienisch, Japanisch, Kisuaheli, Kroatisch, Latein, Lettisch, Litauisch, Malajalam, Polnisch, Portugiesisch, Rumänisch, Russisch, Schwedisch, Slowakisch, Slowenisch, Somalo, Spanisch, Tagalok Tamil, Tigri, Tschechisch, Ukrainisch, Ungarisch, Urdu, Vietnamesisch, Weißrussisch. Gelegentlich kommen dazu Sendungen in Ewondo, Kinyarwanda, Lingala, Tshiluba, Kigongo, Kirundi, Malgasch.

Die Sprachabteilungen haben täglich um die 30 Minuten Sendezeit, Programme werden mitunter mehrfach ausgestrahlt. Die 33 deutschsprachigen Minuten, die morgens und abends in den Äther gehen, haben eine geschätzte Stammhörerschaft von 300.000 Gläubigen. Um 6.20, 16.00 und 20.20 Uhr ist das deutsche Programm über Mittelwelle 1.530 kHz und Kurzwelle 5.885 und 7.250 kHz zu hören. Die insgesamt 11.500 Radiostunden aus dem Vatikan für rund eine halbe Milliarde Menschen können über Mittel- und Kurzwelle in Europa, über Kurzwelle in allen Teilen der Welt und über Satellit und im Internet empfangen werden. Neben den Sprachprogrammen gibt es Nachrichtendienste in Englisch, Französisch und Italienisch, die mehrmals täglich Magazinsendungen ausstrahlen. Jeden Tag frühmorgens können die Hörer in aller Welt eine lateinische Messe mitfeiern, am Abend den Rosenkranz auf Lateinisch mitbeten.

Mit der Politik dagegen ist Radio Vatikan sparsam. Sie kommt nur dann ins Programm, wenn maßgebliche kirchliche Amtsträger sich äußern. Trotzdem war und ist der Vatikan-Sender manchen Machthabern ein Dorn im Auge. Während des Zweiten Weltkriegs gab es Drohungen aus Berlin wegen der kritischen Haltung gegenüber dem Naziregime. In den Zeiten des Kalten Krieges und des Eisernen Vorhangs versuchten kommunistische Regierungen in Osteuropa das unbequeme Radio durch

Störsender draußen vor dem Stacheldraht zu halten – ganz nach der Manier, wie anno 2006 die Volksrepublik China das Internet zensuriert.

An den journalistischen Schalthebeln sitzt seit der Gründung des Radios der Jesuitenorden. Der Generaldirektor wird auf Vorschlag des Ordens vom Papst ernannt. Er führt – nach einem einleitenden Gebet – die wöchentliche Programmbesprechung. Die einzelnen Programmdirektoren ernennt – ebenfalls auf Vorschlag der Jesuiten – der Kardinalstaatssekretär. Überraschenderweise hat Benedikt XVI. diese mediale Vormachtstellung der Jesuiten sogar noch weiter gestärkt. Am 11. Juli 2006 wurde der Generaldirektor von Radio Vatikan, Pater Federico Lombardi, zusätzlich zum Leiter des Vatikanischen Presseamtes ernannt. Lombardi ist außerdem bereits Direktor des Fernsehzentrums des Vatikans (Centro Televisio Vaticano), das alle Vorrechte für Aufnahmen des Papstes in Rom und auf Reisen hat. Damit sind in der Hand des 63-jährigen Jesuiten drei zentrale Medienbereiche vereint: das Radio, die Fernsehzentrale und die Sala Stampa.

Der Pressesaal des Papstes in der Via della Conciliazione 1 veröffentlicht täglich ein Bulletin mit offiziellen Stellungnahmen des Papstes. Am 11. August 2006 zum Beispiel setzte sich der Papst für drei katholische Todeskandidaten in Indonesien ein und forderte die Regierung auf, sie zu begnadigen. Vom Jahresbeginn bis zu diesem Zeitpunkt – kurz vor den römischen Sommerferien um den 15. August, in denen im Vatikan nur eine Restmannschaft anzutreffen ist – hatte es bereits 370 Bulletins gegeben. Darunter war, unter der Nummer 45/2006, jenes vom 25. Jänner 2006: Kardinal Renato Raffaele Martino, Präsident des Päpstlichen Rates „Justitia et Pax", William Joseph Levada, Präfekt der Glaubenskongregation, und Erzbischof Paul Josef Cordes, Präsident des Päpstlichen Rates „Cor Unum", stellten in der Sala Stampa die erste Enzyklika von Benedikt XVI. vor. Unter dem Titel „Deus Caritas Est" (Gott ist die Liebe) hat der Papst mit diesem Rundschreiben sogar seine Kritiker für sich gewonnen. Denn Joseph

Ratzinger bot ganz seinem Naturell als Professor gemäß eine weit ausholende und tiefschürfende philosophische, theologische und sozialpolitische Auseinandersetzung mit dem Thema Liebe – und stellte die ewig gleichen römischen Verbote in der Sexuallehre hintan.

Die Veröffentlichung der ersten Benedikt-Enzyklika war eine Sternstunde der Sala Stampa, die 22 Jahre lang in der Hand von Joaquín Navarro-Valls gewesen ist. Der spanische Journalist und Arzt galt als enger Vertrauter von Johannes Paul II. und hatte jederzeit direkten Zugang zum „Appartamento", den päpstlichen Gemächern – ein Privileg, das weit über seine formale Position im Vatikan hinausging. Mit Navarro-Valls war erstmals – und vorerst zum letzten Mal – ein Laie das Sprachrohr des Papstes gegenüber Tageszeitungen, Journalen, Hörfunk und Fernsehen gewesen. Vor allem aber war Navarro-Valls ein deklariertes Mitglied des „Opus Dei". Mit der Berufung eines Jesuiten auf diesen Posten hat Benedikt XVI. die Spekulationen durchkreuzt, dass der Pressesaal zu einem Erbhof des „Werkes Gottes" geworden sei, dieser weltweit vernetzten konservativen Vereinigung von Priestern und Laien.

Aus den Reihen der Jesuiten von Radio Vatikan hatte es schon länger Kritik am Pressesaal gehagelt. So beklagte der Leiter der deutschsprachigen Abteilung des Radiosenders, Pater Eberhard von Gemmingen, im September 2005 in einem „Kathpress"-Interview, dass im vatikanischen Presseamt wenig von der legendären Kommunikationsfähigkeit von Johannes Paul II. zu spüren sei. Die seltenen Pressekonferenzen in der Sala Stampa seien schlecht vorbereitet und machten es den Journalisten der weltlichen Medien schwer, vatikanische Dokumente zu verstehen. Anstatt einer guten Erläuterung und mediengerechten Aufbereitung würden den Kolleginnen und Kollegen nur die umfangreichen Originaltexte vorgegeben – mit der unvermeidbaren Folge, dass in vielen Zeitungen am nächsten Tag einseitig und missverständlich berichtet werde.

Im Unterschied dazu hat Radio Vatikan sich von jeher durch hohe Professionalität und eine vergleichsweise offene Informationspolitik ausgezeichnet. Der Sender versucht erfolgreich, römische Gedankengänge und Stellungnahmen für ein breites Publikum zu übersetzen und verständlich zu machen. Den Reichtum und die Verschiedenheit der katholischen Kirche in aller Welt zu vermitteln, sei die Linie des Vatikan-Radios, erklärte der neue starke Medienmann, Pater Lombardi. Wobei in der Reihenfolge der Meldungen selbstverständlich Papst und Vatikan an der Spitze stehen, gefolgt von katholischen Informationen aus allen Kontinenten. Aber auch evangelische, anglikanische und orthodoxe Kirchen sowie die großen Weltreligionen – Judentum, Islam, Hinduismus, Buddhismus – kommen in den Sendungen vor.

Den beachtlichen inhaltlichen Bogen demonstrieren die Gespräche, die der Radiosender auf seiner Website (www.radiovaticana.org) stolz unter dem Link „Stars: Unsere schönsten Interviews" archiviert hat. Da findet sich Maximilian Schell als „Rebell auf der Bühne", „die österreichische Medienlegende" Gerd Bacher, die alternative Nobelpreisträgerin und Tochter jüdischer Intellektueller, Felicia Langer, der deutsche Kritikerpapst Marcel Reich-Ranicki, der Schriftsteller Hans Magnus Enzensberger oder der Stardirigent der Salzburger Festspiele, Nikolaus Harnoncourt. Nicht zu vergessen zwei Namen, die die innerkatholische Bandbreite demonstrieren: Kardinal Alois Lorscheider, der brasilianische Vorkämpfer für eine Kirche der Armen und für die Theologie der Befreiung, sowie Herbert Schambeck, der als langjähriger Vorsitzender des Österreichischen Bundesrates im Vatikan die konservative Wende bei den Bischofsernennungen in Österreich betrieben hat.

Nur mit seiner Sendeanlage bei Cesano, knapp 20 Kilometer nördlich von Rom, hatte das vatikanische Radio zuletzt kein Glück. Die Sendemasten brachten dem Sender große Reichweiten, waren in jüngster Zeit aber auch Anlass zur Kritik. Von 1987 bis 1998 wurde in einer epidemiologischen Studie das Risiko für

Kinderleukämie und Krebserkrankungen bei Erwachsenen in einem Umkreis von zehn Kilometern untersucht. Dabei zeigte sich eine signifikante Abnahme des Erkrankungsrisikos mit zunehmender Entfernung von der Sendeanlage.

Der Vatikan reagierte ab dem Jahr 2001 mit einer geringeren Feldstärke, einer Verlagerung von Antennen und einer zunehmenden Ausstrahlung über Satellit. Das Umweltministerium in Rom pochte aber weiter auf die Einhaltung der italienischen Grenzwerte von sechs Volt pro Meter, die seit 1999 gelten. Dieser neue italienische Grenzwert für Elektrosmog-Abstrahlungen ist im internationalen Vergleich tatsächlich sehr streng. Die von der Europäischen Union festgesetzten Grenzwerte liegen bei 60 Volt pro Meter, die Vereinigten Staaten erlauben gar 120 Voltmeter. „Seit 2001 halten wir uns, einem Vertrag mit Italien entsprechend, an den neuen Grenzwert, wie alle Messungen ergeben. Da dieser Grenzwert ziemlich restriktiv ist, gibt es für die Bevölkerung keinen Grund zu Beunruhigung", betonte Pater Lombardi in einer Stellungnahme gegenüber der „Deutschen Tagespost". Trotzdem wurden der Generaldirektor von Radio Vatikan sowie der ihm vorgesetzte Kardinal im Mai 2005 in Rom zu einer bedingten Haftstrafe von zehn Tagen verurteilt. Die hatte zwar nur symbolisches Ausmaß, das Urteil galt aber als Präzedenzfall. Der Direktor und der Kardinal gingen daher in Berufung.

Derartige technische Schwierigkeiten kennt der „L'Osservatore Romano" nicht. Die Zeitung des Vatikans ist am 1. Juli 1861 erstmals erschienen. Wenige Monate nach der offiziellen Proklamation des Königreichs Italien war es das erklärte Ziel des „L'Osservatore", apologetisch und propagandistisch den Kirchenstaat zu verteidigen. Unter Papst Leo XIII. wurde das Blatt 1885 zum offiziellen Organ des „Heiligen Stuhls". Ab 1968 kamen zur italienischen Ausgabe eine wöchentliche in Englisch, Spanisch, Portugiesisch und Deutsch dazu, seit 1980 eine monatliche in Polnisch.

Der „L'Osservatore" ist die Speerspitze des Vatikans. Überall dort, wo tagespolitische Entscheidungen vom ethischen Standpunkt der römisch-katholischen Kirche aus bewertet werden sollen, ohne dass sofort ein Kardinal oder gar der Papst in die Bresche springt, stehen die Kommentatoren der Zeitung bereit. So warnte ein „L'Osservatore"-Kommentar im September 2001 vor einer „Ansteckung" anderer europäischer Länder durch die Legalisierung der Sterbehilfe in den Niederlanden. Um diese Gefahr abzuwehren, müssten die Staaten der EU einen gemeinsamen Block zur Verteidigung des Lebens in seiner Endphase bilden und verstärkt Mittel für die Betreuung sterbenskranker Menschen mobilisieren. Der Autor der Vatikanzeitung, der Moraltheologe Gino Concetti, nannte „die Beihilfe zum Selbstmord" trotz der Zustimmung des Staates ein Verbrechen gegen das menschliche Leben, eine Bankrotterklärung der Medizin und eine juristische Verirrung. Zwar sei die Euthanasie in der Praxis eine Realität, aber der Staat dürfe sich dem Verhalten jener Bürger, die die Grundrechte verletzen, nicht anpassen.

Im Oktober 2004 löste die Verleihung des Literatur-Nobelpreises an die österreichische Autorin Elfriede Jelinek im „L'Osservatore" eine scharfe Stellungnahme aus: Jelinek sei eine Fahnenträgerin des „absoluten Nihilismus". Ihr Werk sei durch „die scharfe Unannehmlichkeit des Obszönen" gekennzeichnet. Die Schriftstellerin verbreite eine Frauenwelt „mit Szenen roher Sexualität, die nicht auf die Emanzipierung der Frau vom Erotismus hindeuten, sondern Sex und Pathologie, Macht und Gewalt verbinden." Die Vereinigung der Körper sei bei Jelinek von Übergriff und Mangel an Kommunikation gezeichnet, schrieb der „L'Osservatore". Das führe „niemals zu Zartheit, zu einer Würde der Seele, oder der Intentionen".

Im Juli 2005 kritisierte die Vatikan-Postille Italiens Zustimmung zur Förderung der Forschung an embryonalen Stammzellen durch die Europäische Union als „makabres Produkt eines falsch verstandenen Fortschrittsdenkens". Die italienische Regierung wolle die wissenschaftliche Entwicklung ihres Landes auf Kosten der Embryonen fördern, hieß es in einem Kommentar. Im September 2005 griff die Vatikanzeitung mitten im Wahlkampf den Spitzenkandidaten der Linksparteien, Romano Prodi, scharf an. Der Politiker hatte in einem Brief angedeutet, er wolle die Lebensgemeinschaften von gleichgeschlechtlichen Partnern aufwerten. Der „L'Osservatore" sah darin einen Versuch, die Lebenswirklichkeit der Familie zu relativieren und zu ideologisieren. „Ein nicht hinnehmbarer Vorstoß." Prodi zerre das Thema Familie in den Wahlkampf, und das, obwohl die italienische Verfassung Ehe und Familie ausdrücklich schütze. Da fische offenbar jemand „nach allen Stimmen, die er nur bekommen kann", vermutete die Zeitung des Vatikans.

In Italien bleiben solche Kommentare nicht ohne Wirkung. So befürchtete ein Linksdemokrat, wenn Romano Prodi so kurz vor den Wahlen den Zorn der Kirche auf sich ziehe, könnte das den sicher geglaubten Sieg für Italiens Linke gefährden. Tatsächlich ist der „L'Osservatore" eine klassische „Parteizeitung", von der mancher demokratische Volkstribun nur mehr träumen kann. Die Reden des Papstes werden kommentarlos abgedruckt, eine kritische Gegenrecherche ist nicht vorgesehen, die Kommentare geben zwar die subjektive Meinung des Autors wieder, sie orientieren sich aber stets an der offiziellen Linie. Dass der „L'Osservatore Romano" trotzdem breite Beachtung findet, ist auf jene Vatikanexperten der weltlichen Medien zurückzuführen, die aus Erfahrung zwischen den Zeilen des offiziösen Organs lesen können. Da wird genau registriert, welche Delegation der Papst empfangen hat oder wie weit ein Kommentar nicht nur inhaltlich, sondern auch in der fein dosierten Kraft der Formulierungen geht.

Gleichgeschaltet und doch informativ. Auf diesen Nenner lässt sich das Erscheinungsbild der vatikanischen Medien bringen. Den Rest erledigen ohnehin die römischen Zeitungen und Journale. Was nicht im „L'Osservatore" steht oder nicht in Radio Vatikan zu hören ist, davon wissen die „Vaticanisti" der weltlichen Medien ein fröhlich Lied zu singen. Zwar klagen seit dem

Amtsantritt des deutschen Papstes Benedikt XVI. die Vatikanexperten der italienischen Zeitungen über ein ungewohntes Maß
an Diskretion hinter den Mauern des Papstpalastes. Aber es wäre
nicht Italien, würden nicht dann und wann doch ein paar Bro-
samen abfallen, aus denen sich eine gute Story machen lässt – und
sei es nur der Versuch, den Vatikan durch gezielt ins Blatt
gerückte Vermutungen über angeblich bevorstehende Papstdo-
kumente oder Personalrochaden aus der Reserve zu locken.

13) Anschlag auf den Mann in Weiß
Das bis heute nicht restlos geklärte Attentat auf Johannes Paul II.

Rom, 13. Mai 1981, 17.17 Uhr: Auf dem Petersplatz gleitet Papst Johannes Paul II. in einem offenen, weißen Toyota-Jeep durch die Menge. Plötzlich, auf der Höhe des Bronzetores, fallen Schüsse, der polnische Pontifex sinkt zusammen, auch zwei Frauen werden verletzt. Rasch schirmen Sicherheitskräfte und Helfer den Papst ab, während der Täter zu flüchten versucht. Innerhalb von zehn Minuten wird Johannes Paul, dessen weißes Gewand sich rot färbt, in einem Ambulanzwagen in die Gemelli-Klinik eingeliefert, das modernste katholische Spital Roms.

Dort kämpft ab 17.58 Uhr ein Team von vier Chirurgen um das Leben des Papstes. Zwei Verletzungen sind relativ ungefährlich: Ein Streifschuss traf den rechten Unterarm, der Zeigefinger der linken Hand ist zertrümmert. Doch ein Geschoss ist in den Bauchraum eingedrungen, hat mehrere Dünndarmschlingen und einen Teil des Dickdarms zerfetzt und ist neben der Wirbelsäule am Rücken wieder ausgetreten. Der Papst hat drei Liter Blut verloren, sein Sekretär Stanisław Dziwisz hat ihn mit den Sterbesakramenten versehen.

Die Operation dauert fünfeinhalb Stunden, Nachoperationen bleiben dem Papst in der Folge nicht erspart. Dass eine Kugel nur um Millimeter lebenswichtige Organe verfehlt hat, grenzt an ein Wunder. 26 Tage liegt der Papst im Krankenhaus. Johannes Paul II. hat später in einem Satz ausgedrückt, dass er sein Überleben als Werk der Vorsehung sieht: „Eine Hand hat die Pistole gehalten, eine andere die Kugel gelenkt."

Die Hand an der Pistole gehört einem 23-jährigen Türken: Mehmet Ali Ağca. Nach den Schüssen versucht er zu entkommen, doch eine Ordensfrau kann ihn aufhalten, bis ihr Umstehende zu Hilfe kommen. Schließlich müssen ihn Polizisten vor Lynchjustiz durch die aufgebrachte Menge schützen. Ali Ağca ist kein unbeschriebenes Blatt: Am 1. Jänner 1979 hat der Angehörige der „Grauen Wölfe" den Chefredakteur der liberalen Tageszeitung „Milliyet", Abdi Ipekçi, erschossen, ist dafür zu lebenslanger Haft verurteilt worden, aber im November 1979 – offenbar mithilfe faschistischer Gesinnungsfreunde – aus dem Militärgefängnis Kartal Maltepe in Istanbul entkommen. Dorthin kehrte er übrigens im Juni 2000 zum Absitzen des Restes seiner in der Türkei erhaltenen Strafe wieder zurück, nachdem er aus italienischer Haft entlassen worden war.

Da Ağca in einem sofort nach seinem Ausbruch verfassten Schreiben gedroht hat, den Papst zu ermorden, liegt der Verdacht nahe: Ein fanatischer Moslem wollte den Repräsentanten der Christenheit – das ist der Papst für Nichtchristen, mögen das nichtkatholische Christen auch anders sehen – erschießen. Doch so einfach, wie es für manche auf den ersten Blick aussieht – oder aussehen sollte –, liegen die Dinge sicher nicht. Praktisch alles spricht dafür, dass Ali Ağca – mit dem höchstwahrscheinlich andere Attentäter auf dem Platz waren – nur ein Werkzeug war und selbst gar nicht alles über seine Hintermänner wusste. Über diese existieren nur Mutmaßungen. Keine der vielen Spekulationen über den Anschlag ließ sich lückenlos beweisen – auch nicht die landläufig bekannteste und wahrscheinlichste, das Attentat sei in Moskau geplant und vom bulgarischen Geheimdienst KDS organisiert worden.

Die genauen Hintergründe des 13. Mai 1981 wurden nie geklärt. Fest steht, dass Mehmet Ali Ağca, geboren 1958 in Malatya in Anatolien, mit einem am 12. August 1980 ausgestellten falschen Pass auf den Namen Faruk Özgün unterwegs war. Am 10. Mai 1981 traf er in Rom ein, von wo er ein langes Ferngespräch nach Hannover führte, mit dem Anschluss von Hassan Taskin, einem der führenden „Grauen Wölfe" in Deutschland. Ağca bewohnte in der Nacht auf den 13. Mai das Zimmer Nummer 31 in der kleinen römischen Pension „Isa" in der Via Cicerone 35, in der er sich bereits bei früheren Rom-Aufenthalten einquartiert hatte. Woher hatte dieser Mann das Geld – nach heutiger Währung rund 50.000 Euro –, um monatelang durch halb Europa zu reisen? Wie kam er zu seiner Waffe, einer halbautomatischen 9-mm-Browning-Pistole?

Die These, das Papst-Attentat sei vom bulgarischen Staatssicherheitsdienst organisiert worden, setzte die US-Journalistin Claire Sterling in Umlauf. Dem amerikanischen Ex-Außenminister Henry Kissinger schien es „ziemlich schlüssig", dass die Bulgaren im Auftrag des damaligen KGB-Chefs und späteren Generalsekretärs der KPdSU, Juri Andropow, agiert hatten. Auch der militärische Geheimdienst der Russen, GRU, wurde der Planung der Aktion verdächtigt. Andropow soll schon 1979 in Erwägung gezogen haben, sich dem Papst „physisch zu nähern". Ali Ağca selbst posaunte öffentlich aus: „Ich habe die Tat zusammen mit Antonoff verübt. Der Anschlag war vom KGB organisiert." Sowohl der Bulgare Sergej Antonoff, Vize-Chef im römischen Büro der „Balkan-Air", als auch andere der Mittäterschaft verdächtigte Personen wurden aber mangels an Beweisen freigesprochen. Das lag auch daran, dass Ali Ağca sich in Widersprüche verwickelte. Einmal erklärte er, die Tat mit drei Bulgaren, darunter zwei Botschaftsangehörigen, geplant zu haben, dann stellte er sich wieder als Einzeltäter ohne Komplizen hin. Der italienische Ermittlungsrichter Ferdinando Imposimato vermutete jedenfalls, dass das Attentat im „diabolischen Dreieck" zwischen Moskau, Sofia und Ost-Berlin geplant wurde.

Ein Faktum ist, dass Johannes Paul II. den Kreml-Herren und ihren Vasallen – spätestens nach seiner ersten Polenreise im Juni 1979, als ihm seine Landsleute einen triumphalen Empfang bereiteten – ein Dorn im Auge war. Nicht zu Unrecht, wie sich in den folgenden Jahren herausstellte, fürchteten sie, dieser Mann könnte entscheidend zu Veränderungen in den kommunistischen Staaten Osteuropas beitragen. Die italienische Wochenzeitung „Oggi" berichtete im März 2005 über eine Sitzung des Zentral-komitees der KPdSU vom 13. November 1979. Dabei sei es um einen sechs Punkte umfassenden Maßnahmenkatalog gegen die katholische Kirche und den Papst gegangen. Die von der Danzi-ger Leninwerft im katholischen Polen ausgehenden Streiks und Proteste ließen bei den Mächtigen im Sowjetimperium sicher die Alarmglocken läuten. In der SED-Führung in Ost-Berlin kursierte ein vertrauliches Papier vom 22. Juni 1980 „Über die Tätigkeit des Vatikans in der gegenwärtigen Etappe", das auf fünf Seiten eine „Feindbild-Beschreibung" und Ansätze zur „Bekämpfung" zum Inhalt hatte. Wie weit all das zu konkreten Attentatsplänen gegen den Papst führte, ist allerdings nicht bewiesen.

Ob Johannes Paul II. selbst mehr über die Hintermänner des Anschlags wusste oder ahnte? Er vergab dem Attentäter noch im Spital und traf später auch mit ihm zusammen. In den Lauf der Justiz mischte sich der Vatikan aber nicht ein. Ein italienisches Gericht verurteilte Ağca zu lebenslanger Haft. Als Italiens Staats-präsident Carlo Azeglio Ciampi im Versöhnungsjahr 2000 eine Begnadigung des Attentäters und dessen Überstellung in die Tür-kei anregte, gab es seitens des Vatikans keine Einwände.

Ağcas Aussagen blieben widersprüchlich und wirr. Er tischte ständig neue Versionen auf. 1985 verkündete er: „Das Papst-At-tentat ist an das dritte Geheimnis der Jungfrau von Fatima ge-knüpft. Ich bin die Reinkarnation von Jesus Christus. Ich kündige das Ende der Welt an."

Die vermeintliche Freilassung von Ağca am 12. Jänner 2006 in der Türkei gestaltete sich zu einem Medienevent. Im weißen Mercedes verließ er unter dem Beifall etlicher türkischer National-isten das Gefängnis. Man rätselte, ob er, mittlerweile 48 Jahre alt geworden, nun noch seinen Militärdienst ableisten müsste. Kurz darauf wurde er aber erneut inhaftiert. Seine Freilassung habe auf einem Rechenfehler beruht, seine Strafe sei erst 2010 abgesessen. Vermutungen, das Leben eines freien Ali Ağca sei in Gefahr – wie 1963 jenes des Kennedy-Attentäters Lee Harvey Oswald –, könnten zutreffen, falls sich seine Hintermänner (noch) von ihm bedroht fühlen – falls er selbst über diese überhaupt genau Bescheid weiß. Bis heute blieb der Hintergrund der Schüsse vom 13. Mai 1981 rätselhaft, was einer Vielzahl von Spekulationen Tür und Tor öffnete.

Valeska von Roques geht in ihrem 2001 erschienenen Buch „Verschwörung gegen den Papst", das alle Umstände des Attentates minutiös beschreibt, so weit, die Drahtzieher im Umfeld westlicher Geheimdienste beziehungsweise einer „vatikanischen Kamarilla" zu suchen. Sie beruft sich dabei auf ein ihr vorliegendes Memorandum des italienischen Geheimdienstes „Sismi". Demnach gehörten sowohl Ali Ağca als auch seine Komplizen von den „Grauen Wölfen", Abdullah Çatli und Oral Çelik, über die vor allem der französische Geheimdienst seine schützende Hand hielt, „einer geheimen Untergrundstruktur an, die es in vielen westlichen Ländern gab". Für von Roques stand „ein diabolischer Plan" hinter dem Attentat: „Mit diesem Anschlag auf den Papst, der als Teil der Planung den Bulgaren und dem KGB untergeschoben werden sollte, war beabsichtigt gewesen, die Sowjetunion als das ‚Reich des Bösen' aus dem Kreis der zivilisierten Staaten zu verbannen, die sich anbahnende Entspannung zu boykottieren und die labile Situation in Polen zu destabilisieren, wenn möglich bis hin zu einer Intervention der Sowjets."

Die Autorin nennt noch eine Reihe von Personen, die mit dem Attentat zu tun hatten, darunter den türkischen Waffen- und Drogenhändler Bekir Celenk sowie den österreichischen Waffenhändler Horst Grillmayer, der die Tatwaffen besorgt haben soll. Doch sie ist sich sicher: „Der Ursprung des Komplotts liegt in den USA, wenn auch nicht bei der CIA." Angeblich hätten gleichzeitig mit Ali Ağca amerikanische Scharfschützen auf den Papst schießen sollen, doch sei dieser Plan fallen gelassen worden. Auch die

„höchsten Sphären des Vatikans" – von Roques nennt hier den Namen des späteren Kardinals Achille Silvestrini – seien, obwohl auch sie nicht alles wussten, „niemals im Dunkeln darüber gelassen worden, was geschehen sollte". Grund einer möglichen vatikanischen Unterstützung des Anschlags: „Die Kurienfraktion wollte ein Zeichen setzen und vor der Erhebung des Opus Dei zur Personalprälatur warnen, die gleichwohl geschah." Karol Wojtyła sei nach dem fast tödlichen Anschlag „ein Gefangener der Kurie" gewesen.

Die Spekulationen von Valeska von Roques sind gewagt, aber zum Teil nicht völlig abwegig. Im Laufe der Geschichte sind jedenfalls etliche Päpste ohne direktes Zutun staatlicher Geheimdienste eines unnatürlichen Todes gestorben, noch im 20. Jahrhundert sorgten das plötzliche Ableben von Pius XI. (1939) und vor allem jenes von Johannes Paul I. (1978) für bis heute anhaltende Gerüchte (siehe Kapitel 14). Mysteriöse Kriminalfälle, die auch oft mit dem Papst-Attentat in Verbindung gebracht wurden, blieben dem Vatikan in den letzten Jahrzehnten nicht fremd: Dazu zählen vor allem der Mord am Bankier Roberto Calvi (siehe Kapitel 16), das Verschwinden der Mädchen Emanuela Orlandi und Mirella Gregori (Kapitel 17) oder der Mord am Kommandanten der Schweizergarde, Alois Estermann (Kapitel 18).

Für Johannes Paul II. war es kein Zufall, dass er an einem 13. Mai – 1917 soll an diesem Tag Maria im portugiesischen Ort Fatima erstmals drei Hirtenkindern erschienen sein – mit dem Leben davonkam. Für den Papst gab es keinen Zweifel, dass es die Hand der Muttergottes war, welche die Kugel haarscharf an den lebenswichtigen Organen vorbeigelenkt hat: „Eine mütterliche Hand hat die Flugbahn der Kugel geleitet." Genau ein Jahr später, am 13. Mai 1982, als der polnische Pontifex im portugiesischen Wallfahrtsort Fatima der Madonna für seine Rettung dankte, entging er einem zweiten Attentat, diesmal mit einem Dolch, den Juan Fernández Krohn (auch Khron geschrieben) führte. Der

Täter war diesmal ein Priester aus dem Umfeld des später ein Schisma auslösenden traditionalistisch-katholischen Erzbischofs Marcel Lefèbvre und mutmaßlich nicht von einem östlichen Geheimdienst gedungen.

Karol Wojtyła, der eine der Attentatskugeln in die Krone der Marienstatue von Fatima einsetzen ließ, wurde durch seine Rettung ein noch intensiverer Marienverehrer. Schon viel früher hatte er sich mit dem Wahlspruch „Totus tuus" (Ganz dein) völlig der Gottesmutter anvertraut. Für ihn bestand auch eine direkte Verbindung des Attentats mit jenen Privatoffenbarungen – das sind außerbiblische religiöse Erfahrungen, von denen Katholiken überzeugt sein dürfen, aber nicht müssen –, die von Mai bis Oktober 1917, jeweils am 13. jedes Monats, den Hirtenkindern von Fatima zuteil wurden.

Maria soll den Kindern in Fatima – zwei von ihnen starben bereits in jungen Jahren, das älteste Kind, Lucia dos Santos, wurde Ordensfrau – drei „Geheimnisse" mitgeteilt haben. Lucia, die erst 2005 im Alter von 97 Jahren starb, schrieb die Geheimnisse 1941 nieder, ein Jahr später veröffentlichte Papst Pius XII. zwei davon. Sie kündigten den Ausbruch des Zweiten Weltkriegs und die Bekehrung Russlands an. Über den Inhalt des dritten, am 13. Juli 1917 offenbarten Geheimnisses wurde viel spekuliert, zumal nach der Meldung, Papst Johannes XXIII. habe es gelesen und danach schockiert gewirkt. Jedenfalls blieb es auf Geheiß der Päpste im Vatikan unter Verschluss, auch noch, als einzelne kirchliche Kreise einen angeblichen – ein Strafgericht Gottes androhenden – Text davon verbreiteten.

Der erst am 26. Juli 2000 von Kardinal Joseph Ratzinger, dem heutigen Papst Benedikt XVI., offiziell präsentierte Wortlaut wurde dann sofort als Hinweis auf das Papstattentat von 1981 – man könnte aber auch das gewaltsame Ende der gesamten katholischen Hierarchie oder den Weltuntergang herauslesen – gedeutet. Er lautete inklusive zweier durch Anführungszeichen gekennzeichneter Kommentare Lucias:

„Nach den zwei Teilen, die ich schon dargestellt habe, haben wir links von Unserer Lieben Frau etwas oberhalb einen Engel gesehen, der ein Feuerschwert in der linken Hand hielt; es sprühte Funken, und Flammen gingen von ihm aus, als sollten sie die Welt anzünden – doch die Flammen verlöschten, als sie mit dem Glanz in Berührung kamen, den Unsere Liebe Frau von ihrer rechten Hand auf ihn ausströmte: den Engel, der mit der rechten Hand auf die Erde zeigte und mit lauter Stimme rief: Buße, Buße, Buße! Und wir sahen in einem ungeheuren Licht, das Gott ist: ,etwas, das aussieht wie Personen in einem Spiegel, wenn sie davor vorübergehen', einen in Weiß gekleideten Bischof, ,wir hatten die Ahnung, dass es der Heilige Vater war', verschiedene andere Bischöfe, Priester, Ordensmänner und Ordensfrauen einen steilen Berg hinaufsteigen, auf dessen Gipfel sich ein großes Kreuz befand aus rohen Stämmen wie aus Korkeiche mit Rinde. Bevor er dort ankam, ging der Heilige Vater durch eine große Stadt, die halb zerstört war, und halb zitternd mit wankendem Schritt, von Schmerz und Sorge gedrückt, betete er für die Seelen der Leichen, denen er auf seinem Weg begegnete. Am Berg angekommen, kniete er zu Füßen des großen Kreuzes nieder. Da wurde er von einer Gruppe von Soldaten getötet, die mit Feuerwaffen und Pfeilen auf ihn schossen. Genauso starben nach und nach die Bischöfe, Priester, Ordensleute und verschiedene weltliche Personen, Männer und Frauen unterschiedlicher Klassen und Positionen. Unter den beiden Armen des Kreuzes waren zwei Engel, ein jeder hatte eine Gießkanne aus Kristall in der Hand. Darin sammelten sie das Blut der Märtyrer auf und tränkten damit die Seelen, die sich Gott näherten."

In den vatikanischen Gärten steht zur Erinnerung an das Attentat eine vom amerikanischen Künstler Frederick Shradi geschaffene Bronzestatue. Sie stellt die Madonna von Fatima dar. Auf dem Marmorsockel ist nur ein Datum eingraviert: 13. Mai 1981.

Wie weit das Attentat den Papst aus Polen verändert hat, ist fraglich. Vermutlich hat es mit seinen Nachwirkungen den 1981 noch sehr jugendlich wirkenden Pontifex schneller körperlich abbauen lassen. Etliche Beobachter meinen, er habe danach nicht mehr ganz das Vertrauen und die Offenheit seiner ersten Phase ausgestrahlt und sich stärker auf seine engsten polnischen Vertrauten gestützt, nicht unverständlich, wenn Johannes Paul II. selbst Hintermänner des Anschlags im Vatikan vermutete. Ob sein weiterer Kirchenkurs anders verlaufen wäre, bleibt im Dunkeln – so wie bisher die ganze Wahrheit über Ali Ağcas Attentat.

14) Die Yallop-Attacke
Sterben Päpste immer eines natürlichen Todes?

„In jener Nacht, als Papst Johannes Paul I. ermordet wurde, kamen zwei Männer zu ihm ins Schlafzimmer. Der erste hatte die Todesspritze, der andere musste Wache stehen. Der Heilige Vater aber wachte auf und merkte sofort, dass man ihn töten wollte. Er sah auch den zweiten Mann. Er konnte und wollte sich nicht wehren, sondern nahm das Sterben freiwillig und in Liebe hin. Alles ging sehr rasch."

Diese von der Schweizer Visionärin Erika Holzach stammenden Zeilen sind weithin unbekannt – während David Yallops Buch „Im Namen Gottes", das ausführlich die These von einer Ermordung Johannes Pauls I. verfocht, zu einem heiß diskutierten Bestseller wurde. Die einen stellten – aus Überzeugung oder weil nicht sein kann, was nicht sein darf – jeden Gedanken an einen Papstmord als völlig abwegig dar. Auf der anderen Seite passte jenen, die auch im Vatikan jede Menge krimineller Machenschaften witterten, ein Giftmord am Papst, der mutmaßlich einigen Bösewichten auf die Schliche gekommen war, perfekt ins Weltbild. Es zeigte sich aber auch deutlich, dass nicht nur notorische Kirchenkritiker, sondern auch loyale Katholiken bis in höchste Kirchenkreise ihre Zweifel an einem natürlichen Ableben von Johannes Paul I., dem vormaligen venezianischen Patriarchen Albino Luciani, hatten.

Zu den Visionen von Erika Holzach, die Yallops Buch gar nicht kannte, kann man stehen, wie man will, höchst bemerkenswert ist aber die Person, die eine Auswahl von Holzachs Texten veröffentlichte und – trotz vielen anderen Materials – die Passage über den Papstmord in diese Sammlung aufnahm: der Schweizer Theologe Hans Urs von Balthasar. Er starb, zum Kardinal ernannt, im Juni 1988, knapp bevor ihm Papst Johannes Paul II. die Insignien seiner neuen Würde überreichen konnte. Unter dem Titel „Du weißt nicht, wie sehr ich dich liebe" sind die von Hans Urs von Balthasar ausgewählten Texte aus den Tagebüchern von Erika Holzach in Buchform erschienen.

Laut von Balthasar ist der ermordete Papst der Seherin sogar mehrmals erschienen. Von Holzach ist über den Tod des Luciani-Papstes noch überliefert: „Wenn ich mich nicht täusche, wurde später der zweite Mann, der Wache stand, als Mitwisser vom ersten getötet. Das ist alles. Ich war so sehr ergriffen; dann schenkte mir Jesus großen Frieden. Es wurde mir gesagt, das, was ich über das Sterben Johannes Pauls I. erkannt hätte, sei kein Ende gewesen, sondern ein Anfang. Auf einmal war mein Geist in vertrautem, lebendigem Kontakt mit dem verstorbenen Papst. Er zeigte mir, dass ihm daran liege, dass der jetzige Heilige Vater von seinem Sterben erfahre."

Johannes Paul II. kannte offenbar Holzachs Visionen und hatte kein Problem damit, deren Herausgeber, Hans Urs von Balthasar, zum Kardinal zu erheben und als herausragenden Mann der Theologie und der Geisteswissenschaften zu bezeichnen.

Es war eine Überraschung gewesen, als im August-Konklave 1978 der Patriarch von Venedig, Albino Luciani, zum Papst gewählt worden war und als erster Pontifex einen Doppelnamen angenommen und gleich die Ordnungszahl „der Erste" hinzugefügt hatte. Mit seinem gewinnenden Lächeln hatte Johannes Paul I. sofort die Sympathien vieler Menschen erobert. Man war bestürzt, als nach nur 33-tägigem Pontifikat sein Tod gemeldet wurde.

Um ein unnatürliches Ende dieses Papstes in Betracht zu ziehen, bedarf es nicht der Visionen Erika Holzachs oder der von David Yallop zusammengetragenen Indizien. Wenn drei Jahre später ein Papst mit einer Schusswaffe ins Jenseits befördert werden sollte, warum soll nicht 1978 jemand mit einem Mordmotiv zu Gift gegriffen haben, einem Mittel, von dem in der Papstgeschichte nachweislich schon einige Male Gebrauch gemacht worden ist.

Abgesehen davon, dass viele der ersten Bischöfe Roms als Märtyrer starben, fanden auch danach etliche Päpste sicher oder mit großer Wahrscheinlichkeit ein gewaltsames Ende. Nicht durch Mord, doch an den Folgen der vom Ostgotenkönig Theoderich über ihn verhängten Kerkerhaft starb 526 Papst Johannes I. Auffallend vielen Päpsten war im frühen Mittelalter nur ein sehr kurzes Pontifikat beschieden, was den Verdacht nährt, man habe entweder schon sehr gebrechliche Männer zum Papst gewählt oder es sei mitunter dem raschen Ende einer Amtszeit kräftig nachgeholfen worden. So schreibt der Südtiroler Kirchenhistoriker Josef Gelmi in seinem Standardwerk „Die Päpste in Lebensbildern" über den Tod von Johannes VIII. im Jahr 882: „Nach dem Bericht der Fuldaer Annalen wurde Johannes zunächst ein Gifttrank gereicht. Da dieser aber nicht schnell genug wirkte, hat man ihm mit einem Hammer den Schädel zerschmettert. Mit diesem ersten Papstmord im frühen Mittelalter wurde eine der dunkelsten Epochen der Papstgeschichte eingeleitet."

Zu dieser Epoche gehörte auch die makabre „Leichensynode" von 896, die Papst Stephan VI. gegen seinen Vorvorgänger Formosus veranstaltete. Da stellte man einen halb verwesten Leichnam vor Gericht, verurteilte ihn wegen unterschiedlicher Verbrechen und warf ihn verstümmelt in den Tiber. Stephan löste damit einen Volksaufstand aus, der 897 damit endete, dass er abgesetzt und im Gefängnis erdrosselt wurde. Leo V. wurde 903 ein Mordopfer seines skrupellosen Nachfolgers Sergius III., aus dessen Verhältnis mit der in der Folge immer mächtiger werdenden Senatorentochter Marozia ein späterer Papst, Johannes XI. (931–935), hervorging. Marozia ließ Papst Johannes X. (914–928) einkerkern und erdrosseln. Auch Johannes XI. starb im Gefängnis, in das ihn sein Halbbruder Alberich, damals der wahre Machthaber Roms, gesteckt hatte. Ein zwar natürliches, aber unrühmliches Ende nahm 964 Johannes XII.: Er starb bei einem nächtlichen Liebesabenteuer an Herzversagen.

Benedikt VI. (973–974) wurde auf Anweisung des Römers Franco, später selbst Papst als Bonifaz VII. (984–985), in der Engelsburg erdrosselt. Auch Johannes XIV. (983–984) fand auf Betreiben von Bonifaz VII. in der Engelsburg den Tod durch Gift oder Verhungern. Bonifaz VII. war, so Josef Gelmi, „ein regelrechter Verbrecher", wurde aber bereits nach einem Jahr gestürzt und getötet: „Sein Leichnam wurde durch die Gassen Roms geschleift und vor die Reiterstatue des Marc Aurel geworfen."

Der aus Sachsen stammende Clemens II. starb im Oktober 1047 in einem Kloster bei Pesaro und wurde später im Bamberger Dom beigesetzt. Darauf, dass er von seinem abgesetzten Vorgänger Benedikt IX. vergiftet wurde, deutete schon ein zeitgenössischer Bericht hin. In den 1942 untersuchten Knochen von Clemens fand sich ein so hoher Bleigehalt, dass ein Giftmord als ziemlich sicher gilt. Papst Lucius II. fand 1145 in Kämpfen um das Kapitol durch einen Steinwurf einen gewaltsamen Tod. Selbst als mehrfacher Mörder galt der mutmaßlich geistesgestörte Papst Urban VI. (1378–1389).

Über das Ende des berüchtigten Borgia-Papstes Alexander VI. im August 1503 schrieb der Journalist Guido Knopp: „Sein vergifteter Leichnam war so angeschwollen, dass die Bestatter auf seinen Bauch springen mussten, um den Sargdeckel zu schließen." Auf den Medici-Papst Leo X. wurde 1517 ein Anschlag verübt, der mit der strengen Bestrafung der Verschwörer – sogar mit der Hinrichtung von Kardinälen – endete. Gewissen Verdacht löst auch der Umstand aus, dass die Römer jenem Arzt, der den ungeliebten „Ausländer" Hadrian VI. vor dessen Tod im Jahr 1523 behandelte, als „Befreier des Vaterlandes" zujubelten.

Der amerikanische Jesuit Thomas J. Reese hat im Zusammenhang mit der Frage, ob die moderne Kirche nicht Mechanismen haben müsste, um einen offensichtlich senilen oder amtsunfähigen Papst abzusetzen, gemeint, früher habe man für dieses Problem im Vatikan zwei Lösungen gekannt: „In der guten alten Zeit hätte ihn sein Stab in seine Gemächer eingesperrt und die Kirche bis zu seinem Tod weitergeführt. In der schlechten alten Zeit hätte ihn einfach jemand vergiftet. Heute wäre angesichts der Wachsamkeit der Medien wohl beides nur schwer zu bewerkstelligen."

Noch im 20. Jahrhundert gab das Hinscheiden von zwei Päpsten Rätsel auf. Neben dem ominösen Sterben von Johannes Paul I. fragte man sich, ob Pius XI. (Achille Ratti) im Jahr 1939 nicht durch eine Injektion ins Jenseits befördert wurde, die ihm wenige Stunden vor seinem Tod in Vertretung seines Leibarztes ein gewisser Dr. Francesco Petacci, der Vater der Geliebten des italienischen „Duce", Benito Mussolini, verabreicht hatte. Sicher, Pius XI. war 81 Jahre alt, hatte ein schwaches Herz und litt an Diabetes, trotzdem fanden es einige auffallend, wie schnell sich sein Zustand im Februar 1939 verschlechterte, sodass er zwei wichtige Texte nicht mehr veröffentlichen konnte. Sein Nachfolger, Pius XII., nahm sich weder dieser Texte noch des Anliegens, das sie verfolgten, öffentlich an und erntete dafür von der Nachwelt viel Kritik.

Pius XI. hatte sich schon in seiner Enzyklika „Mit brennender Sorge" kritisch mit der politischen Lage befasst, am 22. Juni 1938 beauftragte er den Jesuiten John LaFarge mit dem Entwurf einer neuen Enzyklika. Der polyglotte LaFarge, ein Amerikaner französischer Abstammung, Verfasser des Buches „Interracial Justice" (1937), sollte aufzeigen, wie „Die Einheit des Menschengeschlechtes" – so der Titel des Schreibens – durch rassistische und antisemitische Theorien bedroht werde. Erst 1972 brachte die amerikanische Zeitschrift „National Catholic Reporter" Details über die Geschichte dieses Enzyklika-Entwurfs an die Öffentlichkeit.

Wie Georges Passelecq und Bernard Suchecky in dem Buch „Die unterschlagene Enzyklika" darlegten, lieferte LaFarge, unterstützt von anderen Jesuiten, dem Franzosen Gustave Desbuquois, dem Deutschen Gustav Gundlach und dem Übersetzer Heinrich Bacht, schon nach drei Monaten, Ende September 1938, einen Entwurf nach Rom. Es gab davon drei Fassungen (französisch, englisch, deutsch), von denen zumindest eine den Titel „Humani generis unitas" (Die Einheit des Menschengeschlechts) trug.

In Rom gab der Ordensgeneral der Jesuiten, der Pole Wladimir Ledóchowski, diese Texte aber monatelang nicht weiter, was wahrscheinlich ein bewusstes Hinauszögern war. Erst als Pius XI. im Jänner 1939, drei Wochen vor seinem Tod, persönlich urgierte, erhielt er, mutmaßlich am 21. Jänner, den Entwurf ausgehändigt. Doch der Papst konnte das Lehrschreiben nicht mehr vollenden. Er starb in der Nacht vom 9. auf den 10. Februar nach der besagten Injektion. Auf seinem Schreibtisch lagen, wie Kardinal Eugène Tisserant später berichtete, zwei Papiere, die sehr schnell verschwanden: der Entwurf zur Enzyklika und eine unvollendete Rede, die Pius XI. am 11. Februar vor den italienischen Bischöfen zum zehnten Jahrestag des Abschlusses des Lateranvertrages halten wollte. Es galt als offenes Geheimnis, dass der Papst in seiner Rede einen heftigen Protest gegen die Verletzung des Konkordats durch die Rassengesetze plante und dass Mussolini schon Mitte Dezember auf den „baldigen Tod des Papstes" hoffte. Und was geschah, wie Passelecq und Suchecky ausführen, als Pius XI. tot war? „Die unvollendete Rede und die noch unveröffentlichte Enzyklika wanderten in das Vatikanarchiv. Erst Johannes XXIII. lüftete am 6. Februar 1959 in einem Brief an die italienischen Bischöfe ein wenig den Schleier und zitierte mehrere Ausschnitte aus der Rede."

Jim Castelli, der sich in einer Artikelserie im „National Catholic Reporter" (Dezember 1972 bis Jänner 1973) mit dem Enzyklikaentwurf befasste, meinte, dessen Veröffentlichung „unmittelbar nach seiner Ausarbeitung hätte Hunderttausende, ja sogar Millionen von Menschenleben retten können". Und der

Rassismus in den Vereinigten Staaten wäre „höchstwahrscheinlich ein Phänomen von wesentlich geringerer Bedeutung, wenn zu einem früheren Zeitpunkt eine deutliche Erklärung gegen den Rassismus veröffentlicht worden wäre". Letztlich belastet die Affäre um die unterschlagene Enzyklika den Nachfolger: Papst Pius XII. war anscheinend nicht gewillt, die klare Linie seines Vorgängers öffentlich weiterzuführen, dass Christentum mit Rassismus und Antisemitismus absolut unvereinbar sei. Was letztlich den Tod von Pius XI. herbeiführte, dürfte eine offene Frage bleiben, nicht aber, wem dieser Tod angesichts der gerade vorbereiteten päpstlichen Texte sehr gelegen kam.

Während dieser Todesfall aber keine öffentliche Diskussion auslöste, war das 1978 bei Johannes Paul I. anders. Gründe gab es dafür genug: Ein Hinscheiden nach nur 33-tägiger Amtszeit durch einen nächtlichen Herzinfarkt wirkt seltsam. Bald stellten sich auch erste Angaben des Vatikans über die Umstände des Todes als nachweislich falsch heraus. Und letztlich schienen viele im Vatikan über das schnelle Ende dieses Pontifikates nicht unglücklich zu sein.

Nicht sein Sekretär, wie man zunächst behauptete, sondern die ihn betreuende Ordensschwester Vincenza Taffarel fand den toten Papst am Morgen des 28. September. Man wollte zunächst offenbar nicht zugeben, dass eine Frau Zutritt zum päpstlichen Schlafgemach hatte. Sie berichtete, der Papst habe seine Brille aufgehabt und Papiere in der Hand gehalten, Papiere, die dann urplötzlich verschwanden. Dass Johannes Paul I. gerade die „Nachfolge Christi" des deutschen Mystikers Thomas von Kempen gelesen habe, stellte sich jedenfalls als fromme Lüge heraus. Meldungen, der Tod sei bereits am Abend davor gegen 23.00 Uhr eingetreten, widersprachen Aussagen der rasch herbeigerufenen Bestatter, der Körper sei am Morgen „noch warm" gewesen. Dass das Kardinalskollegium keine Autopsie durchführen ließ, entsprach zwar der Tradition, verstärkte aber unter diesen Umständen bereits bestehenden Argwohn. Thomas J. Reese meinte dazu in seinem Werk „Im Inneren des Vatikan" mit Recht, es sei „ein schwerwiegendes Versäumnis der Interregnumsregeln, keine von unabhängigen Pathologen durchgeführte Autopsie durchzuführen".

Auch viele, die sich nicht vorstellen konnten, wer ein Motiv haben konnte, dem lächelnden Papst nach dem Leben zu trachten, wurden in der Folge argwöhnisch, als ein Skandal um die Vatikanbank IOR ruchbar wurde. Der Wiener Geldjongleur Leopold Ledl, selbst in eine derartige Affäre verwickelt, schloss sich der Mordtheorie an: Das IOR habe sich zuvor auf dubiose Art Lucianis venezianische Hausbank Banca Cattolica del Veneto unter den Nagel gerissen. Als Papst habe Luciani der Sache nachgehen wollen, und das sei für ihn tödlich gewesen. Johannes Paul I. soll auch schockiert gewesen sein, als er auf einer Mitte September 1978 veröffentlichten Liste prominenter Freimaurer die Namen mehrerer Personen aus seiner engsten Umgebung, darunter mächtiger Kardinäle, lesen musste. Für David Yallop hatten etliche Personen, die vom Papst Sanktionen oder Eingriffe in ihre Machenschaften befürchten mussten, handfeste Motive, um ihn aus dem Weg zu räumen oder räumen zu lassen: die Geschäftsleute Michele Sidona und Roberto Calvi, die Logenbrüder Licio Gelli und Umberto Ortolani, der Chicagoer Kardinal John Patrick Cody, Vatikanbank-Chef Paul Marcinkus und sogar Kardinalstaatssekretär Jean Villot. Yallops Hauptverdächtiger ist der Chef der Geheimloge „Propaganda due", Licio Gelli.

In einem Interview mit der Schweizer „SonntagsZeitung" antwortete David Yallop zwanzig Jahre später auf die Frage, ob er neue Erkenntnisse über den Tod von Johannes Paul I. gewonnen habe: „Ja, ich habe verschiedene weitere Beweise für den Mord gefunden. Ich habe keine Zweifel, dass Albino Luciani ermordet wurde. Die Vertuschungsversuche des Vatikans wurden inzwischen bestätigt. Und ich bin felsenfest überzeugt, dass Licio Gelli, der noch immer lebt, der führende Kopf hinter der Verschwörung zur Ermordung des Papstes war. Doch es wird wohl nochmals hundert Jahre dauern, bis der Vatikan erklären wird: ‚Der Papst wurde tatsächlich ermordet, und die Geheimloge P2 war dafür verantwortlich.'"

Yallops Hypothesen trat am glaubwürdigsten John Cornwell entgegen, der in einem vom Vatikan in Auftrag gegebenen, aber für die Kirchenzentrale keineswegs schmeichelhaften Werk („Wie ein Dieb in der Nacht") die Überzeugung vertrat, Albino Luciani sei ein kränklicher Mensch und den Strapazen des Amtes nicht gewachsen gewesen. Im Vatikan hätten ihm viele nur das Format eines Landpfarrers zugebilligt.

„Plötzlichen Tod durch einen akuten Herzinfarkt" am 28. September 1978 um 23.00 Uhr vermerkte jedenfalls der „Totenschein", den ein vatikanischer Prälat der Publizistin Valeska von Roques zeigte. Dieses Papier, vom päpstlichen Leibarzt Renato Buzzonetti angeblich auf Druck des Staatssekretariates auf seiner eigenen Schreibmaschine geschrieben und unterfertigt, sei, so dieser Prälat, gar nicht als gültiges Dokument anzusehen. Denn der für die Ausstellung eines amtlichen Totenscheins zuständige Professor Fontana, der damalige Chef des vatikanischen Sanitätsdienstes, habe sein Mitwirken verweigert – „und zwar so lauthals, dass es von der dritten Loggia in die zweite hallte".

Dass die zuständigen Kardinäle keine Autopsie wollten, begründete der österreichische Pathologe Hans Bankl, Autor des Buches „Viele Wege führen in die Ewigkeit", so: „Eine Obduktion hätte nur eines von zwei möglichen Ergebnissen haben können: entweder Tod aus natürlicher Ursache bei einem vorher schon kranken Menschen. Wie konnte ihn aber dann das Konklave gewählt haben? Es wäre das Eingeständnis, man hätte sich geirrt! Das andere Ergebnis, ein gewaltsamer Tod, wäre noch schlimmer gewesen!" Bankl hält nach Studium der Krankheitsgeschichte Lucianis ein aus den Beinvenen in die Lungenschlagader verschlepptes Blutgerinnsel (Lungeninfarkt) oder einen Herzanfall, genauer gesagt einen Myokardinfarkt, für die wahrscheinlichste Todesursache.

Ob Johannes Paul I. tatsächlich ermordet wurde, bleibt eine offene Frage. Sicher ist, dass es kriminelle Machenschaften im Umfeld des Vatikans gab. Und dass einige skrupellose Leute ein Motiv und auch die Möglichkeit gehabt hätten, den Papst zu töten, geht nicht nur aus Yallops Buch, sondern auch aus anderen Recherchen deutlich hervor.

Vielleicht wurde Johannes Paul I. wirklich nicht physisch vergiftet, aber zumindest so behandelt, dass er seine Medikamente unregelmäßig nahm und an der Situation im Vatikan verzweifelte. Ein Satz dieses Papstes aus seiner kurzen Amtszeit, den auch der Yallops Mordthese heftig bekämpfende Autor Victor J. Willi („Im Namen des Teufels?") zitiert, spricht Bände: „Zwei Dinge sind im Vatikan sehr schwer zu bekommen: Aufrichtigkeit und eine Schale guter Kaffee." Eines kann man wohl mit Recht annehmen: Albino Luciani hätte länger gelebt, wäre er nicht zum Papst gewählt worden.

15) Mysterium Konklave
Papstwahlen und ihre geschriebenen und ungeschriebenen Spielregeln

„Annuntio vobis gaudium magnum: Habemus papam!" (Ich verkünde euch eine große Freude: Wir haben einen Papst!) Selten ist die ganze katholische Welt gleichzeitig so darauf fixiert, was in Rom geschieht, wie zu dem Zeitpunkt, zu dem der oberste Kardinaldiakon von der Mittelloggia des Petersdoms diese Worte an die Öffentlichkeit richtet. Eine knappe Stunde zuvor hat der berühmte weiße Rauch aus dem Schornstein der Sixtinischen Kapelle das erfolgreiche Ende einer Papstwahl verkündet. In der Zwischenzeit hat der neue Pontifex das päpstliche Gewand angelegt, in dem er nun – unzählige Kameras auf sich gerichtet – die Loggia betritt und nach einigen persönlichen Worten seinen ersten päpstlichen Segen spendet.

Im ersten Jahrtausend wurden die Bischöfe von Rom wie andere Bischöfe zunächst von Klerus und Volk und dann nur noch von Klerikern gewählt. Im 11. Jahrhundert räumte man das Recht zur Papstwahl nur noch den höchsten römischen Klerikern ein, den Kardinalbischöfen (sie hatten die „suburbikaren" Bischofssitze rund um Rom inne). Im folgenden Jahrhundert erkämpften sich auch die anderen Kardinäle das Wahlrecht. Vom lateinischen „cum clave" (mit dem Schlüssel) leitet sich die Bezeichnung Konklave für den Wahlvorgang ab: Man sperrte die Kardinäle gemeinsam ein, um sie zu einer raschen Entscheidung zu veranlassen. Offiziell eingeführt wurde das Konklave 1274 von Gregor X. nach der fast drei Jahre dauernden Papstwahl von Viterbo, bei der man den Eminenzen das Dach abgetragen und sie auf Hungerration gesetzt hatte.

In der Konstitution „Universi dominici gregis" hat Johannes Paul II. im Februar 1996 die traditionellen Regeln einer Papstwahl zusammengefasst und einige neue Bestimmungen hinzugefügt. Fünfzehn Tage nach dem Tod eines Papstes, spätestens aber am zwanzigsten Tag, muss das Kardinalskollegium mit der Neuwahl des Stellvertreters Christi beginnen. Nicht ins Konklave ziehen jene Kardinäle, die vor dem Todestag des Papstes das 80. Lebensjahr überschritten haben. Die Höchstzahl der Elektoren, der wahlberechtigten Kardinäle, soll nicht mehr als 120 betragen. Diese Grenze hat Johannes Paul II. zwar mit seinen Kardinalserhebungen sowohl 1998 als auch 2001 und 2003 überschritten, doch Todesfälle und Überschreitungen der Altersgrenze führten dazu, dass beim Konklave, das im April 2005 seinen Nachfolger wählte, das Limit doch eingehalten werden konnte. 117 Kardinäle waren wahlberechtigt, von denen zwei aus gesundheitlichen Gründen nicht nach Rom kamen.

Nur ein ganz kleiner Personenkreis darf außer den Wahlkardinälen ins Konklave: der Sekretär des Kardinalskollegiums, der als Sekretär der Wahlversammlung fungiert; der Päpstliche Zeremonienmeister mit zwei Zeremoniären und zwei Ordensleuten der Päpstlichen Sakristei; ein vom Kardinaldekan oder dessen Vertreter als Assistent ausgewählter Kleriker. Dazu kommen einige Ordenspriester verschiedener Sprachen für die Beichte, zwei Ärzte für eventuelle Notfälle und eine entsprechende Anzahl an Personen, die für den Tischdienst und für die Sauberhaltung zur Verfügung stehen. Alle diese Personen müssen sich mit einem Eid zur Geheimhaltung verpflichten, beim echten Wahlakt in der Sixtinischen Kapelle dürfen sie nicht anwesend sein.

Konklave bedeutet: Alle Arten von Kontakt mit außen stehenden Personen – Briefe, Zeitungen, Radio, Fernsehen – sind abgebrochen, die Telefonleitungen lahmgelegt, Mobiltelefone streng verboten. Fenster und Türen werden versiegelt, Vorhänge zugezogen, um alle Möglichkeiten von Signalen auszuschalten. Nichts soll nach draußen und nichts nach drinnen dringen, schon gar nicht dürfen irgendwelche Aufnahmen angefertigt werden. Vertrauenswürdige Techniker sind damit beauftragt, die Sixtinische Kapelle minutiös auf womöglich versteckte Abhör- oder Aufnahmegeräte abzusuchen.

Seit der Konstitution von 1996 müssen die Kardinäle nicht mehr in engen Zellen im Apostolischen Palast wohnen. Das war noch 1978 mit sehr menschlichen Strapazen verbunden, berichtete damals Kardinal Silvio Oddi: „Die Kardinäle sind fast alle Herrschaften in einem gewissen Alter, mit Prostataproblemen, müde, und es gibt nur ein Klo für zehn Personen. Ich schlief nahe der Toilette, aber ich sah auch arme Alte nächtens den sechzig Meter langen Gang entlang zum WC eilen, nur um es besetzt zu finden. Eine Qual, eine Erniedrigung!" Jetzt dürfen die Eminenzen im Hospiz Santa Marta jenseits des Petersdomes logieren. Weil dadurch die Wege zwischen Quartier und Wahlort länger wurden, musste der Konklavebereich erweitert und ein gewisses Risiko von Kontakten mit der Außenwelt eingegangen werden.

Der Tag des Konklaves beginnt mit einer vormittägigen Eucharistiefeier, der Votivmesse „Pro eligendo Papa", im Petersdom. Am Nachmittag sollen sich die wahlberechtigten Kardinäle in der Paulinischen Kapelle des Apostolischen Palastes sammeln – da diese im April 2005 renoviert wurde, diente damals die Benediktionsaula als Treffpunkt. Die Eminenzen schreiten dann in Chorkleidung, mit Gesang des „Veni Creator Spiritus" den Beistand des Heiligen Geistes erflehend, in feierlicher Prozession zur Sixtinischen Kapelle. Jeder muss, mit der Hand auf dem Evangelium, den Eid ablegen, alle Vorschriften der Papstwahl, insbesondere die Geheimhaltung von allem, was in diesen Tagen geschieht, treu einzuhalten.

Wer nicht ins Konklave gehört, muss nach dem Ruf „Extra omnes!" (Alle hinaus!) das Feld räumen. Die Pforten zum Konklavebereich werden von innen und gleichzeitig von außen versperrt. Nun ergreift noch ein von den Kardinälen zuvor gewählter Kleriker das Wort für eine Betrachtung, die den Wählern die

Bedeutung ihres Handelns klarmachen soll. Dann ziehen sich dieser Kleriker und der päpstliche Zeremonienmeister zurück. Das Konklave beginnt, die von der Außenwelt abgeschnittenen Purpurträger sind unter sich.

Was nun geschieht, darf später nur mit ausdrücklicher Erlaubnis des Papstes preisgegeben werden. „Die Wirklichkeit des Konklaves ist und bleibt ein Geheimnis, das nur die Päpste selbst lüften können." Dieser Satz stammt vom deutschen Autor und langjährigen Vatikan-Korrespondenten Reinhard Raffalt, der in seinem Drama „Der Nachfolger" (1962) versucht hat, Einblick in dieses Geheimnis zu geben. Raffalt wusste, dass ein Konklave auch der Ort ist, wo handfeste kirchenpolitische Kontroversen ausgetragen werden. Was aus einem Konklave – trotz der Vereidigung auf totale Geheimhaltung – immer wieder durchsickert, ist freilich immer mit Vorsicht zu genießen: Mit der Mitteilung, der Papst sei mit überwältigender oder aber nur der gerade erforderlichen Mehrheit gewählt worden, kann auch subtil Kirchenpolitik gemacht werden.

Was man sicher weiß, bezieht sich auf den formalen Ablauf, wie ihn „Universi dominici gregis" vorschreibt. Abgeschafft sind frühere Möglichkeiten, den Papst durch einstimmige Akklamation aufgrund von Inspiration oder durch Kompromiss – Wahl durch ein kleines, vom Kardinalskollegium delegiertes Wahlmännerkomitee – zu ermitteln, gestattet ist nun einzig und allein die geheime Wahl mit Stimmzetteln. Zur gültigen Papstwahl benötigt ein Kandidat zwei Drittel der Stimmen aller anwesenden Wähler, sollte deren Zahl nicht genau durch drei teilbar sein, sogar eine mehr.

Die Beschaffenheit des Stimmzettels und die Art der Abgabe sind genau vorgeschrieben. Die Kardinäle schreiten gemäß ihrer Rangordnung mit dem zweimal gefalteten Stimmzettel in der erhobenen Hand zum Altar, jeder spricht angesichts von Michelangelos „Jüngstem Gericht" mit erhobener Stimme folgende Eidesformel: „Ich rufe Christus, der mein Richter sein wird, zum Zeu-

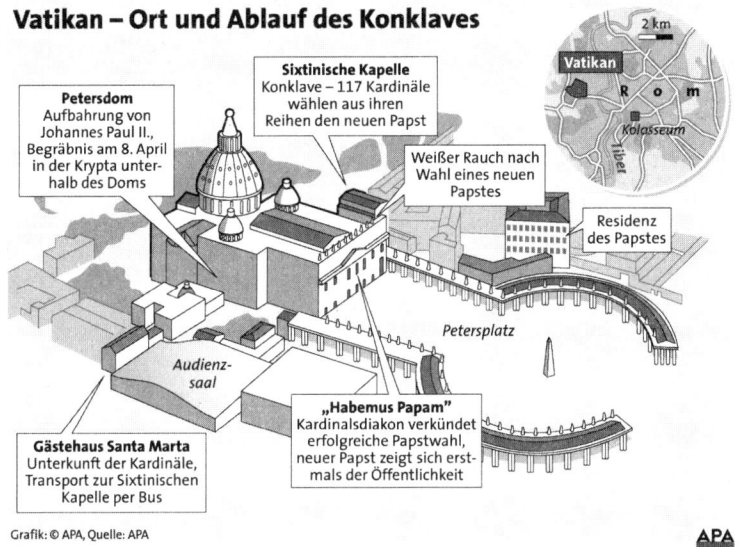

Vatikan – Ort und Ablauf des Konklaves

Petersdom
Aufbahrung von
Johannes Paul II.,
Begräbnis am 8. April
in der Krypta unter-
halb des Doms

Sixtinische Kapelle
Konklave – 117 Kardinäle
wählen aus ihren
Reihen den neuen Papst

Weißer Rauch nach
Wahl eines neuen
Papstes

Residenz
des Papstes

2 km

Vatikan

R o m

Kolosseum

Tiber

Petersplatz

Audienz-
saal

„Habemus Papam"
Kardinalsdiakon verkündet
erfolgreiche Papstwahl,
neuer Papst zeigt sich erstmals der Öffentlichkeit

Gästehaus Santa Marta
Unterkunft der Kardinäle,
Transport zur Sixtinischen
Kapelle per Bus

Grafik: © APA, Quelle: APA

APA

gen an, dass ich den gewählt habe, von dem ich glaube, dass er
nach Gottes Willen gewählt werden sollte."

Die Auszählung der Stimmen erfolgt nach einem genau fest-
gelegten Prozedere, die Stimmzettel werden danach verbrannt –
aus dem Rauchfang der Kapelle steigt Rauch auf, dessen Farbe im
Fall einer geglückten Wahl weiß sein soll.

Im ersten Wahlgang kommt es vor, Stimmen auch aus Hoch-
achtung oder besonderer Sympathie Kardinälen zu geben, die im
Grunde nicht ernsthaft als Papstanwärter gelten. Erst mit dem
zweiten Wahlgang wird es wirklich ernst. Normalerweise kristal-
lisieren sich dann rasch Kandidaten heraus, die beträchtliche
Stimmenanzahlen auf sich vereinen können. Es ist den Kardinälen streng verboten, noch zu Lebzeiten eines Papstes über die
Wahl seines Nachfolgers Absprachen zu treffen, doch in den Tagen zwischen dem Tod des Pontifex und dem Konklavebeginn bilden sich bereits Blöcke, die bestimmte Kandidaten favorisieren.
Was zwischen den Wahlgängen passiert, wie Stimmung für oder

gegen Kandidaten gemacht wird, wie letztendlich doch einem die nötigen Stimmen zufallen, das ist Konklavegeheimnis.

Hat man nach drei Tagen, also zwölf Wahlgängen, noch keinen zum Papst erwählt, soll eine Pause eintreten. Gebet und eine Aufmunterung durch den obersten der Kardinaldiakone leiten weitere sieben Wahlgänge ein. Gibt es dann noch immer keinen neuen Pontifex, erfolgt eine weitere Unterbrechung zum Gebet. Nun ist der ranghöchste wahlberechtigte Kardinalpriester an der Reihe, um vor einer weiteren Serie von sieben Wahlgängen seine Kollegen zu ermuntern. Sollte dann noch immer keine Entscheidung gefallen sein, ergreift der erste der Kardinalbischöfe das Wort. Nach weiteren sieben Wahlgängen, insgesamt bereits 33, und zwölf Tagen Konklave wäre 2005 gemäß der Konstitution Johannes Pauls II. von 1996 eine wichtige Neuerung eingetreten. Der Camerlengo hätte zu einer Beratung über die weitere Vorgangsweise aufgerufen. Dabei wäre dem Kollegium die Möglichkeit offengestanden, mit einfacher Mehrheit zu entscheiden, dass ab sofort statt einer Zwei-Drittel-Mehrheit bereits die absolute Mehrheit zur Papstwahl reicht. Zugleich hätte man eine Stichwahl zwischen jenen beiden Kandidaten, die im Wahlgang davor die meisten Stimmen hatten, beschließen können. Diese von vielen kritisierte Regel hat Papst Benedikt XVI. im Juni 2007 durch ein „Motu Proprio" wieder außer Kraft gesetzt: Auch nach dem 33. Wahlgang sind wieder unbedingt zwei Drittel der Stimmen aller Wahlteilnehmer für eine gültige Papstwahl notwendig. An diesen Wahlgängen dürfen die beiden noch als Papstanwärter verbliebenen Kardinäle nicht teilnehmen.

Alle theoretischen Möglichkeiten spielten beim Konklave im April 2005, aus dem bereits im vierten Wahlgang der deutsche Kardinal Joseph Ratzinger als Papst Benedikt XVI. hervorging, keine Rolle. Wieder einmal drangen Gerüchte über den Wahlverlauf an die Öffentlichkeit, beispielsweise bezog sich die römische Fachzeitschrift „Limes" auf das „Tagebuch" eines Kardinals, der anscheinend mit nur geringen Gewissensbissen wegen des gebrochenen Eides Details aus dem Konklave verriet: So sei von Anfang an neben Ratzinger der argentinische Jesuit Jorge Mario Bergoglio mit rund vierzig Stimmen der stärkste Kandidat gewesen, nicht der von anderen Quellen als zunächst härtester Rivale Ratzingers genannte ehemalige Erzbischof von Mailand, Kardinal Carlo Maria Martini. Nachdem Ratzinger im dritten Wahlgang bereits 72 der notwendigen 77 Stimmen erreicht hätte, habe Bergoglio seinen Wählern empfohlen, für Ratzinger zu stimmen. Der vierte Wahlgang habe schließlich 84 Stimmen für den Deutschen und 26 für den Argentinier und damit die Entscheidung gebracht. Andere Quellen behaupteten, Ratzingers Sieg sei noch klarer ausgefallen. Einzelne Kardinäle wiesen freilich alle derartigen Gerüchte zurück und drückten ihr Bedauern aus, dass sie zum Schweigen verurteilt und daher auch zu keinem präzisen Dementi berechtigt seien.

Im Konklave 2005 stimmten nur zwei Kardinäle mit, die nicht von Johannes Paul II. ernannt worden waren, und ausgerechnet einer dieser beiden, Joseph Ratzinger, wurde zum Papst gewählt. Man hatte zuvor Vergleiche mit 1878 angestellt, als ein komplett von Pius IX., dem Papst des Syllabus und des Unfehlbarkeitsdogmas, kreiertes Kardinalskollegium zum Konklave zusammentrat und überraschend einen liberaler als sein Vorgänger agierenden Papst wählte: Leo XIII., der die erste Sozialenzyklika „Rerum novarum" veröffentlichte. Der große Unterschied: Heute ernennt Rom weltweit fast alle Bischöfe, während damals die Besetzung wichtiger Bischofssitze, deren Inhabern der Papst den Kardinalshut kaum verweigern konnte, zu einem großen Teil noch von weltlichen Machthabern oder örtlichen Kirchengremien kontrolliert wurde.

Die römisch-katholische Kirche ist nach wie vor sehr zentralistisch organisiert. Zwar ist sie auch schon lange zur Weltkirche geworden, deren Mitglieder mehrheitlich in Lateinamerika, Afrika und Asien wohnen, aber die Verteilung der Kardinäle trägt diesem Umstand noch zu wenig Rechnung. Unter den wahlberechtigten Kardinälen dominieren nach wie vor die Vertreter der Industrieländer, einen Papst aus dem Süden kann es daher nur mit ihrer Billigung geben. Ein ungeschriebenes Gesetz der Papstwahl besagt, dass der Altersdurchschnitt im Kardinalskollegium eine Rolle spielt: Ist er so hoch wie zuletzt, als zwei Drittel der Elektoren das 70. Lebensjahr bereits überschritten hatten, wird eher ein älterer Kandidat gewählt – wie eben 2005 der bereits 78-jährige Joseph Ratzinger. Für dessen Wahl sprach auch die kirchengeschichtliche Erfahrung, dass eine Tendenz besteht, auf ein langes Pontifikat eher ein mutmaßlich kurzes folgen zu lassen.

Möglicherweise kam der relativ raschen Wahl Benedikts auch das 2005 durch die Konstitution von 1996 eingeräumte mögliche Abgehen von der seit 1179 bindenden Zwei-Drittel-Mehrheit zu Hilfe. Diese Variante hatte zwar bereits Paul VI. in seiner Wahlordnung von 1975 „Romano Pontofici eligendo" eingeräumt, allerdings nur nach einem einstimmigen, ausnahmslos von allen Elektoren („unanimiter, id est nullo excepto") gefassten Beschluss. Doch im Konklave 2005 war eine solche weitreichende Entscheidung nicht einmal an eine Zwei-Drittel-Mehrheit, sondern nur an eine absolute Mehrheit gebunden. Eine Gruppe, die für ihren Kandidaten bereits knapp über 50 Prozent der Stimmen beisammen hatte, konnte geduldig zwölf Tage auf dessen endgültige Wahl warten. Auch einem, der nie und nimmer zwei Drittel hätte überzeugen können, stand der Weg zum Papst offen. Der Druck zu Kompromissen war kleiner geworden.

2005 war vorherzusehen, dass man kaum 33 Wahlgänge „aussitzen" würde, wenn ein Kandidat die 50-Prozent-Marke einmal überschritten hatte. Ein langes Konklave hätte der Öffentlichkeit enthüllt, dass die Kardinäle uneinig sind, und diesen Eindruck wollten sicher die meisten vermeiden – und außerdem gerne bald wieder aus Rom heimfahren. Und warum hätte man einen Pontifex, den man ohnehin nicht mehr verhindern konnte, gleich verärgern sollen, indem man seine Wahl um ein paar Tage blockierte? Seit 1831 hat kein Konklave mehr länger als vier Tage gedauert. Selbst wenn man nach Benedikts Reform vom Juni 2007 wieder um eine Zwei-Drittel-Mehrheit ringen muss, dürften extrem lange Papstwahlen der Vergangenheit angehören.

Dem, der im Konklave die nötigen Stimmen erhalten hat, gilt ein eigener Punkt der Ausführungen Johannes Pauls II.: „Sodann bitte ich denjenigen, der gewählt werden wird, sich dem Amt, zu dem er berufen ist, nicht aus Furcht vor dessen Bürde zu entziehen, sondern sich in Demut dem Plan des göttlichen Willens zu fügen. Gott nämlich, der ihm die Bürde auferlegt, stützt ihn auch mit seiner Hand, damit er imstande ist, sie zu tragen; der ihm die schwere Aufgabe überträgt, gibt ihm auch den Beistand, sie zu erfüllen, und verleiht ihm, indem er ihm die Würde zuteil werden lässt, die Kraft, dass er unter der Bürde des Amtes nicht zusammenbricht."

Nimmt der Gewählte das Amt an, muss er noch einen Papstnamen wählen. Dann wird er eingekleidet und nach den ersten Huldigungen durch die Kardinäle der Öffentlichkeit präsentiert. Die offizielle Amtseinführung findet einige Tage später statt. Als delikates Geheimnis gilt, warum neue Päpste in früheren Jahrhunderten die „sedia stercoraria", den unten offenen „Kotstuhl", besteigen mussten. Sollte dieser Stuhl den neuen Pontifex wirklich nur darauf hinweisen, dass er wie alle Menschen aus „Dreck" stamme, oder diente er nicht vielmehr einem Geschlechtstest? Schließlich soll ja im 9. Jahrhundert eine verkleidete Frau, die später als „Päpstin Johanna" in die Literatur einging, den Stuhl Petri bestiegen haben – und so ein Fall, für den nur gewisse Indizien, aber keine Beweise vorliegen, sollte natürlich für alle Zukunft ausgeschlossen werden.

16) Als „Gottes Bankier" lebt man gefährlich
Der unübersichtliche Dschungel der Vatikanfinanzen

Mit zufriedener Miene präsentierte Kardinal Sergio Sebastiani im Juli 2006 der Öffentlichkeit die finanzielle Vatikan-Bilanz für 2005. Der seit 1997 als Präsident der Präfektur für die wirtschaftlichen Angelegenheiten des „Heiligen Stuhls" amtierende Kirchenmann konnte den höchsten Überschuss seit acht Jahren melden. Die Gesamteinnahmen lagen mit etwa 250 Millionen Euro um 9,7 Millionen über den Ausgaben. 2004 hatte es nur ein Plus von 3,1 Millionen Euro gegeben, in den Jahren davor waren sogar Defizite in der Höhe von 9,6 und 13,5 Millionen Euro zu verzeichnen.

Zum guten Ergebnis trug eine Rekordsumme von 45,7 Millionen Euro beim „Peterspfennig" – der einmal im Jahr weltweit durchgeführten Sammlung für die Kirchenzentrale – wesentlich bei. Aus dem Finanzgeschäft, bestehend aus dem Ausnutzen von Wechselkursschwankungen sowie aus Aktien- und Anleihenhandel, wurden 43,3 Millionen Euro lukriert, was in diesem nicht immer positiv bilanzierenden Bereich einen Gewinn von 6,1 Millionen Euro bedeutete. Auch mit den Erträgen aus dem Immobilienvermögen – seit Jahren beträgt hier das Plus rund 20 Millionen Euro – und aus der sichersten Einnahmequelle des Vatikans, den Vatikanischen Museen, durften die Vatikan-Finanzherren sehr zufrieden sein. Den Museen bescherten Warteschlangen von 3,8 Millionen Besuchern einen Gewinn von 20 Millionen Euro, nur im Heiligen Jahr 2000 war der Überschuss noch deutlich höher ausgefallen: 64,7 Millionen Euro.

Auch die Kosten für den Papstwechsel im April 2005 konnten die Bilanz nicht wesentlich trüben. Laut Kardinal Sebastiani wurden für die Trauerfeiern nach dem Tod Johannes Pauls II. für die Durchführung des Konklaves und für die Amtseinführung von Benedikt XVI. insgesamt etwa 7 Millionen Euro ausgegeben. Stärker auf der Negativseite zu Buche schlug der schon traditionelle Verlust bei den vatikanischen Medien. Der „L'Osservatore Romano" fuhr ein Defizit von 4,6 Millionen Euro ein, Radio Vatikan mit seinen der ganzen katholischen Welt in vielen Sprachen angebotenen Programmen lag gar mit 23,5 Millionen Euro in den roten Zahlen.

Der Grundstock des Vatikanvermögens stammt aus dem Jahr 1929. Damals bekam der Vatikan als Entschädigung für den Verlust des Kirchenstaates eine Milliarde Lire in fünfprozentigen Staatstiteln und 750 Millionen Lire in bar. Von dem Geld errichtete man sofort Bauten – einen Bahnhof und ein Bürogebäude, der Rest wurde als Patrimonium oder Stiftungskapital des „Heiligen Stuhls" zu je einem Drittel in Aktien, in Immobilien sowie in Gold und Devisen angelegt. Die vatikanische Finanzgebarung ist in den letzten beiden Jahrzehnten deutlich professioneller geworden, aber nach wie vor ein verwirrender Dschungel, da die vielen verschiedenen Einrichtungen – zum Beispiel der Staat der Vatikanstadt, die Diözese Rom, die Kurie, die Lateranuniversität oder die Basilika St. Peter – eigenständige Budgets haben.

Das Vermögen des Vatikans besteht neben Goldreserven in der Schweiz aus Aktien und festverzinslichen Wertpapieren, die zu mehr als 50 Prozent in Europa und weiters zu einem hohen Prozentsatz in Angloamerika angelegt sind. Offiziell sind Beteiligungen an Rüstungsfirmen oder Pharmakonzernen, die Verhütungsmittel im Programm haben, tabu. Als man der Kirche nach der Enzyklika „Humanae vitae" (1968) derartige Investments vorwarf, ordnete Papst Paul VI. eine Bereinigung des Aktienbesitzes an. Jetzt ist das Kapital in Aktien von Banken, Versicherungen, Nahrungsmittelherstellern, Dienstleistungs- und Telekommunikationsunternehmen sowie von Konzernen, wie General Motors, IBM oder Disney, veranlagt. Auch am 2003 mit 14 Milliarden Euro Schulden in Konkurs gegangenen Unternehmen Parmalat war die Kirchenzentrale beteiligt.

Der Vatikankenner Thomas J. Reese schrieb 1996, der jährlich erstellte „Konsolidierte Jahresrechnungsabschluss des Heiligen Stuhls" sei „zwar sehr ausführlich, aber auch sehr kompliziert und an manchen Stellen so unklar, dass sogar Buchprüfer Schwierigkeiten haben, ihn zu verstehen". Und alles wird in dieser Bilanz auch keineswegs offengelegt. Vergebens wird man etwa Zahlen über die 1942 von Papst Pius XII. gegründete Vatikanbank suchen. Diese offiziell „Istituto per le Opere di Religione" (IOR), zu Deutsch Institut für die Werke der Religion, genannte Einrichtung befindet sich im festungsartigen Turm S. Nicolo, der sich zwischen dem Apostolischen Palast und der Porta di Sant' Anna erhebt. Maßgeblich dafür, dass das IOR häufig in die negativen Schlagzeilen geriet, waren ständige Vorwürfe der Geldwäsche für die Mafia, vor allem aber die Ermordung des Bankiers Roberto Calvi.

Calvis Leiche baumelte in den Morgenstunden des 18. Juni 1982 von der Blackfriars Bridge in London. Die nicht wasserdichte Armbanduhr des Toten hing im Wasser und zeigte auf 1.52 Uhr. Dass sich der Chef der gerade bankrott gegangenen Banco Ambrosiano in Mailand in einer verzweifelten Lage befunden hatte, war allgemein bekannt. Die ersten Ermittlungen der britischen Behörden liefen deshalb auf Selbstmord hinaus. Doch dass sich Calvi für seinen Tod ausgerechnet die „Brücke der Schwarzen Brüder" (womit die Dominikaner gemeint sind) ausgesucht und noch kurz vor seinem Ableben selbst seinen Schnauzbart abrasiert haben sollte, fanden viele seltsam. Vor allem aber, dass der 62-jährige rundliche Mann zum Erhängen, noch dazu mit schweren Steinen in den Taschen, eine sportliche Höchstleistung, das

Erklimmen eines Gerüstes an der Brücke, bewerkstelligt haben sollte, verstärkte den Verdacht, bei diesem Todesfall habe jemand anderer seine Hand im Spiel gehabt, ja es habe sich um eine typische Mafiahinrichtung gehandelt. Als erster Mafioso bestätigte der im Oktober 1983 in Brasilien verhaftete Tommaso Buscetta, dass Mafiakiller Calvi getötet hatten. 1988 sprach dann auch ein Mailänder Gericht von Mord, wie es auch weitere Autopsien der Leiche ergaben, und Calvis Angehörigen den Anspruch auf dessen Lebensversicherung zu. Kriminalisten vermuten heute, dass man Calvi mit einer Schlinge würgte und dann mit einem Boot auf der Themse zur Blackfriars Bridge brachte, um einen Selbstmord vorzutäuschen.

An Motiven, Calvi zum Schweigen zu bringen, fehlte es nicht. Noch kurze Zeit vor seinem Tod hatte der wegen seiner engen Finanzverbindungen zum Vatikan in den Medien „Bankier Gottes" genannte Calvi erklärt: „Wenn mir etwas zustößt, muss der Papst zurücktreten." Und: „Wenn ich auspacke, müssen die Priester den Petersdom verkaufen." Calvi stieß zwar etwas zu, aber zum Auspacken kam er nicht mehr. Seine dick mit Dokumenten und Schlüsseln zu Schließfächern gefüllte Aktentasche verschwand mit seinem Tod. Fast gleichzeitig fand seine langjährige Privatsekretärin Graziella Teresa Corrocher den Tod. Am 17. Juni 1982 sprang – oder stürzte – sie aus dem vierten Stock der Ambrosiano-Bank in Mailand und hinterließ einen Zettel, auf dem stand: „Zweimal verflucht sei Calvi für all das Unglück, das er über die Bank und ihre Angestellten gebracht hat." Roberto Rosone, Calvis Stellvertreter, überlebte ein Schusswaffen-Attentat nur knapp.

In ihrem Buch „Der Vatikan heiligt die Mittel" trugen Heribert Blondiau und Udo Gümpel zahlreiche Fakten zum Fall Calvi, in dem sich die italienischen Gerichte zu keinem Schuldspruch durchringen konnten, zusammen. Sie erhellten die Hintergründe von Calvis Flucht – der wegen Devisenschmuggels bereits zu vier Jahren Gefängnis verurteilte Bankier befand sich nur gegen Kaution auf freiem Fuß – von Italien über Österreich nach London und den mutmaßlichen Ablauf der dortigen Ereignisse. Die Vorgeschichte waren dubiose Finanztransaktionen des Bankiers, der sich bereits 1975 Licio Gellis Geheimloge „Propaganda Due" (P2) angeschlossen hatte. Calvis vatikanischer Geschäftspartner war der bullige amerikanische Erzbischof Paul Casimir Marcinkus (1922–2006), einst Leibwächter von Papst Paul VI., später IOR-Präsident. Der aus einer Vorstadt von Chicago stammende Marcinkus hat kein Hehl daraus gemacht, dass er mit Mafiamethoden vertraut war. Er hatte von Papst Johannes Paul II. drei Hauptaufgaben gestellt bekommen: die Sanierung der vatikanischen Finanzen, die vom Vatikan – zuvor nicht immer gemäß den kirchlichen Lehren – angelegten Gelder aus dem öffentlichen Gerede zu bringen und der polnischen Gewerkschaft „Solidarność" finanzielle Hilfe zu leisten, damit sie ihre Streikaktionen durchziehen konnte. Offenbar mit Calvis Unterstützung kamen über die Vatikanbank gewaltige Geldtransfers nach Polen und via P2 auch an stramm antikommunistische Kreise in anderen Regionen, vor allem in Lateinamerika, zustande. War dies zumindest ein großer Teil des Geldes – über eine Milliarde Dollar –, das letztlich Calvis Banco Ambrosiano fehlte? Jedenfalls trieb Calvi große Summen mittels von der Vatikanbank ausgestellter „Patronagebriefe" auf, in denen der Vatikan für die Kredit- und Glaubwürdigkeit der Banco Ambrosiano bürgte. Nach Roberto Calvis Tod anerkannte das IOR zwar die Rechtsverbindlichkeit dieser „Patronagebriefe" nicht, erklärte sich aber bereit, im Rahmen eines gerichtlichen Vergleichs „freiwillig" umgerechnet 244 Millionen Dollar an die geprellten Gläubiger der Banco Ambrosiano zu bezahlen.

Größere Verluste dürfte die Bank durch den Sturz des Diktators Somoza und die folgenden Enteignungen in Nicaragua durch die Sandinisten erlitten haben. Auch die hohen US-Zinsen schadeten Calvis Finanzkartenhaus, das in Südamerika, wo es offenbar auch in Waffenschiebereien verwickelt war, Fuß fassen wollte, aber relativ schnell zusammenbrach. Roberto Calvis Flucht aus

Italien nach Großbritannien bedeutete einen letzten verzweifelten Versuch, noch an Reste der hin- und hergeschobenen Gelder heranzukommen.

Im Zusammenhang mit dem Ambrosiano-Bankrott, dem größten Bankencrash in der italienischen Nachkriegsgeschichte, wurden zwar 33 an den Transaktionen beteiligte Personen, darunter P2-Chef Gelli, schuldig gesprochen und teilweise zu langen Haftstrafen verurteilt, doch Erzbischof Marcinkus und weitere involvierte IOR-Mitarbeiter, Luigi Mennini und Pellegrino de Strobel, blieben ungeschoren. Sie flüchteten hinter die vatikanischen Mauern und wurden nicht an die italienischen Behörden ausgeliefert. Und jene Inhalte aus Calvis Aktentasche, die wahrscheinlich den Vatikan, aber auch italienische Spitzenpolitiker belasteten, waren verschwunden. Der in Rom tätige slowakische Bischof Paul Hnilica, Mitglied des ominösen „Engelwerkes" (Opus Angelorum), kaufte sie Jahre später dem italienischen Geschäftsmann Flavio Carboni um mindestens 3,5 Milliarden Lire ab – angeblich nicht im Auftrag des Vatikans, sondern als um den Ruf der katholischen Kirche besorgter Privatmann – und musste sich dafür später vor Gericht verantworten. Carboni, der Mafiaboss Pippo Calò und drei weitere Personen wurden zwar wegen des Calvi-Mordes angeklagt, aber alle im Juni 2007 in Rom mangels an Beweisen (im Fall der Kärntnerin Manuela K., die 1982 mit Carboni befreundet war, sogar auf Antrag des Staatsanwalts) freigesprochen. Für Calvis Sohn gab es einen politischen Auftraggeber dieses Verbrechens: Giulio Andreotti, der mehrmals als Ministerpräsident italienische Regierungen anführte. Andreotti wurde auch beschuldigt, hinter der Ermordung des Journalisten Mino Pecorelli zu stecken, der am 20. März 1979 in Rom auf offener Straße erschossen wurde. Aber auch P2-Chef Licio Gelli wird seit Jahren im Hintergrund des Calvi-Mordes vermutet.

Wer zu viel über die Machenschaften im Umfeld der Vatikanbank wusste, lebte jedenfalls gefährlich. Blondiau und Gümpel weisen darauf hin, wie viele Leichen es da im Laufe der letzten

drei Jahrzehnte gab, darunter auch jene Mafiakiller, die mutmaßlich direkt den Calvi-Mord ausführten: Vincenzo Casillo und Sergio Vaccari. Und der Mann, den man vor Calvi wegen seiner
Finanzaktionen im vatikanischen Auftrag „Bankier Gottes"
nannte, Michele Sindona, starb am 22. März 1986 im Gefängnis
von Voghera an einer Tasse Kaffee, die voll Zyankali war. Sindona hatte außer seinem Leben nichts mehr zu verlieren. Er war
zwei Tage zuvor zu lebenslanger Haft verurteilt worden und hatte
gedroht, nun sein ganzes Wissen über die Verfilzungen von Mafia
und Vatikan preiszugeben.

Ein anderer, der vielleicht zu viel wusste, war der französische
Kurienkardinal Eugène Tisserant, nebenbei Großmeister des Rit-
terordens vom Heiligen Grab, der wie kein zweiter über alle Vor-
gänge im Vatikan minutiös Tagebuch geführt haben soll. Er war
zwar bereits uralt, starb aber trotzdem plötzlich und unerwartet
im Februar 1972. Was sein Tagebuch enthielt, drang nie an die
Öffentlichkeit. Tisserant soll den Wiener Finanzjongleur Leopold
Ledl, so lautet zumindest dessen Aussage, unter anderem damit
beauftragt haben, gefälschte Wertpapiere für den Vatikan zu be-
schaffen und Gewinn aus dem Verkauf riesiger Mengen der –
nach offizieller päpstlicher Lehre streng verbotenen – Antibaby-
pille zu schlagen. Ledl blieb dabei auf der Strecke und wanderte
einige Jahre ins Gefängnis, seine Partner im Vatikan wuschen ihre
Hände in Unschuld. Als schließlich, nach Tisserants Tod, Vati-
kanprälaten ermittelnde FBI-Beamte im Vatikan empfingen, bestätigten sie diesen gegenüber zwar die Echtheit eines vatikanischen Schriftstückes, das jemand mit unleserlicher Handschrift
für Ledl ausgestellt hatte, fügten aber hinzu, der Vatikan sei ein
souveräner Staat, das Gespräch lediglich „inoffiziell" und die
Beamten mögen einen guten Heimflug haben.

In den Jahren nach Calvis Tod wurden die Vatikanfinanzen
unter Beteiligung ausländischer Experten reformiert und in Ordnung gebracht. Vor allem Personen aus dem Orden der Ritter
vom Heiligen Grab sowie aus dem „Opus Dei" standen dem

„Heiligen Stuhl" ideell und materiell in seiner Verlegenheit bei. Zu ihnen zählten der Deutsche Hermann Josef Abs und der Schweizer Philippe de Weck, der nicht den Vatikan-Leuten, sondern ihren Geschäftspartnern die Hauptschuld an der Misere gab: „Meiner Meinung nach waren da naive Priester am Werk, die von anderen Drahtziehern ausgenutzt wurden."

Heute heißt es offiziell, der Vatikan habe längst alle früheren dubiosen Geschäftsverbindungen abgebrochen und Vorkehrungen getroffen, um Geldwäsche via Vatikanbank auszuschließen. Nur noch Geistliche, Kirchenangestellte, Orden und „religiös tätige" Organisationen dürfen Konten beim IOR eröffnen. Blondiau und Gümpel zeigten sich jedenfalls noch 1999 sehr skeptisch bezüglich des IOR. Sie verwiesen auf Vorwürfe von Immobilienspekulation, Steuerhinterziehung und Wucher gegen den damaligen Erzbischof von Neapel, Kardinal Michele Giordano, der einschlägige Aktivitäten seines Bruders Lucio gefördert haben soll, und schrieben: „Und wieder flossen die Milliarden-Lire-Summen größtenteils über IOR-Konten."

Als im Sommer 2006 erneut ein prominenter italienischer Bankier ermordet wurde, wurden allerdings weniger enge finanzielle, sondern vor allem spirituelle Beziehungen des Opfers zur katholischen Hierarchie gemeldet. Gianmario Rovaro, der Beziehungen zum Pleitebetrieb Parmalat und zur „Austria International Consulting GmbH" hatte, wurde zuletzt am 5. Juli bei einem Treffen von „Opus Dei" in Mailand gesehen und dann vermisst. Auch seine Leiche wurde, verstümmelt, unter einer Brücke gefunden – und zwar am 21. Juli unter einer Autobahnbrücke nahe Parma. Doch in diesem Fall lag ganz offensichtlich ein brutaler Mord vor. Die Polizei konnte rasch einen 43-jährigen Finanzberater mit zwei Komplizen als Tatverdächtige verhaften.

17) Was geschah mit Emanuela Orlandi?
Entführungen und Mord im Vatikan-Umfeld

Mittwoch, 22. Juni 1983: Die 15-jährige Emanuela Orlandi, ein hübsches Mädchen mit schulterlangem, kastanienbraunem Haar, verlässt gegen 18.30 Uhr eine kirchliche Musikschule an der Piazza di Santa Apollinare. Am Corso Vittorio Emanuele wird das Mädchen noch von einer Freundin gesehen, die dort in den Autobus steigt. Offenbar von einer nahen Telefonzelle ruft Emanuela daheim an und erreicht ihre ältere Schwester Federica. Aufgeregt berichtet sie ihr von dem Angebot, bei einer Modenschau Reklameblätter für die Kosmetikfirma „Avon" an der Piazza Barberini zu verteilen. Federica ist argwöhnisch und rät Emanuela, zwanzig Minuten später, wenn die Eltern da seien, nochmals anzurufen. Doch es erfolgt kein Anruf mehr – und Emanuela bleibt wie vom Erdboden verschluckt. Weil sie zu diesem Zeitpunkt als Tochter eines Angestellten der Präfektur des päpstlichen Hauses die jüngste Bürgerin des Vatikanstaates ist, erregt ihr Verschwinden besonderes Aufsehen. Ist sie selbstständig durchgebrannt oder wurde sie Opfer eines Verbrechens? Werden sich Entführer melden? Oder muss man mit dem Schlimmsten rechnen – dass man irgendwo die Leiche des attraktiven Mädchens findet?

Einige Tage später bietet ein rätselhafter Anrufer im Namen einer ansonsten bis heute völlig unbekannten „Türkischen antichristlichen Befreiungsfront – Türkesch" an, Emanuela Orlandi freizulassen, wenn im Austausch der Papstattentäter Ali Ağca bis

20. Juli freikommt. Ob der Anruf ernst gemeint oder nur ein Ablenkungsmanöver ist, bleibt vorerst unklar. Es kommt aber auch Post von den Entführern, und zwar ausgerechnet aus jenen Städten in Deutschland und in der Schweiz, in denen die „Grauen Wölfe", denen Ağca bekanntlich angehört, ihre jeweiligen Landeszentralen haben: aus Frankfurt am Main und aus Olten. Einem Brief ist der Schülerausweis Emanuelas beigelegt. Doch Ali Ağca verweigert den Austausch, wohl weil er sich in seiner Gefängniszelle sicherer fühlt.

Am 17. Juli weist ein Anruf der Entführer bei der Nachrichtenagentur „Ansa" auf ein Tonband hin, das dann auf den Stufen des Quirinalpalastes, des Sitzes des italienischen Staatspräsidenten, entdeckt wird. Auf dem Band hört man ein Mädchen weinen und verzweifelt sagen: „Ich kann nicht mehr, ich fühle mich krank." Wenige Tage später trifft im „Ansa"-Büro ein weiteres Tonband ein, auf dem man Emanuelas Stimme siebenmal eintönig sagen hört: „Im nächsten Jahr sollte ich die letzte Klasse der Mittelschule besuchen, im Konvent Vittorio Emanuele."

Man erinnert sich, dass wenige Wochen vorher, am 4. Mai 1983, eine andere 15-jährige Römerin, freilich keine Vatikanbürgerin, namens Mirella Gregori spurlos verschwunden ist. Valeska von Roques schrieb darüber in ihrem Buch „Verschwörung gegen den Papst": „Zum letzten Mal wurde sie in der Espressobar ‚Coppa d'Oro' ihrer Eltern in der Via Volturno im nördlichen Rom gesehen. Die Mutter erinnert sich an einen Mann im Alter von 35 bis 40 Jahren, der in jüngster Zeit öfter zu ihnen gekommen war, um einen Kaffee zu trinken und um wohl auch ein bisschen mit Mirella zu flirten." Die Gregoris wenden sich an den Anwalt der Orlandis, Gennaro Ogidio, und Signora Gregori stellt eigene Untersuchungen an. Sie macht wirklich den Mann ausfindig, er entpuppt sich überraschend als Raoul Bonarelli, Vizechef des Corpo di Vigilanza, der päpstlichen Polizei, aber die italienischen Behörden verfolgen die Spur nicht. Erst als 1990 die dynamische Richterin Adele Rando die beiden Entführungsfälle übernimmt und das Telefon Bonarellis, der zugibt, beide Entführungsopfer gekannt zu haben, abhören lässt, kommt wieder Leben in den Fall. Man hört ein Gespräch mit, in dem offenbar ein Vorgesetzter, vermutlich Vatikan-Polizeichef Camillo Cibin, vielleicht aber sogar Kardinalstaatssekretär Agostino Casaroli, Bonarelli rät, sich völlig unwissend zu stellen und ja nicht zu erzählen, dass das vatikanische Staatssekretariat in den Fall involviert sei.

Bei einer richterlich angeordneten Gegenüberstellung mit Bonarelli erscheint Frau Gregori plötzlich nervös und ängstlich. Sie sagt, sie sei nicht mehr sicher, ob wirklich Bonarelli der Besucher ihrer Tochter gewesen sei. Die bedroht wirkende Frau wird kurz darauf krank und stirbt. Ende 1997 gibt Adele Rando den Fall auf, beklagt sich aber, wie ihr Kollege Rosario Priore, noch bitter über den Vatikan: Dieser habe trotz mehrerer Rechtshilfeanträge keine Bereitschaft gezeigt, bei der Aufklärung der Entführungsfälle zu kooperieren und Informationen über seine direkten Kontakte mit den Entführern preiszugeben. Die erbetene Vernehmung der hohen Würdenträger Agostino Casaroli, Angelo Sodano und Giovanni Battista Re wurde verweigert.

Valeska von Roques zitierte dazu Vincenzo Parisi, den Vizechef des italienischen Geheimdienstes „Sisde", der am 9. Februar 1994 sagte: „Ich behaupte sogar, dass alle unsere Nachforschungen und Einsichten in diesem Fall absichtlich durch einen vom Vatikan aufgesetzten Nachrichtenfilter verfälscht und unbrauchbar gemacht worden sind. Es hat zahlreiche Vertuschungsmanöver von Seiten des Heiligen Stuhls gegeben, gezielte Desinformationen bis hin zu offener und gewollter Irreführung der italienischen Ermittler."

Stand hinter der Entführung von Emanuela Orlandi wirklich ein Versuch, den Papstattentäter Ali Ağca freizupressen? In dessen Zelle fand man im Herbst 1985 alte Zeitungsausschnitte, darunter ein Interview der kurz zuvor verstorbenen amerikanischen Journalistin Claire Sterling, unter das sie handschriftlich eine Botschaft für Ağca geschrieben hatte: „Nichts verraten, du wirst gegen Emanuela ausgetauscht." Völlig unklar bleibt das Motiv für die Entführung von Mirella Gregori. Was hatte sie mit dem Vatikan zu tun, außer dass dessen Vize-Polizeichef mit ihr flirtete und ins Espresso ihrer Eltern Kaffee trinken kam?

Im Vatikan wollten Gerüchte nicht verstummen, dass Emanuela von einem Kardinal schwanger war und deshalb – ebenso wie Mirella Gregori, die von der Sache wusste – mit Wissen des Corpo di Vigilanza an einen geheimen Ort im Ausland gebracht wurde, wo sie unter falschem Namen lebt. Faktum ist, dass beide Mädchen spurlos verschwunden blieben. Als am 13. Mai 2001, genau zwanzig Jahre nach dem Anschlag auf den Papst, in einer römischen Kirche ein Totenschädel auftauchte, sorgte das für großes Aufsehen. Man hatte dem Schädel den Unterkiefer und alle Zähne des Oberkiefers entfernt, was den Schluss nahelegte, dass es sich um das Opfer eines Verbrechens handelte, dessen Identifizierung man erschweren wollte. Laut Urteil der Gerichtsmediziner bestand aufgrund von Größe, Form und Alter des Schädels die Möglichkeit, dass er von Emanuela Orlandi stammte. Gewissheit gab es nicht. Er könnte auch von einer anderen 15-Jährigen stammen. Es gab anonyme Hinweise, dass Mirella Gregori bereits 1983 ermordet wurde.

Die Familie von Emanuela Orlandi, deren Foto in den folgenden Jahren in Italien immer wieder mit Bitten um Hinweise veröffentlicht wurde, hat bis heute die Hoffnung nicht aufgegeben, dass ihre Tochter noch am Leben ist. Im September 2005 beantragte sie bei der römischen Staatsanwaltschaft eine neuerliche Untersuchung des Falls, und Emanuelas Bruder Pietro wies darauf hin, dass der verstorbene Papst Johannes Paul II. einen Zusammenhang zwischen der Entführung und dem internationalen Terrorismus gesehen habe: „Ich denke, dass der Papst etwas Bestimmtes wusste." Pietro hoffte, dass es zu einer Zusammenarbeit der vatikanischen und italienischen Behörden komme.

Im Jänner 2006 erklärte Maria Orlandi, die Mutter der Entführten, anlässlich der – letztlich nur vorübergehenden – Freilassung von Ali Ağca: „Ich hoffe, dass er uns helfen wird, das Geheimnis zu klären." Einen Monat später traten Emanuelas Geschwister Pietro und Natalia im Fernsehen auf, und Natalia erklärte: „Wir fordern, dass der Fall wieder aufgenommen wird. Es ist eine Pflicht, die Wahrheit ans Licht zu bringen. Das schulden wir Emanuela und unserem Vater Ercole, der vor kurzem gestorben ist." Immerhin gab es damals zu dem Fall den ersten konkreten Hinweis seit mehr als zwanzig Jahren: Antonio Mancini, der inhaftierte Boss einer römischen Mafia-Gruppe, hatte bei einer Vernehmung behauptet, die Stimme des geheimnisvollen Anrufers vom Sommer 1983 erkannt zu haben. Seither herrscht freilich wieder Schweigen zum Fall Orlandi.

An Spekulationen über die Hintergründe der Entführungen und den Verbleib von Emanuela Orlandi fehlte es in den letzten Jahrzehnten nicht. Für Valeska von Roques hatten die beiden 15-jährigen Mädchen „als Faustpfänder in verschiedenen, auch vatikanischen Erpresserspielen zu dienen". Ihre Recherchen ergaben, dass Ali Ağca drei Tage vor dem 13. Mai 1981 in der kleinen römischen Stadtrandgemeinde San Tommaso d'Aquino bis auf wenige Meter an den dieser Gemeinde einen Besuch abstattenden Papst herangekommen war. Um in diesen Bereich zu gelangen, musste Ağca, der bei dieser Gelegenheit auch fotografiert wurde, eine Eintrittskarte besessen haben, wie sie nur die Päpstliche Präfektur ausstellte, jene Behörde, für die Ercole Orlandi tätig war. Hatte der Papstattentäter dort einen Komplizen, der Ağca ermöglichen wollte, sein künftiges Opfer aus der Nähe zu sehen? Könnte Orlandi dazu einen Verdacht oder Informationen gehabt haben?

Ercole Orlandi äußerte gegenüber dem italienischen Ermittlungsrichter Rosario Priore bezüglich der Entführung seiner Tochter noch eine andere Theorie. Er vermutete, die Entführer hätten es in Wirklichkeit auf Raffaela Gugel abgesehen gehabt, die Tochter von Angelo Gugel, dem persönlichen Kammeradjutanten des Papstes aus der Schweizergarde. Raffaela sei damals sehr verängstigt gewesen, da sie den Eindruck hatte, sie würde verfolgt. Nicht die beiden Mädchen, aber die beiden Väter wären einander zum Verwechseln ähnlich gewesen. Und laut Orlandi „hätte es durchaus geschehen können, dass Gugel von Dingen erfahren hat, die geheim bleiben sollten".

2004 hat Ercole Orlandi, möglicherweise im Vertrauen auf einen 1997 verfassten, zunächst geheim gehaltenen Brief Ali Ağcas, gemeint, Emanuela sei noch am Leben und halte sich in der Türkei auf. Laut Ali Ağca, dessen Aussagen aber stets mit Vorsicht zu genießen waren, sei sie dort verheiratet und habe Kinder bekommen. Seitens der türkischen Botschaft in Rom wurde Mithilfe zugesichert, doch fündig wurde man bisher nicht. Dass Emanuela noch lebe, glaubt laut Agenturmeldungen auch der italienische Staatsanwalt Ferdinando Imposimato, Ermittler beim Papstattentat. Es gebe dafür Indizien und Aussagen seitens der „Grauen Wölfe". Anderes berichtet die Buchautorin Valeska von Roques: „Dass die beiden Mädchen noch leben, halten die Vertreter der italienischen Justiz für ausgeschlossen. Wahrscheinlich waren sie sogar schon tot, als mit großem Aufwand nach ihnen gesucht wurde – doch ihre Leichen sind nie gefunden worden."

Ein ganz anderer Kriminalfall rückte ein Thema ins Blickfeld der Öffentlichkeit, das in kirchlichen Kreisen mit Vorliebe unter den Teppich gekehrt wird. Im Jänner 1998 fand man den 66-jährigen Enrico Sini Luzi, nur mit Unterwäsche bekleidet, erschlagen mit einem Kerzenleuchter, in seiner Wohnung in Vatikannähe auf. Im Videorecorder fand man eine Pornokassette. Der Adelige trug den Ehrentitel eines Kammerherrn des „Heiligen Stuhls" und diente in dieser Eigenschaft bisweilen dem Papst als Betreuer von Gästen bei offiziellen Zeremonien. Sini Luzi führte offenbar ein Doppelleben, nachts verkehrte er in Schwulenbars und mit Strichjungen. Aus den am Tatort gefundenen Spuren schloss die Polizei, dass Sini Luzi bei einem sado-masochistischen Sexualspiel getötet wurde, als 19. Opfer einer Serie von Homosexuellen-Morden in Rom seit 1990, von denen nur etwa die Hälfte geklärt wurde. In diesem Fall recherchierten die italienischen Behörden, ohne auf den Vatikan angewiesen zu sein, und es kam zu einer Klärung: Man verhaftete kurz darauf einen Rumänen und einen Italiener, einer der beiden hatte noch Sini Luzis Mobiltelefon in der Tasche.

Dieser Fall machte einen Zwiespalt erneut bewusst: Auf der einen Seite herrscht eine beinharte Haltung der römisch-katholischen Kirche gegenüber der Homosexualität, auf der anderen Seite gibt es schwule Praktiken in hohen kirchlichen Kreisen, über die man nicht spricht, die aber – oder das schweigsame Wissen darüber – für die kirchliche Karriereleiter eine gewisse Rolle spielen können. Im Buch „Wir klagen an" der anonymen vatikanischen „Millenari" (Jahrtausendmänner) heißt es dazu: „Auf der Liste der Anwärter hat manches Mal mehr Glück, wer sich vom Gürtel abwärts verwendet, als wer von der Taille aufwärts Herz und Geist ganz in den Dienst Gottes und seiner Mitbrüder stellt. Anmut zählt dort mehr denn Verdienst."

Verbrechen kommen im Umfeld des Vatikans wahrscheinlich statistisch nicht öfter vor als in ähnlich großen anderen Institutionen. Aber es gibt sie. Was an den kriminellen Ereignissen im Herzen der katholischen Kirche viele, vor allem auch gläubige Menschen verstört, ist der Umgang der Kirchenspitze mit ihnen. Oft kommt der begründete Verdacht auf, hier werde rücksichtslos vertuscht und geheuchelt, um nicht das geringste Indiz, das hohe Kirchenmänner in ein schiefes Licht setzen könnte, preiszugeben. Damit webt der Vatikan selbst an dem Stoff, aus dem Leute wie Dan Brown ihre Verschwörungsgeschichten schneidern. Im Vatikan wird kaum ein Fall wirklich überzeugend aufgeklärt. Dies führte mitten in seinen Mauern eine Bluttat im Jahr 1998, von der im nächsten Kapitel die Rede ist und die sofort auch mit dem Papstattentat und der Orlandi-Entführung in Zusammenhang gebracht wurde, wieder deutlich vor Augen.

18) Blutbad im Vatikan

Die 500-jährige Schweizergarde und ihre Geheimnisse

4. Mai 2006: Ein bunter Zug bewegt sich durch Rom Richtung Petersplatz. Zum 500-jährigen Bestehen der päpstlichen Leibwache, der Schweizergarde, marschieren aktive und ehemalige Mitglieder der Garde, begleitet von Angehörigen der italienischen Streitkräfte, akklamiert von der Bevölkerung, durch die Ewige Stadt. An die hundert Ex-Gardisten haben einen weiten Weg hinter sich: Sie sind schon vor Wochen im 723 Kilometer entfernten Bellinzona aufgebrochen und haben die historische Route zurückgelegt, auf der einst die ersten Schweizer Söldner nach Rom gekommen waren. Papst Julius II. hatte sie gerufen, da er offenbar, und sicher mit Recht, einer Truppe ausländischer Bewaffneter – und als tüchtige Soldaten hatten die Schweizer damals in Europa den besten Ruf – mehr vertraute als Italienern, die dem einen oder anderen der rivalisierenden römischen Adelshäuser nahestanden.

Papst Benedikt XVI. bedachte die Gardisten zum Jubiläum mit herzlichen Worten und seinem Segen. Er erinnerte an das Eintreffen der ersten 150 Schweizer Söldner am 22. Jänner 1506 und an das heroische Verhalten der Garde beim „Sacco di Roma" am 6. Mai 1527. Damals plünderten deutsche und spanische Landsknechte des römischen Kaisers Karl V. die Ewige Stadt. Die Schweizer, denen ausdrücklich nicht der Dienst auf dem Schlachtfeld, aber die persönliche Verteidigung des Papstes obliegt, mussten Papst Clemens VII., der die Gefahr zunächst unterschätzte, vor den in den Apostolischen Palast und in den Petersdom eindringenden Horden schützen. Dabei wurden 147 Gardisten, auch deren Kommandant Kaspar Röist, barbarisch niedergemetzelt, nur 42 Schweizer unter Führung des Gardeleutnants Herkules Göldli konnten überleben und ihre Aufgabe erfüllen: Der Medici-Papst – die Garde trägt noch heute Uniformen in den traditionellen Medici-Farben Blau, Rot und Gold – wurde von ihnen im letzten Moment durch den „Passetto", den geheimen Gang zur Engelsburg, in Sicherheit gebracht, wobei er laut einem zeitgenössischen Bericht ganz schön ins Schwitzen gekommen sein soll.

Zweimal schien das Ende für die Schweizergarde gekommen – erstmals nach dem „Sacco di Roma", dann noch infolge der Besetzung des Kirchenstaates durch die Truppen Napoleons –, doch letztlich blieben dies zwei Unterbrechungen einer sonst lückenlosen 500-jährigen Geschichte im Dienste der Päpste. Wo immer sich der Papst heute aufhält, auch auf allen seinen Reisen, befinden sich Angehörige der Schweizergarde in seiner Nähe. Meist tragen sie nur Hieb- und Stichwaffen oder Tränengas bei sich, mitunter aber auch Schusswaffen.

Zum Gedächtnis an den Schlüsseltag in der Geschichte der päpstlichen Leibwache werden alljährlich am 6. Mai die neuen Rekruten vereidigt, 2006 waren es 33. Dabei verliest der Gardekaplan die Eidesformel – sie umfasst auch die Bereitschaft, für den Papst oder, im Falle einer Sedisvakanz, für das Kardinalskollegium das Leben hinzugeben. Dann ergreift jeder Kandidat die Gardefahne, hebt die Schwurfinger der rechten Hand und spricht mit lauter Stimme: „Ich … (Grad und Name des jeweiligen Gardisten) schwöre, alles das, was mir soeben vorgelesen wurde, gewissenhaft und treu zu halten, so wahr mir Gott und seine Heiligen helfen."

In die Garde eintreten können nur römisch-katholische Männer mit Schweizer Staatsbürgerschaft im Alter von 19 bis 30 Jahren. Sie müssen völlig unbescholten, ledig und zumindest 1,74 m groß sein. Weitere Voraussetzungen sind Matura oder eine abgeschlossene Berufsausbildung sowie Militärdiensttauglichkeit und

Absolvieren der Rekrutenschule. Man muss sich zu mindestens zwei Jahren Dienst in Rom verpflichten. Da viele Gardisten bereits nach dieser Mindestdauer wieder ausscheiden, muss jährlich rund ein Drittel der Garde, deren Stärke in jüngerer Zeit bei 110 Mann liegt, neu rekrutiert werden.

Die Feiern im Mai 2006 konnten aber das Blutbad nicht ganz vergessen machen, das genau acht Jahre zuvor mitten im Vatikan passiert war: Am 4. Mai 1998 fand man gegen 21 Uhr Alois Estermann, den wenige Stunden zuvor neu ernannten Kommandanten der Schweizergarde, seine aus Venezuela stammende Frau Gladys Meza Romero und den 23-jährigen Vizekorporal Cédric Tornay in der Wohnung der Estermanns nahe der Porta die Sant' Anna erschossen auf. Die wenige Stunden nach dem Verbrechen von Vatikansprecher Joaquín Navarro-Valls abgegebene Erklärung für das Drama, das sich hier abgespielt haben musste, wird sofort angezweifelt: Demnach soll Tornay, der sich von Estermann ungerecht behandelt fühlte, in einem Anflug von Wahnsinn das Ehepaar Estermann ermordet und sich dann selbst gerichtet haben. Etliche Indizien, die gegen einen solchen Sachverhalt sprechen, werden vom Vatikan ignoriert, der neun Monate später veröffentlichte offizielle Untersuchungsbericht folgt genau der ersten Erklärung. Am 5. Februar 1999 erklärt der Vatikan den Fall für abgeschlossen.

Für den Vatikan stellen sich in der offiziellen Version die Ereignisse ganz simpel dar: Cédric Tornay war wie von Sinnen, weil er nicht mit der Ehrenmedaille der Garde ausgezeichnet werden sollte. Diese Medaille steht jedem Gardisten nach dreijähriger guter Führung zu, der am 1. Dezember 1994 aufgenommene Tornay hätte sie schon Ende 1997 bekommen können, doch sie wurde ihm wegen einiger Verfehlungen verweigert. Bereits am 13. Februar 1998 habe Estermann Tornay geraten, sich eine Anstellung außerhalb der Garde zu suchen. Am 4. Mai muss Tornay zweimal Dienst machen – als er nach 19 Uhr ins Quartier kommt, stellt er fest, dass sein Name auch auf der neuesten Liste jener, die mit der

Ehrenmedaille ausgezeichnet werden sollen, fehlt. Darauf sucht er zornig den Gardekaplan auf, der ihm rät, mit Estermann zu sprechen. Gegen 20 Uhr schreibt Tornay, der außer sich ist – später soll in seinem Zimmer ein zertrümmerter Stuhl entdeckt worden sein – einen Brief und gibt ihn einem Kameraden mit der Bitte, ihn seiner Mutter auszuhändigen, falls ihm etwas zustoße. Als dieser begreift, was das bedeuten könnte, ist es zu spät.

Estermann führt gerade ein Telefongespräch, als Tornay die Wohnung im zweiten Stock betritt und sofort auf ihn und dann auf Frau Estermann feuert. Es fallen vier Schüsse kurz nacheinander, der fünfte etwas später, ein Schuss bleibt in der Waffe. Ein Schuss, der Frau Estermann verfehlt, wird später im Rahmen der Lifttür gefunden, da die Wohnungstür offenbar die ganze Zeit über offen geblieben ist. Sofort nach den Schüssen tritt eine – übrigens sehr bald nach den Ereignissen selbst verstorbene – Ordensfrau, die im gleichen Stockwerk wohnt, auf den Gang, sieht durch die offene Tür die liegende Frau Estermann und eilt hinunter, um Hilfe zu holen. Estermanns spanischer Gesprächspartner am Telefon kann die Geräusche, die er hört, nicht interpretieren, glaubt an eine Störung in der Leitung und legt auf. Erst in den Nachrichten erfährt er von dem Verbrechen und erkennt, dass er quasi Ohrenzeuge der Tat geworden ist.

Der Bericht suggeriert, dass rasch Zeugen zur Stelle waren, folglich einem anderen Täter ein unbemerktes Entkommen unmöglich gewesen wäre. Alle Indizien sprächen demnach gegen Tornay, der laut vatikanischer Autopsie eine Zyste im Gehirn hatte und Spuren von Cannabis im Urin. Für den Vatikan ist der 24-jährige Vizekorporal eindeutig der Täter, für kritische Gemüter ist er lediglich der ideale Sündenbock, dem man nicht nur das Leben, sondern auch noch seinen guten Ruf raubte. So gab es Druckerzeugnisse, in denen die Schweizergarde als eine Art „Harem" für schwule Vatikan-Prälaten präsentiert und Cédric Tornay, obwohl er mit einem Mädchen verlobt war, als käuflicher Homosexueller hingestellt wurde. Sogar eine Beziehung Tornays zu dem 43-jährigen Estermann, dessen Ehe in mehr als 14 Jahren kinderlos geblieben war, und das Mordmotiv Eifersucht wurden ins Spiel gebracht. Für Verwunderung sorgte jedenfalls, dass Gladys Meza Romero Estermann nicht an der Seite ihres sechs Jahre jüngeren Mannes in der Schweiz, sondern in ihrer Heimat Venezuela bestattet wurde. Die Trauung der Estermanns vollzog übrigens der später mächtige Kurienkardinal José Rosalio Castilla Lara.

Die Kritiker gehen davon aus, dass es drei Mordopfer gab – nicht aber zwei und einen Selbstmörder. Sie vermuten, dass für den Mord an Alois Estermann ganz andere Motive als Wut oder Eifersucht maßgeblich waren, Tornay habe sich längst damit abgefunden gehabt, nicht die Medaille zu bekommen und bereits seine Zukunft nach der Schweizergarde geplant. Sie entwerfen Theorien, wie jemand anderer die Tat verübt und sie zugleich Tornay in die Schuhe geschoben haben könnte. Ein Komplott von mindestens zwei Personen im Vatikan mit einem Killer von außen wird angedeutet. Zwei Bücher erregen besonderes Aufsehen: „Ihr habt getötet" von einer angeblich aus Laien und Geistlichen im Vatikan bestehenden Gruppe, die sich „Discepoli di Verità" (Jünger der Wahrheit) nennt, und „Mord im Vatikan" von der schon beim Papst-Attentat eine eigenwillige Theorie verfechtenden Publizistin Valeska von Roques.

Die Autoren dieser Bücher bringen eine ganze Reihe von Ungereimtheiten im Vatikan-Bericht zur Sprache. Sie finden es vor allem auffallend, dass der Vatikan in einem so spektakulären Kriminalfall, für dessen Untersuchung seine Sicherheitskräfte gar nicht geeignet seien, nicht die italienischen Behörden hinzugezogen hat. Doch so verfügte es der rasch am Tatort eingetroffene damalige Substitut im Staatssekretariat, Erzbischof Giovanni Battista Re, und wich damit von der gängigen Praxis ab. Davor und danach wurde bei weit weniger dramatischen Anlässen – etwa dem Suizid des Rentners Benedetto Mininni am 26. August 1999 im Petersdom – sofort die italienische Polizei durch die vatikanischen Behörden eingeschaltet. Im Fall Estermann aber gab es niemanden, der sofort den Tatort sperrte und mögliche Spuren sicherte. Vielmehr herrschte nach dem Verbrechen in der Estermannschen Wohnung ein Kommen und Gehen, ein Zeuge zählte 21 Personen – unter ihnen neben Re auch Monsignore Pedro López, Assessor im Staatssekretariat, Vatikan-Sprecher Navarro-Valls, aber auch drei hohe Repräsentanten des in Sicherheitsfragen bis heute ständig mit der Schweizergarde rivalisierenden Corpo di Vigilanza, darunter Gendarmerie-Kommandant Camillo Cibin und sein Stellvertreter Raoul Bonarelli. Re soll in der Küche Schweizer Schokolade entdeckt und herumgereicht haben. Es wurde geraucht und geplaudert, achtlos über die Leichen gestiegen und vermutlich einiges am Tatort verändert. So sollen vier auf einem Tischchen stehende Gläser rasch von jemandem entfernt worden sein.

Der damals zuständige Vertreter des vatikanischen Tribunals, Gianluigi Marrone, ein Kirchenrechtler ohne kriminalistische Erfahrung, kam erst nach 22 Uhr. Unter seiner Verantwortung wurden, so Valeska von Roques, „sämtliche Regeln für die professionelle Behandlung eines schweren Verbrechens ignoriert". Marrone sagte später selbst gegenüber einer Zeitung: „Ich bin per Zufall an den Fall geraten, weil ich als Einziger unter meinen drei Kollegen vom Tribunal telefonisch aufzutreiben war. Mit einem Kriminalfall hatte ich noch nie zu tun. Ich weiß gar nicht, wie man ermittelt." Beobachter fanden es auch pikant, dass sich dann ausgerechnet Raoul Bonarelli, der als Intimfeind Estermanns galt, um die Spurensicherung kümmerte. Rasch gab es Gerüchte, dass Estermanns Wohnung und Büro durchwühlt worden und brisante Dokumente aus seinem Besitz verschwunden waren. Wurden sogar, wie es ein von Valeska von Roques aufgespürter anonymer Zeuge behauptet, Beweismittel manipuliert – etwa Einschusslöcher am Tatort –, um Tornay als Schuldigen hinzustellen?

Sehr viele für den Vatikan unangenehme Fragen blieben unbeantwortet. Weshalb blieb der Posten des Kommandanten der

Schweizergarde monatelang vakant, ehe man Estermann in diese Funktion berief? Schikanierte Estermann Tornay tatsächlich über Gebühr und war dafür Tornays kritische Haltung gegenüber dem „Opus Dei", dem Estermann mit großem Eifer angehörte, die Ursache? Warum blieben alle persönlichen Schreiben von Muguette Baudat, der Mutter Tornays, an den Papst völlig unbeantwortet, während sonst jedes Schreiben an den Papst zumindest mit irgendwelchen Floskeln beantwortet wird? Muss es nicht zu denken geben, wenn Grafologen und Frau Baudat einsichtig argumentieren, dass der angebliche Abschiedsbrief Tornays eine plumpe Fälschung ist? Warum brachte Tornay auch Frau Estermann um, die ihm ja, wenn er sich nach dem Mord an Estermann selbst töten wollte, als Augenzeugin nicht mehr geschadet hätte? Und vor allem: Warum stimmen, was die Leiche Tornays anlangt, die Ergebnisse der vatikanischen Obduktion überhaupt nicht mit jenen der anschließend von Frau Baudat bei Dr. Thomas Krompecher in Lausanne veranlassten Autopsie überein?

Treffen die Aussagen einiger Zeugen zu, so lagen zwar die Estermanns in ihrem Blut, aber Tornay, der sich mit seiner Dienstwaffe selbst in den Mund geschossen haben soll, ruhte nicht blutüberströmt, sondern wie ein friedlich Schlafender auf seiner Waffe. Hätte sich Tornay so erschossen, wie es der vatikanische Bericht behauptet, müsste die Kugel die beiden Halswirbelknochen zerfetzt haben, was aber laut dem Schweizer Gutachten nicht der Fall war. Tornays Kopf muss im Moment des Schusses nach hinten gelehnt gewesen sein. In der Lunge fand man Blut, das vom Bruch des Felsenbeins an der Schläfe stammt. Daraus geht hervor, dass Tornay zunächst mit einem Handkantenschlag außer Gefecht gesetzt wurde. Er muss im Koma gelegen sein, als man ihm die Waffe gewaltsam – darauf deuten ausgeschlagene Zähne hin – in den Mund steckte und den Schuss abgab. Aus dem Vatikan erhielt Frau Baudat jene Patrone zugesandt, die angeblich das Leben ihres Sohnes beendete und in der Zimmerdecke steckte – doch Experten sind sicher, dass diese Patrone nie einen menschlichen Körper durchschlagen haben kann.

Einige erinnerten sich an eine auffallend ähnliche Begebenheit im Jahr 1959. Damals klingelte der aus der Garde entlassene Hellebardier Adolf Rückert an der Tür des Gardekommandanten Robert Nünlist, forderte Wiederaufnahme in die Schweizergarde und zog, als Nünlist dies ruhig, aber entschieden ablehnte, einen Revolver. Trotz eines Schusses in die Schulter konnte Nünlist den Angreifer niederringen. Rückerts Sohn meinte in einem Interview mit dem Schweizer Rundfunk: „Die Parallelen sind zu auffällig, um nicht den Verdacht zu nähren, dass die Ereignisse vom 4. Mai 1998 jenen vom April 1959 einfach nachinszeniert wurden."

Trotz der zahlreichen Gründe, die eine neuerliche Untersuchung des Falles rechtfertigen würden, lehnte der Vatikan alle derartigen Initiativen von Frau Baudat, die sich von Vertretern des Vatikans unter Druck gesetzt und bedroht fühlte, und ihren Anwälten Jacques Vergès und Luc Brossollet ab. Kafkaeske Begründung: Die Anwälte seien nicht bei der Anwaltskammer des „Heiligen Stuhls" zugelassen, da der Fall nicht mehr anhängig sei, gebe es auch keinen Grund, sie zuzulassen.

Wenn man wie die Kritiker davon ausgeht, dass Cédric Tornay nicht der Mörder der Estermanns war, sondern betäubt, ermordet und dann an den Tatort gebracht wurde, muss es einen oder mehrere andere Täter und andere Motive als den Ärger eines schikanierten Gardisten für das Verbrechen geben. Wer war Alois Estermann? Der Vatikan würdigte ihn als den Mann, der sich 1981 nach den Schüssen von Ali Ağca vor den Papst geworfen hatte, um ihn mit seinem Körper zu schützen. Warum sollte jemand Estermann nach dem Leben getrachtet haben?

Dazu gibt es eine Fülle von Spekulationen. So wird über eigenartige Geldgeschäfte der Estermanns gemunkelt, die weit besser situiert gewesen seien, als es ihrem offiziellen Einkommen entsprochen habe. So ist die Rede von einem für den 13. Mai 1998 geplanten neuerlichen Attentat auf den Papst, von dem Estermann erfahren haben soll. Auch ein Machtkampf zwischen Freimaurern und „Opus-Dei"-Leuten im Vatikan wurde ins Spiel gebracht. Eine weitere Theorie lautete, Estermann sei ein Agent gewesen. Schon in den Siebzigerjahren habe ihn der damalige DDR-Spionagechef Markus Wolf angeworben, um ihn in die Schweizergarde einzuschleusen. Im Buch „Vatikan – eine Staatsaffäre" des italienischen Juristen und langjährigen Parlamentariers Ferdinando Imposimato wurde der ehemalige DDR-Agent Günther Bohnsack mit derartigen Behauptungen zitiert, die Bohnsack selbst später dementierte. „Nein, er nicht", ließ auch Markus Wolf über Estermann verlauten, deutete aber damit an, dass es sehr wohl Stasi-Spitzel im Vatikan gab.

Ein mögliches Mordmotiv könnten auch Dossiers gewesen sein, die Estermann zu Personen und Vorgängen im Vatikan angelegt haben soll. Angeblich wurde bereits zu seinen Lebzeiten bei der Schweizergarde eingebrochen und einiges an schriftlichen Dokumenten entwendet. Zum Entführungsfall Emanuela Orlandi dürfte Estermann besonders brisantes Material besessen haben.

Ein interessantes Gerücht, das der verstorbene Kurienkardinal Silvio Oddi verbreitet haben soll, findet sich im 2002 erschienenen Buch „Mistero Vaticano" von Pino Nicotri. Demnach soll Emanuela Orlandi am frühen Abend des 22. Juni 1983, dem Tag ihres Verschwindens, in einem vatikanischen Dienstwagen in den Vatikan gebracht worden sein. Kurze Zeit später – das Auto habe inzwischen nahe der Porta di Sant'Anna gewartet – sei sie wieder eingestiegen. Dann habe der Wagen den Vatikan verlassen. Sollte das Gerücht zutreffen, müsste jemand von der Schweizergarde Emanuela gesehen haben, jemand, der vielleicht Kapital aus seinem Wissen zu schlagen versuchte.

Elegant formulierte Zweifel daran, dass die Vatikan-Version der Ereignisse des 4. Mai 1998 der Wahrheit letzter Schluss ist, äußerte jedenfalls Estermanns langjähriger Vorgänger als Kommandant der Schweizergarde, Roland Buchs, der nach diesem Tag interimistisch nochmals die Garde leitete. Er sagte, dass über dieses Verbrechen „nur Gott die Wahrheit kennt".

19) Nuntiaturen und Denunziaturen
Diplomatie, Personalpolitik und Spionage im Umfeld des Vatikans

Der „Heilige Stuhl" könnte nicht als Weltzentrale der römisch-katholischen Kirche funktionieren, wenn er nicht allerorten seine Augen und Ohren hätte. Der Vatikan unterhält rund 170 päpstliche Vertretungen bei Staaten, aber auch internationalen Organisationen. Seine Nuntien, die Leiter dieser Vertretungen, agieren gegenüber Regierungen wie profane Botschafter, sie beobachten aber vor allem auch das Geschehen in den jeweiligen Ortskirchen und üben nicht selten großen Einfluss auf die regionale Situation aus. „In Costa Rica bestimmt der Nuntius, was in der Kirche getan werden muss", wusste 1992 ein einheimischer Kenner der Kirche in diesem lateinamerikanischen Land zu berichten.

Die meisten Nuntien haben in Rom an der bereits 1701 gegründeten Pontifikalakademie – an der lange Zeit fast ausschließlich Italiener studierten – eine solide Vorbereitung auf den diplomatischen Dienst erhalten. Für die Aufnahme an die Akademie ist nicht vorgesehen, dass man sich darum bewirbt, sondern dass man von kirchlichen Oberen empfohlen und dann dorthin geholt wird. Nach Absolvieren der Akademie sind in der Regel viele Jahre Arbeit in vatikanischen Büros beziehungsweise als Mitarbeiter in einer Nuntiatur nötig, ehe jemandem die Leitung einer vatikanischen Botschaft – zunächst einer kleineren und dann, bei gutem Erfolg, einer größeren anvertraut wird. Hat sich ein Nuntius an einer wichtigen Außenstelle bewährt, winkt ihm unter Umständen ein Kardinalshut.

Dass ein ehemaliger Nuntius Papst wird, ist selten, aber immer wieder vorgekommen. Eugenio Pacelli stieg vom Nuntius in Deutschland zum Kardinalstaatssekretär und schließlich 1939 als Pius XII. zum Pontifex auf, als den Kardinälen ein Kirchenpolitiker mit Deutschland-Erfahrung auf diesem Platz richtig erschien. Bei Johannes XXIII. (Angelo Giuseppe Roncalli) trug zu seiner Papstwahl 1958 aber sicher bei, dass er nicht nur Nuntius in Frankreich gewesen war, sondern auch pastorale Erfahrungen als Patriarch von Venedig gesammelt hatte.

In vielen christlichen Ländern nimmt der Vertreter des „Heiligen Stuhls" unter den Diplomaten eine Doyen- oder Vorrangstellung ein. In Ländern mit besonders starker katholischer Tradition, etwa in Lateinamerika, legten und legen die Machthaber großen Wert auf Auftritte mit dem Nuntius. Um 1980 bedeutete es für die Militärregierungen in Chile und Argentinien eine Art Legitimation ihrer blutigen Repressionspolitik, wenn der Nuntius mit ihnen engen Kontakt hielt. In den Augen der Opposition diskreditierten sich freilich die Kirchenmänner mit derartigen Auftritten. So warf man zum Beispiel Pio Laghi, dem späteren Kurienkardinal, von 1974 bis 1980 Nuntius in Argentinien, vor, dass er sich nicht nur zu offiziellen Anlässen mit den Machthabern in Buenos Aires traf, sondern sogar mit ihnen am Wochenende Golf spielte.

Kritisch sahen manche auch die Haltung des späteren Kardinalstaatssekretärs Angelo Sodano, von 1978 bis 1988 Nuntius in Santiago, zum dortigen Pinochet-Regime. Unter Sodanos Regie kam es aber in dieser Weltgegend immerhin zu einem bemerkenswerten Vermittlungserfolg vatikanischer Diplomatie. Die beiden erzkatholischen Länder Chile und Argentinien legten 1985 einen hundert Jahre währenden Grenzstreit um drei Inseln im Beagle-Kanal, der fast zum Krieg geführt hätte, friedlich bei. In der Regel vermittelt der Vatikan nur offiziell, wenn er, wie in diesem Fall, von beiden Seiten darum ersucht wird. Appelle zum Frieden und Bemühungen um gewaltlose Lösungen hinter den Kulissen gehen vom Vatikan aber auch bei vielen anderen Konflikten, insbesondere im Nahen Osten, aus. Einer der wichtigsten päpstlichen Sonderbotschafter war in den letzten Jahren der bereits emeritierte französische Kurienkardinal Roger Etchegaray.

Ins Fettnäpfchen trat der Vatikan 1992 in Haiti, nachdem Präsident Jean-Bertrand Aristide, ein ehemaliger Armenpriester, dessen politisches Engagement man in Rom stets vehement ablehnte, von Militärs gestürzt worden war. Aristide war immerhin der demokratisch gewählte Präsident und kam auch später wieder an die Macht, bis ihn dann wegen seiner zunehmend selbstherrlichen Politik das Volk – nicht die Militärs – aus dem Präsidentenpalast vertrieb. Nach seinem ersten Sturz überreichte ausgerechnet ein neuer päpstlicher Nuntius, Lorenzo Baldisseri, als erster ausländischer Diplomat den bis dahin von keinem anderen Staat anerkannten neuen Machthabern sein Beglaubigungsschreiben.

Dafür behielt der Vatikan als letzter Staat Europas diplomatische Beziehungen zur nationalchinesischen Regierung in Taiwan bei. Doch die Diplomaten im Vatikan sind Pragmatiker. Im März 2006 verkündete der Leiter der Außensektion im Staatssekretariat, Erzbischof Giovanni Lajolo, man wäre bereit, die Nuntiatur für China aus Taipeh nach Peking zu verlegen. Die Zeit für einen solchen Schritt sei reif, die geistlichen Bedürfnisse von Millionen Katholiken in der Volksrepublik China seien dringlicher als die der 300.000 Gläubigen in Taiwan. Peking zeigte dem Vatikan allerdings die kalte Schulter. Vor offiziellen Beziehungen müsse der „Heilige Stuhl" nicht nur auf seine Nuntiatur in Taiwan, sondern auch auf die Einmischung in Chinas „interne Angelegenheiten", konkret auf die Auswahl neuer Bischöfe, verzichten. Doch auf Bischöfe von Gnaden der Pekinger Regierung wollte sich der Vatikan nicht einlassen.

Auch Indien greift den Vatikan nicht mit Glacéhandschuhen an. Als Papst Benedikt XVI. im Mai 2006 beim Antrittsbesuch des neuen indischen Botschafters beim „Heiligen Stuhl", Amitava Tripathi, die indische Religionspolitik kritisierte und auf Verstöße gegen die Religionsfreiheit hinwies, kam es zu Tumulten im indischen Parlament. Nationalistische Hindu-Abgeordnete wiesen die päpstlichen Aussagen als „grob unangemessen" zurück. Der Nuntius in Neu Delhi wurde ins indische Außenamt zitiert, man teilte ihm „unmissverständlich" mit, dass die indische Regierung die Worte des Papstes missbillige.

Ein häufiger Anlass zu Konflikten zwischen Staaten, aber auch Ortskirchen mit dem „Heiligen Stuhl" waren und sind Bischofsernennungen. Hansjakob Stehle hat sich in seinem Buch „Geheimdiplomatie im Vatikan" der Lage der katholischen Hierarchie in Osteuropa gewidmet, als dort noch die Kommunisten am Ruder waren. Teilweise gab es, wie jetzt noch in China oder Vietnam, zwei Hierarchien – eine, die dem Regime, und eine andere, wahre Märtyrer hervorbringende, die Rom ergeben war. In diese Länder einreisende päpstliche Gesandte weihten „Geheimbischöfe", die ihrerseits wieder geheim Priester weihten – in der Tschechoslowakei kam es sogar zur Weihe verheirateter Männer und einzelner Frauen, was zwar eine gute Tarnung gegenüber den Kommunisten darstellte, von Rom aber absolut nicht gutgeheißen oder anerkannt wurde.

Im Allgemeinen kommt dem Nuntius bei der Neubesetzung von Bischofsstühlen eine Schlüsselrolle zu. Er hat zu sondieren, im Idealfall durch zahlreiche Gespräche mit Repräsentanten aller wichtigen kirchlichen Richtungen in der jeweiligen Diözese, welche Kandidaten in Betracht kommen, und schließlich eine sogenannte „Terna", einen Dreiervorschlag, nach Rom zu schicken. Im Vatikan werden dann noch Recherchen über die Kandidaten angestellt – mitunter, etwa im Fall des 1986 ernannten Wiener Erzbischofs Hans Hermann Groër, dürften sie sehr oberflächlich ausgefallen sein – und Dossiers über sie zusammengestellt. Dann fällt die Kongregation für die Bischöfe, an deren Spitze als Präfekt der Italiener Giovanni Battista Re steht, eine Vorentscheidung. In regelmäßigen Abständen legt Kardinal Re dem Papst die für das Bischofsamt ausersehenen Namen vor. In den letzten Jahren Johannes Pauls II. soll es zur Routine geworden sein, dass Re das päpstliche Arbeitszimmer bald mit allen unterschriebenen Ernennungen verlassen konnte. Vom neuen deutschen Papst heißt es, er sei bedächtiger und behalte immer wieder die vorgelegten Papiere bei sich, um sie sich noch genauer anzuschauen. Für einen relativ großen Teil von Ernennungen – nämlich jene in Missionsgebieten – ist übrigens nicht die Bischofskongregation, sondern die im Sommer 2006 dem indischen Kardinal Ivan Dias anvertraute Kongregation für die Evangelisierung der Völker (vormals „Propaganda Fide") zuständig. Und die Kongregation für die Orientalischen Kirchen hat die Kompetenz für die Patriarchate in diesem Bereich. In den Kirchen des östlichen Ritus besteht in der Regel noch das Recht, dass eine Synode den Patriarchen beziehungsweise Bischof frei oder aus einer vom Papst gebilligten Liste wählt.

Auch in den Diözesen des lateinischen Ritus wählten im ersten Jahrtausend Klerus und Volk einer Diözese den Bischof, später noch viele Jahrhunderte die Domkapitel oder die Landesherren. Heute hat sich der Papst fast überall das Recht der freien Besetzung von Bischofssitzen gesichert. Immerhin: In Diözesen wie Köln oder Salzburg dürfen noch die Domherren aus einem Dreiervorschlag des „Heiligen Stuhls" den neuen Bischof wählen – ein Verfahren, das aber mit Recht auf Kritik stößt („Dann nominiert Rom eben einen Blinden, einen Lahmen und einen, der es werden soll"). In der Schweiz haben die Domkapitel der Diözesen Basel und St. Gallen sogar noch das Recht der freien Bischofswahl – die dann vom Papst nur noch bestätigt werden muss. Als der Vatikan 1988 in der Schweizer Diözese Chur das Mitspracherecht der Domherren umging, indem er dem im Amt befindlichen Bischof Johannes Vonderach den erzkonservativen Wolfgang Haas als Koadjutor mit Nachfolgerecht zur Seite stellte, spaltete er das Kirchenvolk.

In Österreich schlug die Ernennung konservativer Bischöfe ab 1985, als Michele Cecchini Nuntius in Wien geworden war, hohe Wellen. Cecchinis Vorgänger Mario Cagna, unter dem noch vom Kirchenvolk akzeptierte Oberhirten ernannt worden waren, soll in einem erst 20 Jahre später veröffentlichten Brief Kritik an den kirchlichen Zuständen in Österreich geübt haben. Entfremdungen zwischen dem Kirchenvolk und den von Rom ernannten Bischöfen traten später zunehmend auch in Deutschland auf. Die Nuntiaturen gerieten in den Ruf von „Denunziaturen", viele Katholiken sahen in ihnen Umschlagplätze böser Gerüchte, die über reformorientierte Bischofskandidaten verbreitet und dann nach Rom weitergetragen wurden. Das militante Vorgehen konservativer Katholiken bekamen auch katholische Journalisten zu spüren. Scharfe schriftliche Leserreaktionen auf manche Artikel waren bisweilen mit dem Vermerk „Kopie geht an den Nuntius" versehen.

In diesen Jahren gingen immer wieder Theologen mit kritischen Erklärungen gegenüber Rom (Kölner Erklärung, Washingtoner Erklärung) an die Öffentlichkeit. Die nordamerikanischen Theologen zitierten 1990 einen kurz davor in den USA bekannt gewordenen vertraulichen Fragebogen, der offenbar damals in den Nuntiaturen in Gebrauch war. Damit wurden die Positionen von Bischofskandidaten zum Zölibat, zur Priesterweihe von Frauen sowie zur künstlichen Empfängnisregelung erhoben.

Früher galten Nuntien in größeren Staaten als sichere Anwärter auf den Titel Eminenz. Wer allerdings, wie der Belgier Jean Jadot, von 1973 bis 1980 päpstlicher Vertreter in den USA, zu viele reformorientierte Bischöfe vorgeschlagen hatte, wurde ohne Kardinalshut in Pension geschickt. Seither sind zumindest jene Nuntien, die nach dem Purpur streben, von vorauseilendem Gehorsam bei der Auswahl von Bischofskandidaten und suchen möglichst nur noch jene aus, die öffentlich noch keine „progressiven" Töne von sich gegeben haben.

Natürlich laufen auch, wenn bereits amtierende Bischöfe in Konflikte verwickelt sind, die Fäden beim jeweiligen Nuntius sowie in der Bischofskongregation in Rom zusammen. Es kommt vor, dass umstrittenen Bischöfen ein vorzeitiger Rücktritt nahegelegt wird – etwa 2004 dem St. Pöltener Oberhirten Kurt Krenn, aus dessen Priesterseminar sexuelle Verfehlungen bekannt geworden waren. Oder sie werden im wahrsten Sinn des Wortes in die

Wüste geschickt, indem man ihnen statt ihrer Diözese nur noch ein Titularbistum, dessen Gebiet nur noch Ödland ist, anvertraut – wie 1995 der progressive Franzose Jacques Gaillot, der seither vor allem via Internet und auf Vortragsreisen agiert. Ein Sonderfall, dem man im Vatikan etwas ratlos gegenüberzustehen scheint, ist der aus Zambia stammende, als Heiler und Exorzist bekannt gewordene Erzbischof Emmanuel Milingo, der sich der „Vereinigungskirche" des Koreaners Mun Sun-myung anschloss, dort 2001 bei einer Massenhochzeit heiratete und sich nach vorübergehender Rückkehr zur katholischen Kirche im Sommer 2006 wieder den „Moonies" und seiner Ehefrau zugesellte. Nach jüngsten Meldungen will der amerikanische Bestseller-Autor Dan Brown mit Milingo zusammenarbeiten und von ihm Informationen in Sachen Exorzismus – ein Gebiet, auf dem der Vatikan spezielle Kurse veranstaltet – erhalten.

Der Vatikan hat fast überall auf der Welt seine Augen und Ohren, es gilt aber als sicher, dass auch etliche Leute im Vatikan ihre Augen und Ohren offenhalten und von dort vertrauliche Informationen in die Welt liefern. Aus unterschiedlichen Gründen waren und sind östliche und westliche Geheimdienste interessiert daran, was im Zentrum der römisch-katholischen Kirche vorgeht und welche Weichenstellungen mit möglicherweise politischen Auswirkungen sich dort anbahnen. Dabei zeigte sich, wie Werner Kaltefleiter und Hanspeter Oschwald in ihrem Buch „Spione im Vatikan" hervorheben, „dass Spionage gegen und im Vatikan ernsthaft und partiell erfolgreich nur von den Staaten betrieben wurde, die eine nennenswerte katholische Bevölkerung aufweisen". Für islamische oder buddhistische Länder hätten der Papst und sein Handeln zu geringe Bedeutung.

Bemühungen, Vertrauensleute in den Vatikan einzuschleusen oder dort Tätige für Spitzeldienste anzuheuern, hat es immer gegeben, am massivsten mutmaßlich seitens autoritärer und totalitärer Systeme und ihrer Gesinnungsfreunde – der Nationalsozialisten, der Kommunisten, der Faschisten. Nach dem Zweiten

Weltkrieg wurden vor allem Kontakte mit Kommunisten argwöhnisch betrachtet. Als im Juni 1963 der als Agent geltende erste Sekretär der sowjetischen Botschaft der Schwester des armenischen Kurienkardinals Gregorio Pietro Agagianian einen Besuch abstattete, verringerte das die bis dahin guten Chancen dieses Kardinals für das wenige Tage später beginnende Konklave.

Erst in jüngster Zeit stellte sich heraus, dass im Pontifikat von Papst Johannes Paul II. etliche seiner Landsleute als Spitzel für den polnischen Geheimdienst gearbeitet haben. 4.000 polnische Priester sollen dabei im In- und Ausland am Werk gewesen sein. Wieweit sie zu wirklich brisanten Informationen Zugang hatten – hinsichtlich eines der bekanntesten Spitzel, des Dominikaners Konrad Stanisław Hejmo, wurde das heftig dementiert –, ist eine andere Frage. Zum größten Eklat kam es im Jänner 2007, als wegen derartiger Vorwürfe sogar der gerade erst zum Warschauer Erzbischof und damit Primas von Polen ernannte Stanislaw Wielgus sein Amt sofort wieder niederlegen musste. Die Aufarbeitung der, sicher oft durch Erpressung erreichten, Kooperation von Geistlichen mit dem jeweiligen Geheimdienst ist in mehreren osteuropäischen Staaten, nicht nur, aber vor allem in Polen, ein heikles Thema.

Als der heutige Papst auf dem Sprung in den Vatikan war, arbeiteten in Rom laut Kaltefleiter und Oschwald „bis zu acht V-Männer, so genannte Inoffizielle Mitarbeiter (IM) und eine Reihe unbekannter ‚Zubringer‘" für den DDR-Geheimdienst. Solche Meldungen sind freilich mit Vorsicht zu genießen. Auch der angesehene Journalist Hansjakob Stehle sah sich als Mitarbeiter genannt, obwohl er selbst davon keine Ahnung hatte. Sensationelles erfuhr die DDR-Führung jedenfalls nicht. Was für sie 1979 eine Neuigkeit war, da es noch niemand veröffentlicht hatte – nämlich, dass Joseph Ratzinger beste Chancen hatte, die Leitung der Glaubenskongregation zu übernehmen –, pfiffen im Vatikan bereits die Spatzen von den Dächern.

20) Vatikanische Vernetzungen
Organisationen und Seilschaften im Ringen um die Macht in der Kirche

„Es ist eine Vetternwirtschaft nach allen Regeln der Kunst, die der Papst ganz genau kennt, doch fehlt ihm der Mut, die Peitsche zu schwingen, um die Ränkeschmiede aus der Kurie zu verjagen. Er hat verstanden, dass das Spiel ihm aus der zitternden Hand gleitet, der es an Festigkeit fehlt, um diese Hemmungslosen zu entfernen, die er selbst mit soviel purpurner Macht ausgestattet hat. Obwohl er sie sehr gut kennt, tut er als rechter Duckmäuser so, als achte er sie für etwas, was sie nicht sind. ‚Was soll ich denn tun?‘ vertraute sich Johannes Paul II. einer ihm nahe stehenden polnischen Person an. ‚Zu viele sind beschuldigt, und sie stehen zu weit oben; ich kann sie nicht alle und in so kurzer Zeit entmachten.‘“

Solche Aussagen schlugen 1999 in Italien Wellen. In dem Buch „Via col vento in Vaticano“ (Vom Winde verweht im Vatikan), dessen deutscher Titel „Wir klagen an“ lautete, stellten „I Millenari“ (Die Jahrtausendmänner), eine anonyme Autorengruppe, der angeblich 20 Kurienprälaten angehörten, Teile der Kurie als Sumpf von Korruption, Karrierismus und Machtkämpfen dar. Von Freimaurerei, sexuellen Verfehlungen, insbesondere Homosexualität, ja sogar satanistischen Praktiken innerhalb der vatikanischen Mauern, war da die Rede. Nur ein einziger Mitautor, Monsignore Luigi Marinelli, konnte eruiert werden. Er erklärte: „Dieses Buch ist für den nächsten Papst geschrieben, er wird es verstehen.“

Was die „Millenari“ beschreiben – wie leicht ein von außen kommender Papst von erfahrenen Kurienkardinälen ausgetrickst wird, indem man ihn etwa viel auf Reisen gehen lässt und das dabei entstehende Machtvakuum ausnützt –, trifft natürlich im neuen Pontifikat so nicht mehr zu. Aber ein nicht genau bestimmbarer Teil der in „Wir klagen an" geäußerten Vorwürfe war sicher ernst zu nehmen. Auf der Rückseite der deutschen Taschenbuchausgabe stand: „‚Dreißig Prozent von diesem Buch mögen wahr sein', hieß es bissig in Kreisen der römischen Kurie, ‚aber siebzig Prozent sind sehr wahr.'"

Da geht es um Machtkämpfe von kurialen Cliquen und Seilschaften, in denen die einstige Rivalität römischer Adelshäuser um die Macht im Vatikan auflebt: „Die Spitze der Kurie ist wie der Fels auf dem Kalvarienberg durch einen tiefen Riss gespalten: auf der einen Seite die Gruppe, die gerade den Steuerknüppel in den Händen hält, auf der anderen die, die sehnsüchtig die Wachablösung erwartet." Die „Millenari" urteilten hart: „Jedes Mittel ist recht, um den konkurrierenden Clan auszuschalten." Sie hielten den mächtigen Clans aus dem Raum Piacenza oder aus der Region Emilia-Romagna vor, dass sie etliche unqualifizierte oder charakterlich fragwürdige Leute in Machtpositionen befördert hätten, während man anständige Arbeiter im Weinberg des Herrn kaltstellte – die sich in diesem Buch offenbar auch den eigenen Frust von der Seele schrieben.

Konflikte im Vatikan bleiben der Außenwelt meist verborgen, doch angesichts des schlechten Gesundheitszustandes von Johannes Paul II. ab Februar 2005 trat einiges zutage. In der Frage, ob ein Papstrücktritt denkbar sei, waren deutlich heftige Spannungen, insbesondere zwischen Kardinalstaatssekretär Angelo Sodano auf der einen und dem päpstlichen Privatsekretär Stanisław Dziwisz sowie dem Chef der Bischofskongregation, Kardinal Giovanni Battista Re, auf der anderen Seite zu erkennen.

Wie weit für den Kampf um Macht und Einfluss im Vatikan unterschiedliche persönliche Kirchenbilder und Glaubensüberzeugungen oder vorwiegend Ehrgeiz, Eitelkeit, der Gewinn realer

Vorteile für die eigene Person oder die eigene Gruppe maßgeblich sind, lässt sich nicht genau beantworten. Fest steht, dass es dieses Ringen verschiedener Gruppen um die Vorherrschaft in Rom und Italien stets gegeben hat. Schon im Mittelalter bekriegten einander die Ghibellinen als kaiserliche Partei, benannt nach der Stauferburg Waiblingen und dem Kampfruf der Staufer, und die vorwiegend, aber nicht immer, auf päpstlicher Seite stehenden, nach dem Geschlecht der Welfen benannten Guelfen. Vor allem solange sich katholische Monarchen in die Papstwahlen einmischten, spielte es dort eine Rolle, ob Kandidaten den Spaniern genehm waren oder eher zur frankophilen oder zur deutschfreundlichen Gruppe gezählt wurden. Soweit es um Fragen der katholischen Glaubenslehre ging, standen einander im späten 18. Jahrhundert die „politicanti", die eine Anpassung an die neue aufgeklärte Zeit anstrebten, und die um das Hüten der Tradition bemühten „zelanti" gegenüber.

Einen letzten Höhepunkt im ständig aktuellen Ringen zwischen Konservativen und Reformern in der Kirche bedeutete das Zweite Vatikanische Konzil (1962–65), das der Wiener Weihbischof Helmut Krätzl im Rückblick mit dem Buchtitel „Im Sprung gehemmt" charakterisierte. Als „Leichnam in stinkender Verwesung" wurde nach diesem Konzil, 1972, die katholische Kirche vom spanischen Priester Josemaría Escrivá de Balaguer y Albás gesehen. Seither haben, gerade in Rom, vor allem konservativ eingestellte Gruppierungen und Bewegungen wieder stark an Boden gewonnen.

Besonders häufig wird in diesem Zusammenhang das 1928 von Escrivá gegründete „Opus Dei" (Werk Gottes) genannt. Luigi Giussani, der Gründer und Chef der zweiten wichtigen neuen Organisation, „Comunione e liberazione" (CL, Gemeinschaft und Befreiung), hat dazu im Gespräch mit dem Journalisten Vittorio Messori interessante Aussagen gemacht: „Wissen Sie, wir von CL sind die Guerilla, die Freischärler, die Steine werfen. Wir leisten unseren Teil, indem wir mitunter Radau veranstalten.

Aber sie, die Leute vom Opus Dei, sie haben die Panzer. Sie gehen mit ihren Panzern voran, auch wenn sie die Raupenketten mit Gummireifen verkleidet haben. Sie machen keinen Lärm, aber sie sind da, und wie! Und das werden wir immer besser merken, Sie werden sehen."

Es sind „lautlose Panzer", wie der Deutsche Peter Hertel, Verfasser mehrerer kritischer Bücher über das „Opus", schreibt. Hertel verkündet schon in einem Buchtitel die „Schleichende Übernahme" der Macht im Vatikan durch das „Opus Dei". Im dicken Buch „Opus Dei" des amerikanischen Rom-Korrespondenten John L. Allen findet man zwar eine Fülle von Material und Aussagen über das Werk – meist von Mitgliedern, deren es 2003 immerhin bereits 85.491, darunter 1.850 Priester, gab –, aber kein einziges Mal den Namen Hertel.

Seitens des „Opus Dei" selbst werden alle Theorien, die das Werk als eine Art „heilige Mafia", als verschwörerischen Geheimbund mit kirchenpolitischer Strategie, hinstellen, strikt zurückgewiesen. Die Heiligung des Menschen, insbesondere des katholischen Laien, in der alltäglichen Arbeit stehe im Vordergrund, und dieses Ziel hat viele Kirchenmänner für das „Opus Dei" eingenommen. Dass sich bei den Mitgliedern des „Opus Dei" nicht nur viel guter Wille und Idealismus, sondern auch bedeutende politische und wirtschaftliche Macht findet, ist kaum zu bestreiten. Auch wenn kirchenpolitische Strategien dementiert werden, hat diese „stärkste integralistische Machtballung" – so der Theologe Hans Urs von Balthasar – sicher großes Interesse daran, wer in der römisch-katholischen Kirche den Ton angibt.

Egal, ob man mit dem „Opus Dei" oder seinen Kritikern mehr sympathisiert, fest steht, dass Papst Johannes Paul II. es gefördert hat wie kein Papst vor ihm. Er hat es 1982 zur direkt dem „Heiligen Stuhl" unterstellten Personalprälatur erhoben und den Gründer Escrivá nach einem ungewöhnlich schnellen Verfahren 1992 selig- sowie am 6. Oktober 2002 heiliggesprochen. Das „Opus Dei" hatte vielleicht schon bei der Papstwahl im Oktober

1978 seine Hände im Spiel, zumindest aber eine gute Nase für das Ergebnis. Der deutsche Journalist Hanspeter Oschwald erklärte folgendermaßen, warum er über Karol Wojtyła als einer der ersten genau Bescheid wusste: „Erstens hatte er wiederholt in Bischofssynoden gesprochen, und zweitens lag in meinem Schreibtisch ein kleiner Stapel von Reden dieses Kardinals, sogar auf deutsch. Sie waren gesammelt, übersetzt und interessierten Journalisten zur gefälligen Nutzung regelmäßig zugestellt worden. Absender: die Opus-Dei-Zentrale in Rom."

Der polnische Papst ernannte die ersten Kardinäle aus dem „Opus Dei": 2001 Juan Luis Cipriani Thorne, den Erzbischof von Lima in Peru – wo das „Opus Dei" die Bischofskonferenz dominiert –, und 2003 den Spanier Julian Herranz Casado, Präsident des Päpstlichen Rates für die Interpretation von Gesetzestexten in Rom. Zum „Opus Dei" gehört aber auch die Priestergemeinschaft vom Heiligen Kreuz, und wer zu dieser zählt, erfährt man meist nur inoffiziell. Auf jeden Fall wird auch der frühere päpstliche Privatsekretär und nunmehrige Kardinal-Erzbischof von Krakau, Stanisław Dziwisz, dieser Gruppe zugeordnet. In führende Vatikanpositionen sind auch zwei Laien des „Opus Dei" aufgerückt: der Italiener Giò Maria Poles als Leiter der Personalabteilung für die Angestellten des „Heiligen Stuhls" und der Spanier Joaquín Navarro-Valls als Chef des Pressebüros. Als Navarro-Valls im Sommer 2006 abtrat, wurde er von Papst Benedikt XVI. persönlich ehrenvoll verabschiedet. Dass der Jesuit Federico Lombardi seine Nachfolge antrat, bedeutete freilich einen Einflussverlust für das „Opus" und einen Machtzuwachs für die bereits mit Radio Vatikan betrauten Jesuiten.

Joseph Ratzinger galt ursprünglich als reserviert gegenüber dem „Opus Dei", doch spätestens, seit dem heutigen Papst 1998 von der Opus-Dei-Universität im spanischen Pamplona die Ehrendoktorwürde verliehen wurde, ist davon keine Rede mehr. Vor dem Konklave 2005 meinte man, wohl zu Recht, gegen den Widerstand der mit dem „Opus Dei" mehr oder weniger sympathisierenden Kardinäle – deren Zahl wurde auf etwa 60 der 115 Wahlkardinäle geschätzt – könne sicher niemand Papst werden.

Neben dem „Opus Dei" ist die Bedeutung anderer katholischer Gruppierungen, meist sehr konservativer Provenienz, nicht zu unterschätzen. Mit dem Movimento „Comunione e Liberazione" sind mehrere italienische Kardinäle, vor allem der venezianische Patriarch Angelo Scola, dem man große Chancen beim nächsten Konklave vorhersagt, und Giacomo Biffi, der Alterzbischof von Bologna, eng verbunden. Auch den nordamerikanischen Kolumbusrittern („Knights of Columbus"), mit 1,7 Millionen Mitgliedern die größte Laienorganisation der Welt, der Fokolare-Bewegung, dem Ritterorden vom Heiligen Grab, dessen führende Mitglieder oft in vatikanische Finanzaktionen einbezogen waren, und dem Neokatechumenat sagt man einigen Einfluss im Vatikan nach. Wichtig sind auch die „Legionäre Christi", deren 1920 geborener Gründer Marcial Maciel allerdings negative Schlagzeilen machte. Angesichts massiver Vorwürfe gegen Maciel wegen sexuellen Missbrauchs wurde am 19. Mai 2006 vom Vatikan mit Billigung des Papstes entschieden, aufgrund des Alters und der angeschlagenen Gesundheit von P. Maciel auf einen kirchlichen Prozess zu verzichten. Maciel möge ein zurückgezogenes Leben des Gebetes und der Buße führen sowie auf jeden öffentlichen Auftritt verzichten.

Noch wenig hat sich herumgesprochen, dass der neue Papst große Sympathien für die 1968 in München, in seiner bayerischen Heimat, von Traudl Wallbrecher gegründete „Katholische Integrierte Gemeinde" (KIG) hegt. 1978, als Joseph Ratzinger Erzbischof von München-Freising war, wurde die Katholische Integrierte Gemeinde als apostolische Gemeinschaft von Laien (Verheirateten und Unverheirateten) und Priestern als öffentlicher kirchlicher Verein approbiert. Am 25. Oktober 2003 eröffnete die KIG feierlich in ihrem internationalen Zentrum Villa Cavalletti bei Rom die „Akademie für die Theologie des Volkes Gottes", und der damalige Präfekt der Glaubenskongregation, Kardinal Joseph Ratzinger, sandte eine lange Grußbotschaft. Man erwartet, dass diese Akademie innerhalb weniger Jahre die päpstliche Approbation als Hochschule erhalten wird.

Kaum eine Frage wird von so vielen Gerüchten und Spekulationen begleitet wie jene, welche Rolle Freimaurerei und Logen, aber auch „schwule Seilschaften" im Vatikan spielen. Bekanntlich löste die Veröffentlichung einer langen Liste angeblicher Logenbrüder in der Kirchenspitze 1978 bei Papst Johannes Paul I. einen Schock aus. Und laut den „Discepoli di Verità" ist ihre Kraft ungebrochen: „In einem zähen Ringen teilen die Clans der Freimaurer und des ‚Opus Dei' die gigantische (politische, ökonomische und logistische) Machtfülle des Vatikans untereinander auf, wobei der Pontifex maximus nur als klerikales Aushängeschild dient. Die Organisationsstrukturen dieser Clans basieren auf absoluter Geheimhaltung, und auch ihre Operationen laufen im Verborgenen ab."

Als Zeichen der Macht der Freimaurer und ihres weit in den Vatikan hineinreichenden langen Arms wurde gewertet, dass Licio Gelli, Chef der ominösen Loge „Propaganda Due" (P2), über Fotos verfügte, die Papst Johannes Paul II. beim privaten Baden im Vatikan zeigten. Dabei darf nicht übersehen werden, dass die P2 sogar unter den Freimaurerlogen bald ihre Anerkennung verlor und eine Außenseiterrolle einnahm. Doch Gelli gilt vielen als der allwissende Mann im Hintergrund bei etlichen ungeklärten Vorgängen in der jüngeren italienischen und vatikanischen Geschichte: Dazu zählen vor allem der Tod von Johannes Paul I. (1978), der zunächst den „Roten Brigaden" angelastete verheerende, 85 Todesopfer fordernde Sprengstoffanschlag auf den Bahnhof von Bologna (1980) und die Ermordung von Roberto Calvi (1982). Die P2, ursprünglich 1887 in Rom als freimaurerisches Gegenstück zur Kurienkongregation „Propaganda Fide" gegründet, endete zunächst im Faschismus und wurde 1944 von Gelli neu gegründet. Ihre Mitglieder, unter die auch Italiens späterer Regierungschef Silvio Berlusconi eingeordnet wird, waren Führungspersonen aus Wirtschaft, Militär und Politik, aber auch aus der Mafia und den Geheimdiensten. Als Ziel der P2 galt, im Falle eines Wahlerfolges der Kommunisten deren Machtergreifung zu verhindern beziehungsweise selbst als Geheimbund das Land zu regieren. Dabei scheute die P2 auch kriminelle und terroristische Mittel nicht. Man kann nicht ausschließen, dass die 1982 verbotene P2, deren führender Kopf Gelli sich lange Zeit Verhaftungen entziehen konnte, im Untergrund weiter ihre Netze spinnt.

In manchen kirchlichen Kreisen heißt es, in die römisch-katholische Kirche sei seit dem Zweiten Vatikanischen Konzil der „Rauch Satans" eingedrungen. Konservative verstehen darunter meist „modernistische Ideen", wie sie etwa im österreichischen „Kirchenvolksbegehren" von 1995 geäußert wurden (Lockerungen in Sexualmoral, kein Pflichtzölibat, Weiheämter für Frauen, Mitsprache der Ortskirche bei Bischofsernennungen). Anderen erscheinen die Machtkämpfe und Intrigen, die Verwicklungen in Wirtschaftskriminalität und die Heuchelei in der Kirchenzentrale als wesentlich größere Übel. Aber auch sie sind nur ein Teil der vatikanischen Realität.

Auch wenn es manche, die Schwarz-Weiß-Muster lieben, enttäuschen mag: Der Vatikan ist weder eine Ansammlung von Heiligen, auch wenn es dort sicher heiligmäßig lebende Personen gibt, noch eine solche von Kriminellen, auch wenn dafür einige Indizien existieren. Er ist der Lebens- und Arbeitsbereich einer großen Vielfalt von Menschen, von denen sicher sehr viele im Sinne ihres Glaubens guten Willens und von hohen moralischen Ansprüchen geprägt sind. Im Vatikan spiegeln sich mit all ihren Höhen und Tiefen 2.000 Jahre Geschichte einer Religion, deren Stifter wider die Geheimniskrämerei gepredigt hat: „Die Wahrheit wird euch frei machen." Und der über seine Kirche auch gesagt hat: „Die Pforten der Hölle werden sie nicht überwältigen." In diesem Sinn besteht zumindest für gläubige Katholiken Grund zur Hoffnung, dass den Vatikan neben einigen satanischen Rauchschwaden auch sehr viel himmlisches Licht erfüllt.

Liste der Päpste und Papstwahlen*

Die Liste umfasst jeweils den Namen des Papstes, seinen vorherigen Namen und – ab 1059 – seine vorherige(n) Funktion(en), den Ort oder das Land seiner Herkunft, den Zeitraum seines Pontifikates. Gegenpäpste sind in Klammer gedruckt. Etliche Päpste sind von der römisch-katholischen Kirche zu Heiligen (Hl.) oder Seligen (Sel.) erklärt worden.

Bei zwei Daten zu Beginn eines Pontifikates bedeutet das erste den Wahltag, das zweite den Tag der Bischofsweihe beziehungsweise Krönung oder Amtseinführung; in einzelnen Fällen ist noch ein drittes Datum genannt, wenn Weihe und Krönung an verschiedenen Tagen erfolgten.

Bei den Ordnungszahlen zu manchen Papstnamen haben sich im Laufe der Zeit manche Ungereimtheiten eingeschlichen, manchmal wurden Gegenpäpste in die Nummerierung einbezogen (etwa Johannes XVI.), meist aber nicht (etwa der Johannes XXIII. des frühen 15. Jahrhunderts).

Ab dem zwölften Jahrhundert, als sich langsam das Konklave als Form der Papstwahl durchsetzte, sind vor jedem Papst kurze Hinweise auf die Umstände seiner Wahl eingefügt: ungefähre Zahl der abstimmenden Kardinäle (sie wechselte mitunter von Wahlgang zu Wahlgang), Zeitraum und, sofern es nicht im Vatikanischen Palast in Rom stattfand, auch Ort des Konklaves (in früheren Zeiten in der Regel der Sterbeort des vorigen Papstes).

---

* Als Quellen dienten in erster Linie das „Annuario Pontificio" (Roma, Ausgabe 2004), das „Vatikanlexikon" von Niccolò del Re (Augsburg 1998), „Die Päpste" von Eamon Duffy (München 1999) und „L'Élection Papale" von Lucius Lector (= Joseph Guthlin, Paris 1958).

Hl. Petrus (Simon Bar-Jona), Bethsaida (Galiläa), bis 64 oder 67

Hl. Linus, Toskana, 67–76

Hl. Anaklet oder Cletus, Rom, 76–88

Hl. Clemens I., Rom, 88–97

Hl. Evaristus, Griechenland, 97–105

Hl. Alexander I., Rom, 105–115

Hl. Sixtus I., Rom, 115–125

Hl. Telesphorus, Griechenland, 125–136

Hl. Hyginus, Griechenland, 136–140

Hl. Pius I., Aquileja, 140–155

Hl. Anicet, Syrien, 155–166

Hl. Soter, Kampanien, 166–175

Hl. Eleutherius, Nicopolis in Epirus, 175–189

Hl. Viktor I., Afrika, 189–199

Hl. Zephyrinus, Rom, 199–217

Hl. Calixtus I., Rom, 217–222

(Hl. Hippolyt, Rom, 217–235)

Hl. Urban I., Rom, 222–230

Hl. Pontianus, Rom, 21. Juli 230 – 28. September 235

Hl. Anterus, Griechenland, 21. November 235 – 3. Jänner 236

Hl. Fabian, Rom, 10. Jänner 236 – 20. Jänner 250

Hl. Cornelius, Rom, März 251 – Juni 253

(Novatian, Rom, März 251–258)

Hl. Lucius I., Rom, 25. Juni 253 – 5. März 254

Hl. Stephan I., Rom, 12. Mai 254 – 2. August 257

Hl. Sixtus II., Griechenland, 30. August 257 – 6. August 258

Hl. Dionysius, (Griechenland?), 22. Juli 259 – 26. Dezember 268

Hl. Felix I., Rom, 5. Jänner 269 – 30. Dezember 274

Hl. Eutychian, Luni, 4. Jänner 275 – 7. Dezember 283

Hl. Gaius oder Cajus, Dalmatien, 17. Dezember 283 – 22. April 296

Hl. Marcellinus, Rom, 30. Juni 296 – 25. Oktober 304

Hl. Marcellus I., Rom, 27. Mai oder 26. Juni 308 – 16. Jänner 309

Hl. Eusebius, Griechenland, 18. April 309 – 17. August 309

Hl. Miltiades oder Melchiades, Afrika, 2. Juli 311 oder 310 –
11. Jänner 314

Hl. Silvester I., Rom, 31. Jänner 314 – 31. Dezember 335

Hl. Markus, Rom, 18. Jänner 336 – 7. Oktober 336

Hl. Julius I., Rom, 6. Februar 337 – 12. April 352

Liberius, Rom, 17. Mai 352 – 24. September 366

(Felix II., Rom, 355 – 22. November 365)

Hl. Damasus, Spanien, 1. Oktober 366 – 11. Dezember 384

(Ursinus, 366–367)

Hl. Siricius, Rom, Dezember 384 – 26. November 399

Hl. Anastasius I., Rom, 27. November 399 – 19. Dezember 401

Hl. Innozenz I., Albano, 22. Dezember 401 – 12. März 417

Hl. Zosimus, Griechenland, 18. März 417 – 26. Dezember 418

Hl. Bonifaz I., Rom, 28. oder 29. Dezember 418 – 4. September 422

(Eulalius, 27. oder 29. Dezember 418–419)

Hl. Cölestin I., Kampanien, 10. September 422 – 27. Juli 432

Hl. Sixtus III., Rom, 31. Juli 432 – 19. August 440

Hl. Leo I. der Große, Toskana, 29. September 440 – 10. November 461

Hl. Hilarius, Sardinien, 19. November 461 – 29. Februar 468

Hl. Simplicius, Tivoli, 3. März 468 – 10. März 483

Hl. Felix III. (II.), Rom, 13. März 483 – 1. März 492

Hl. Gelasius, Afrika, 1. März 492 – 21. November 496

Anastasius II., Rom, 24. November 496 – 19. November 498

Hl. Symmachus, Sardinien, 22. November 498 – 19. Juli 514

(Laurentius, 498 und 501–505)

Hl. Hormisdas, Frosinone, 20. Juli 514 – 6. August 523

Hl. Johannes I., Toskana, 13. August 523 – 18. Mai 526

Hl. Felix IV. (III.), Sannio, 12. Juli 526 – 22. September 530

Bonifaz II., Rom, 22. September 530 – 17. Oktober 532

(Dioskur, Alexandria, 22. September 530 – 14. Oktober 530)

Johannes II. (Mercurius), Rom, 2. Jänner 533 – 8. Mai 535

Hl. Agapet I., Rom, 13. Mai 535 – 22. April 536

Hl. Silverius, Kampanien, 1. oder 8. Juni 536 – 11. November 537

Vigilius, Rom, 29. März 537 – 7. Juni 555

Pelagius I., Rom, 16. April 556 – 4. März 561

Johannes III., Rom, 17. Juli 561 – 13. Juli 574

Benedikt I., Rom, 2. Juni 575 – 30. Juli 579

Pelagius II., Rom, 26. November 579 – 7. Februar 590

Hl. Gregor I. der Große, Rom, 3. September 590 – 12. März 604

Sabinian, Toskana, 13. September 604 – 22. Februar 606

Bonifaz III., Rom, 19. Februar 607 – 12. November 607

Hl. Bonifaz IV., Abruzzen, 25. August 608 – 8. Mai 615

Hl. Deusdedit oder Adeodatus I., Rom, 19. Oktober 615 – 8. November 618

Bonifaz V., Neapel, 23. Dezember 619 – 25. Oktober 625

Honorius I., Kampanien, 27. Oktober 625 – 12. Oktober 638

Severin, Rom, 28. Mai 640 – 2. August 640

Johannes IV., Dalmatien, 24. Dezember 640 – 12. Oktober 642

Theodor I., Griechenland, 24. November 642 – 14. Mai 649

Hl. Martin I., Todi, Juli 649 – 16. September 655

Hl. Eugen I., Rom, 10. August 654 – 2. Juni 657

Hl. Vitalian, Segni, 30. Juli 657 – 27. Jänner 672

Adeodatus II., Rom, 11. April 672 – 17. Juni 676

Donus, Rom, 2. November 676 – 11. April 678

Hl. Agathon, Sizilien, 27. Juni 678 – 10. Jänner 681

Hl. Leo II., Sizilien, 17. August 682 – 3. Juli 683

Hl. Benedikt II., Rom, 26. Juni 684 – 8. Mai 685

Johannes V., Syrien, 23. Juli 685 – 2. August 686

Konon, (Griechenland oder Sizilien?), 21. Oktober 686 – 21. September 687

(Theodor, 687)

(Paschalis, 687)

Hl. Sergius I., Syrien, 15. Dezember 687 – 8. September 701

Johannes VI., Griechenland, 30. Oktober 701 – 11. Jänner 705

Johannes VII., Griechenland, 1. März 705 – 18. Oktober 707

Sisinnius, Syrien, 15. Jänner 708 – 4. Februar 708

Konstantin I., Syrien, 25. März 708 – 9. April 715

Hl. Gregor II., Rom, 19. Mai 715 – 11. Februar 731

Hl. Gregor III., Syrien, 18. März 731 – November 741

Hl. Zacharias, Griechenland, 10. Dezember 741 – 22. März 752

Stephan II. (III.), Rom, 26. März 752 – 26. April 757

Hl. Paul I., Rom, 29. Mai 757 – 28. Juni 767

(Konstantin, Nepi, 28. Juni oder 5. Juli 767–769)

(Philipp, 31. Juli 768)

Stephan III. (IV.), Sizilien, 1./7. August 768 – 24. Jänner 772

Hadrian I., Rom, 1./9. Februar 772 – 25. Dezember 795

Hl. Leo III., Rom, 26./27. Dezember 795 – 12. Juni 816

Stephan IV. (V.), Rom, 22. Juni 816 – 24. Jänner 817

Hl. Paschalis I., Rom, 25. Jänner 817 – 11. Februar 824

Eugen II., Rom, Februar/Mai 824 – August 827

Valentin, Rom, August 827 – September 827

Gregor IV., Rom, 827 – Jänner 844

(Johannes, Jänner 844)

Sergius II., Rom, Jänner 844 – 27. Jänner 847

Hl. Leo IV., Rom, Jänner/10. April 847 – 17. Juli 855

Benedikt III., Rom, Juli/29. September 855 – 17. April 858

(Anastasius, August 855 – September 855)

Hl. Nikolaus I. der Große, Rom, 24. April 858 – 13. November 867

Hadrian II., Rom, 14. Dezember 867 – 14. Dezember 872

Johannes VIII., Rom, 14. Dezember 872 – 16. Dezember 882

Marinus I., Gallien, 16. Dezember 882 – 15. Mai 884

Hl. Hadrian III., Rom, 17. Mai 884 – September 885

Stephan V. (VI.), Rom, September 885 – 14. September 891

Formosus, Bischof von Porto, 6. Oktober 891 – 4. April 896

Bonifaz VI., Rom, April 896

Stephan VI. (VII.), Rom, Mai 896 – August 897

Romanus, Gallien, August 897 – November 897

Theodor II., Rom, Dezember 897

Johannes IX., Tivoli, Jänner 898 – Jänner 900

Benedikt IV., Rom, Jänner/Februar 900 – Juli 903

Leo V., Ardea, Juli 903 – September 903

(Christophorus, Rom, Juli oder September 903 – Jänner 904)

Sergius III., Rom, 29. Jänner 904 – 14. April 911

Anastasius III., Rom, April 911 – Juni 913

Lando, Sabina, Juli 913 – Februar 914

Johannes X., Tossignano/Imola, März 914 – Mai 928

Leo VI., Rom, Mai 928 – Dezember 928

Stephan VII. (VIII.), Rom, Dezember 928 – Februar 931

Johannes XI., Rom, Februar/März 931 – Dezember 935

Leo VII., Rom, 3. Jänner 936 – 13. Juli 939

Stephan VIII. (IX.), Rom, 14. Juli 939 – Oktober 942

Marinus II., Rom, 30. Oktober 942 – Mai 946

Agapet II., Rom, 10. Mai 946 – Dezember 955

Johannes XII. (Octavian, Graf von Tusculum), Tusculum, 16. Dezember 955 – 14. Mai 964 (abgesetzt am 4. Dezember 963)

Leo VIII., Rom, 4./6. Dezember 963 – 1. März 965

Benedikt V., Rom, 22. Mai 964 – 4. Juli 966

Johannes XIII., Rom, 1. Oktober 965 – 6. September 972

Benedikt VI., Rom, 19. Jänner 973 – Juni 974

(Bonifaz VII., Rom, Juni – Juli 974; nochmals August 984 – Juli 985)

Benedikt VII., Rom, Oktober 974 – 10. Juli 983

Johannes XIV. (Pietro Canepanova), Pavia, Dezember 983 – 20. August 984

Johannes XV., Rom, August 985 – März 996

Gregor V. (Bruno von Kärnten), Sachsen/Deutschland, 3. Mai 996 – 18. Februar 999

(Johannes XVI./Giovanni Filagato, Rossano, April 997 – Februar 998)

Silvester II. (Gerbert de Aurillac), Auvergne/Frankreich, 2. April 999 – 12. Mai 1003

Johannes XVII., Rom, Juni 1003 – Dezember 1003

Johannes XVIII., Rom, Jänner 1004 – Juli 1009

Sergius IV. (Pietro Bucca Porci), Rom, 31. Juli 1009 – 12. Mai 1012

Benedikt VIII. (Teophylact II., Graf von Tusculum), Tusculum, 18. Mai 1012 – 9. April 1024

(Gregor, 1012)

Johannes XIX. (Romanus, Graf von Tusculum), Tusculum, April/Mai 1024–1032

Benedikt IX. (Theophylact III., Graf von Tusculum), Tusculum, 1032–1044

Silvester III. (Johannes von Sabina), Rom, 20. Jänner 1045 – 10. Februar 1045

Benedikt IX. (zum zweiten Mal), 10. April 1045 – 1. Mai 1045

Gregor VI. (Johannes Gratian), Rom, 5. Mai 1045 – 20. Dezember 1046

Clemens II. (Suitger von Morsleben und Hornburg), Sachsen/Deutschland, 25. Dezember 1046 – 9. Oktober 1047

Benedikt IX. (zum dritten Mal), 8. November 1047 – 17. Juli 1048

Damasus II. (Poppo von Brixen), Bayern, 17. Juli 1048 – 9. August 1048

Hl. Leo IX. (Bruno von Egisheim-Dagsburg), Elsass, 12. Februar 1049 – 19. April 1054

Viktor II. (Gebhard von Dollnstein-Hirschberg), Schwaben/Deutschland, 16. April 1055 – 28. Juli 1057

Stephan IX. (X.) (Friedrich von Lothringen), Lothringen, 3. August 1057 – 29. März 1058

(Benedikt X./Giovanni Mincio von Tusculum, Rom, 5. April 1058 – 24. Jänner 1059)

Nikolaus II. (Gerhard, Bischof von Florenz), Burgund, 24. Jänner 1059 – 27. Juli 1061

Alexander II. (Anselmo da Baggio, Bischof von Lucca), Mailand, 1. Oktober 1061 – 21. April 1073

(Honorius II./Pietro Cadalo, Verona, 28. Oktober 1061–1072)

Hl. Gregor VII. (Hildebrand, Erzdiakon), Toskana, 22. April/ 30. Juni 1073 – 25. Mai 1085

(Clemens III./Wibert von Ravenna, Parma, 25. Juni 1080/ 24. März 1084 – 8. September 1100)

Sel. Viktor III. (Dauferio oder Desiderio, Benediktiner, Abt von Monte Cassino), Benevent, 24. Mai 1086 – 6. September 1087

Sel. Urban II. (Oddo de Lagery, Kardinalbischof von Ostia), Frankreich, 12. März 1088 – 29. Juli 1099

Paschalis II. (Raniero, Mönch, Kardinalpriester von S. Clemente), Bieda/Ravenna, 13./14. August 1099 – 21. Jänner 1118

(Theoderich, Bischof von Santa Rufina, 1100)

(Albert, Bischof von Sabina, 1102)

(Silvester IV./Maginulfo, Rom, 18. November 1105 – 12. April 1111)

Sedisvakanz 3 Tage, Papstwahl: Rom, Palladium

Gelasius II. (Giovanni Caetani, Kanzler, Kardinal von S. Maria in Cosmedin), Gaeta, 24. Jänner/10. März 1118 – 28. Jänner 1119

Sedisvakanz 5 Tage, Papstwahl: Cluny

Calixtus II. (Guido von Burgund, Erzbischof von Vienne, nicht Kardinal), Burgund, 2./9. Februar 1119 – 13. Dezember 1124

Sedisvakanz 2 Tage, Papstwahl: Rom, Lateran

Honorius II. (Lamberto Scannabecchi, Bischof von Ostia), Fiagnano/Imola), 15./21. Dezember 1124 – 13. Februar 1130

(Cölestin II./Tebaldo Buccapecus, Rom, Dezember 1124)

Sedisvakanz 1 Tag, Papstwahl: Rom, S. Gregorio auf dem Coelius

Innozenz II. (Gregorio Papareschi, Diplomat, Kardinaldiakon), Rom, 14./23 Februar 1130 – 24. September 1143

(Anaklet II./Pietro Pierleoni, Rom, 14./23. Februar 1130 – 25. Jänner 1138)

(Viktor IV./Gregorio Conti, März 1138 – 29. Mai 1138)

Sedisvakanz 2 Tage, Papstwahl: Rom, Lateran

Cölestin II. (Guido di Castello, Diplomat, Kardinalpriester), Città di Castello, 26. September/3. Oktober 1143 – 8. März 1144

Sedisvakanz 1 Tag, Papstwahl: Rom

Lucius II. (Gerardo Caccianemici, Legat in Deutschland, Kanzler), Bologna, 9./12. März 1144 – 15. Februar 1145

Sedisvakanz 0 Tage, Papstwahl: Rom, S. Cesare

Sel. Eugen III. (Bernardo Paganelli di Montemagno, Zisterzienserabt, nicht Kardinal), Pisa, 15./18. Februar 1145 – 8. Juli 1153

Sedisvakanz 2 Tage, Papstwahl: Rom, St. Peter

Anastasius IV. (Corrado della Suburra, Kardinalbischof von Sabina), Rom, 12. Juli 1153 – 3. Dezember 1154

Sedisvakanz 2 Tage, Papstwahl: Rom

Hadrian IV. (Nicholas Breakspear, Mönch, Kardinalbischof von Albano, Legat), England, 4./5. Dezember 1154 – 1. September 1159

Sedisvakanz 5 Tage, Papstwahl: Rom, St. Peter

Alexander III. (Rolando Bandinelli, Kardinalkanzler), Siena, 7./20. September 1159 – 30. August 1181

(Viktor IV./Ottaviano de Monticello, Tivoli, 7. September/4. Oktober 1159 – 20. April 1164)

(Paschalis III./Guido da Crema, 22./26. April 1164 – 20. September 1168)

(Calixtus III./Giovanni von Strumi, Arezzo, September 1168 – 29. August 1178)

(Innozenz III./Lando, Sezze, 29. September 1179–1180)

Sedisvakanz 2 Tage, Papstwahl: 27 Kardinäle, Rom, Lateran

Lucius III. (Ubaldo Allucingoli, Kardinalbischof von Ostia), Lucca, 1./6. September 1181 – 25. September 1185

Sedisvakanz 2 Monate, Papstwahl: 27 Kardinäle, Verona

Urban III. (Uberto Crivelli, Erzbischof von Mailand), Mailand, 25. November/1. Dezember 1185 – 20. Oktober 1187

Sedisvakanz 1 Tag, Papstwahl: 23 Kardinäle, Ferrara

Gregor VIII. (Alberto de Morra, Kanzler, Kardinalpriester), Benevent, 21./25. Oktober 1187 – 17. Dezember 1187

Sedisvakanz 2 Tage, Papstwahl: 22 Kardinäle, Pisa

Clemens III. (Paolo Scolari, Bischof von Palestrina), Rom, 19./20. Dezember 1187 – 25. März 1191

Sedisvakanz 5 Tage, 27 Kardinäle, Papstwahl (Konklave?): Rom, Septizonium

Cölestin III. (Giacinto Bobone, Diplomat, Kardinaldiakon), Rom, 30. März/14. April 1191 – 8. Jänner 1198
Sedisvakanz 0 Tage, 28 Kardinäle, Konklave: Rom, Septizonium

Innozenz III. (Lotario, Graf von Segni, Kardinaldiakon, Theologe und Jurist), Gavignano/Rom, 8. Jänner/22. Februar 1198 – 16. Juli 1216
Sedisvakanz 2 Tage, 19 Kardinäle, Konklave: Perugia

Honorius III. (Cencio Savelli, Camerlengo, Kardinalpriester), Rom, 18./24. Juli 1216 – 18. März 1227
Sedisvakanz 1 Tag, 18 Kardinäle, Konklave: Rom, Septizonium

Gregor IX. (Ugolino, Graf von Segni, Kardinalbischof von Ostia), Anagni, 19./21. März 1227 – 22. August 1241
Sedisvakanz 2 Monate, 3 Tage, Konklave: 14 Kardinäle, Rom, Septizonium

Cölestin IV. (Goffredo Castiglioni, Kardinalbischof von Sabina), Mailand, 25./28. Oktober 1241 – 10. November 1241
Sedisvakanz 1 Jahr, 6 Monate, 15 Tage, Konklave: 9 Kardinäle, Anagni

Innozenz IV. (Sinibaldo Fieschi, Kardinalpriester, Kanzler), Genua, 25./28. Juni 1243 – 7. Dezember 1254
Sedisvakanz 5 Tage, Konklave: 13 Kardinäle, Neapel

Alexander IV. (Rinaldo, Graf von Segni, Kardinalbischof von Ostia), Ienne (Rom), 12./20. Dezember 1254 – 25. Mai 1261
Sedisvakanz 3 Monate, 4 Tage, Konklave: 8 Kardinäle, Viterbo

Urban IV. (Jacques Pantaléon, Bischof von Verdun, Patriarch von Jerusalem, nicht Kardinal), Troyes/Frankreich, 29. August/4. September 1261 – 2. Oktober 1264
Sedisvakanz 4 Monate, 2 Tage, Konklave: 18 Kardinäle, Perugia

Clemens IV. (Gui de Foulquois le Gros, Kardinalbischof von Sabina, Legat in England), Frankreich, 5./15. Februar 1265 – 29. November 1268

Sedisvakanz 2 Jahre, 10 Monate, Konklave: 17 Kardinäle, Viterbo

Sel. Gregor X. (Tedaldo Visconti, Erzdiakon von Lüttich, Legat in Palästina, nicht Kardinal), Piacenza, 1. September 1271/ 27. März 1272 – 10. Jänner 1276
Konklave 20.–21. Jänner 1276 (1 Tag), 12 Kardinäle, Arezzo

Sel. Innozenz V. (Pierre de Tarentaise, Dominikaner, Erzbischof von Lyon), Savoyen, 21. Jänner/22. Februar 1276 – 22. Juni 1276
Konklave 2.–11. Juli 1276 (9 Tage), 10 Kardinäle, Rom

Hadrian V. (Ottobono Fieschi, Kardinaldiakon, Legat in England), Genua, 11. Juli 1276 – 18. August 1276
Sedisvakanz 21 Tage, Konklave: 10 Kardinäle, Viterbo

Johannes XXI. (Pedro Juliani oder Petrus Hispanus, Arzt und Philosoph, Erzbischof von Braga, dann Kardinalbischof von Tusculum), Portugal, 8./20. September 1276 – 20. Mai 1277
Sedisvakanz 6 Monate, 5 Tage, Papstwahl: 8 Kardinäle, Viterbo

Nikolaus III. (Giovanni Gaetano Orsini, Kardinaldiakon), Rom, 25. November/26. Dezember 1277 – 22. August 1280
Sedisvakanz 6 Monate, Papstwahl: 13 Kardinäle, Viterbo

Martin IV. (Simon de Brie, Kardinalpriester von S. Cecilia), Frankreich, 22. Februar/23. März 1281 – 28. März 1285
Sedisvakanz 5 Tage, Papstwahl: 18 Kardinäle, Perugia

Honorius IV. (Giacomo Savelli, Kardinaldiakon), Rom, 2. April/ 20. Mai 1285 – 3. April 1287
Sedisvakanz 10 Monate, 19 Tage, Papstwahl: 10 Kardinäle, Rom, S. Sabina

Nikolaus IV. (Girolamo Masci, General der Franziskaner, Bischof von Palestrina), Ascoli, 22. Februar 1288 – 4. April 1292
Sedisvakanz ungefähr 2 Jahre, 3 Monate, Papstwahl: 11 Kardinäle, Perugia

Hl. Cölestin V. (Pietro del Murrone, Eremit, nicht Kardinal), Molise, 5. Juli/29. August 1294 – 13. Dezember 1294 (Rücktritt, † 19. Mai 1296)

Konklave 23.–24. Dezember 1294 (1 Tag), 22 Kardinäle, Neapel

Bonifaz VIII. (Benedetto Caetani, Kardinalpriester, Legat), Anagni, 24. Dezember 1294/23. Jänner 1295 – 11. Oktober 1303
Konklave 21.–22. Oktober 1303 (1 Tag), 18 Kardinäle

Sel. Benedikt XI. (Niccolò Boccasini, General der Dominikaner, Kardinalbischof von Ostia), Treviso, 22./27. Oktober 1303 – 7. Juli 1304
Konklave 10. oder 17. Juli 1304 – 5. Juni 1305 (fast 11 Monate), Perugia

Clemens V. (Bertrand de Got, Erzbischof von Bordeaux, nicht Kardinal), Frankreich, 5. Juni/14. November 1305 – 20. April 1314
Konklave 1. Mai 1314 – 7. August 1316 (2 Jahre, 3 Monate, 6 Tage), 23–24 Kardinäle, Lyon

Johannes XXII. (Jacques Duèse, Bischof von Avignon, dann von Porto), Cahors/Frankreich, 7. August/5. September 1316 – 4. Dezember 1334

(Nikolaus V./Pietro Rainallucci, Corvaro/Rieti, 12./22. Mai 1328 – 25. August 1330)
Konklave 13.–20. Dezember 1334 (7 Tage), 24 Kardinäle, Avignon

Benedikt XII. (Jacques Fournier, Zisterzienser, Kardinalpriester), Frankreich, 20. Dezember 1334/8. Jänner 1335 – 25. April 1342
Konklave 5.–7. Mai 1342 (2 Tage), 18 Kardinäle, Avignon

Clemens VI. (Pierre Roger, Benediktiner, Erzbischof von Rouen), Frankreich, 7./19. Mai 1342 – 6. Dezember 1352
Konklave 16.–18. Dezember 1352 (2 Tage), 25 Kardinäle, Avignon

Innozenz VI. (Etienne Aubert, Bischof von Clermont, Kardinalbischof von Ostia, Großpönitentiar), Frankreich, 18./30. Dezember 1352 – 12. September 1362
Konklave 22. September – 6. November 1362 (1 Monat, 14 Tage), 20 Kardinäle, Avignon

Sel. Urban V. (Guillaume de Grimoard, Benediktinerabt, Legat in Neapel, nicht Kardinal), Frankreich, 28. September/6. November 1362 – 19. Dezember 1370

Konklave 29.–30. Dezember 1370 (1 Tag), 17–18 Kardinäle, Avignon

Gregor XI. (Pierre Roger de Beaufort, Kardinaldiakon), Frankreich, 30. Dezember 1370/5. Jänner 1371 – 26. März 1378

Konklave 7.–8. April 1378 (1 Tag), 16 Kardinäle, Rom

Urban VI. (Bartolomeo Prignano, Erzbischof von Bari, Regent der Apostolischen Kanzlei, nicht Kardinal), Neapel, 8./18. April 1378 – 15. Oktober 1389

Bonifaz IX. (Pietro Tomacelli, Kardinal von S. Girgio in Velabro), Neapel, 2./9. November 1389 – 1. Oktober 1404

Innozenz VII. (Cosma Migliorati, Erzbischof von Bologna), Sulmona, 17. Oktober/11. November 1404 – 6. November 1406

Gregor XII. (Angelo Correr, Kardinal von San Marco), Venedig, 30. November/19. Dezember 1406 – 4. Juli 1415

(Clemens VII./Robert von Genf, Erzbischof von Cambrai, 20. September/31. Oktober 1378 – 16. September 1394)

(Benedikt XIII./Pedro de Luna, Kardinaldiakon, Aragon/Spanien, 28. September/11. Oktober 1394 – 23. Mai 1423)

(Alexander V./Pietro Philargi, Franziskaner, Erzbischof von Mailand, Kreta/Griechenland, 26. Juni/7. Juli 1409 – 3. Mai 1410)

(Johannes XXIII./Baldassare Cossa, Legat in Bologna, Neapel, 17./25. Mai 1410 – 29. Mai 1415)

Papstwahl am 11. November 1417, 23 Kardinäle und 30 Delegierte aus europäischen Staaten, Konzil zu Konstanz

Martin V. (Oddone Colonna, Kardinal, aber nur Diakon), Rom 11./21. November 1417 – 20. Februar 1431

Konklave 2.–3. März 1431 (1 Tag), 14 Kardinäle, Rom, Minerva

Eugen IV. (Gabriele Condulmer, Regularkanoniker, Bischof von Siena, Legat in Bologna), Venedig, 3./11. März 1431 – 23. Februar 1447

(Felix V./Amadeus von Savoyen, 5. November 1439/24. Juli 1440 –
7. April 1449)
Konklave 4.–6. März 1447 (2 Tage), 18 Kardinäle, Rom, Minerva

Nikolaus V. (Tommaso Parentucelli, Erzbischof von Bologna),
Sarzana, 6./19. März 1447 – 24. März 1455
Konklave 4.–8. April 1455 (4 Tage), 15 Kardinäle

Calixtus III. (Alfonso de Borja, Erzbischof von Valencia),
Játiva/Valencia (Spanien), 8./20. April 1455 – 6. August 1458
Konklave 16.–19. August 1458 (3 Tage), 18 Kardinäle

Pius II. (Enea Silvio Piccolomini, Bischof von Siena), Siena, 19.
August/3. September 1458 – 14. August 1464
Konklave 28.–30. August 1464 (2 Tage), 20 Kardinäle

Paul II. (Pietro Barbo, Neffe von Eugen IV.), Venedig, 30. Au-
gust/16. September 1464 – 26. Juli 1471
Konklave 6.–9. August 1471 (3 Tage), 17 Kardinäle

Sixtus IV. (Francesco della Rovere, General der Franziskaner), Sa-
vona, 9./25. August 1471 – 12. August 1484
Konklave 26.–29. August 1484 (3 Tage), 25 Kardinäle

Innozenz VIII. (Giovanni Battista Cibo, Bischof von Molfetta),
Genua, 29. August/12. September 1484 – 25. Juli 1492
Konklave 6.–11. August 1492 (5 Tage), 23 Kardinäle

Alexander VI. (Rodrigo de Borja, Erzbischof von Valencia, Kanzler), Játiva/Valencia (Spanien), 11./26. August 1492 – 18. August 1503
Konklave 16.–22. September 1503 (6 Tage), 36 Kardinäle

Pius III. (Francesco Todeschini-Piccolomini, Bischof von
Siena), Siena, 22. September/1./8. Oktober 1503 – 18. Oktober 1503
Konklave 31. Oktober – 1. November 1503 (1 Tag), 38 Kardinäle

Julius II. (Giuliano della Rovere, Kardinalbischof von Ostia), Sa-
vona, 31. Oktober/26. November 1503 – 21. Februar 1513
Konklave 4.–11. März 1513 (7 Tage), 25 Kardinäle

Leo X. (Giovanni de'Medici, Legat in Bologna), Florenz, 9./19. März 1513 – 1. Dezember 1521
Konklave 27. Dezember 1521 – 9. Jänner 1522 (13 Tage), 37 Kardinäle

Hadrian VI. (Adrian Florensz, Berater von Karl V., Bischof von Tortosa), Utrecht (Niederlande), 9. Jänner/31. August 1522 – 14. September 1523
Konklave 1. Oktober – 19. November 1523 (1 Monat, 18 Tage), 35–39 Kardinäle

Clemens VII. (Giulio de'Medici, Erzbischof von Florenz, Kanzler), Florenz, 19./26. November 1523 – 25. September 1534
Konklave 11.–13. Oktober 1534 (2 Tage), 20 Kardinäle

Paul III. (Alessandro Farnese, Bischof von Ostia, Dekan), Rom, 13. Oktober/3. November 1534 – 10. November 1549
Konklave 29. November 1549 – 7. Februar 1550 (2 Monate, 9 Tage), ? Kardinäle

Julius III. (Giovanni Maria Ciocchi del Monte, Legat beim Konzil von Trient), Rom, 7./22. Februar 1550 – 23. März 1555
Konklave 5.–9. April 1555 (4 Tage), ? Kardinäle

Marcellus II. (Marcello Cervini, Legat beim Konzil von Trient), Montepulciano, 9./10. April 1555 – 1. Mai 1555
Konklave 15.–23. Mai 1555 (8 Tage), 42–45 Kardinäle

Paul IV. (Gian Pietro Carafa, Theatiner, Bischof von Chieti, Kardinalbischof von Ostia, Dekan), Neapel, 23./26. Mai 1555 – 18. August 1559
Konklave 5. September – 26. Dezember 1559 (3 Monate, 21 Tage), 43–46 Kardinäle

Pius IV. (Giovan Angelo de'Medici, Legat), Mailand, 25. Dezember 1559/6. Jänner 1560 – 9. Dezember 1565
Konklave 20. Dezember 1565 – 7. Jänner 1566 (18 Tage), 51 Kardinäle

Hl. Pius V. (Antonio-Michele Ghislieri, Dominikaner, Bischof von Mondovì), Bosco/Alessandria, 7./17. Jänner 1566 – 1. Mai 1572

Konklave 12.–13. Mai 1572 (1 Tag)

Gregor XIII. (Ugo Buoncompagni, Legat in Spanien), Bologna, 13./25. Mai 1572 – 10. April 1585

Konklave 21.–24. April 1585 (3 Tage), 40 Kardinäle

Sixtus V. (Felice Peretti, Franziskaner, Bischof von Fermo), Grottamare/Ripatransone, 24. April/1. Mai 1585 – 27. August 1590

Konklave 7.–15. September 1590 (8 Tage), 52 Kardinäle

Urban VII. (Giambattista Castagna, Diplomat), Rom, 15. September 1590 – 27. September 1590

Konklave 6. Oktober – 5. Dezember 1590 (2 Monate), 51 Kardinäle

Gregor XIV. (Niccolò Sfondrati, Bischof von Cremona), Cremona, 5./8. Dezember 1590 – 16. Oktober 1591

Konklave 27.–29. Oktober 1591 (2 Tage), 57 Kardinäle

Innozenz IX. (Giovan Antonio Facchinetti, Nuntius in Venedig), Bologna, 29. Oktober/3. November 1591 – 30. Dezember 1591

Konklave 10.–30. Jänner 1592 (20 Tage), 52 Kardinäle

Clemens VIII. (Ippolito Aldobrandini, Großpönitentiar), Florenz, 30. Jänner/9. Februar 1592 – 3. März 1605

Konklave 14. März – 1. April 1605 (18 Tage), 60–61 Kardinäle

Leo XI. (Alessandro de'Medici, Erzbischof von Florenz, Bischof von Albano), Florenz, 1./10. April 1605 – 27. April 1605

Konklave 8.–16. Mai 1605 (8 Tage), 59 Kardinäle

Paul V. (Camillo Borghese, Legat in Spanien, Kardinalvikar), Rom, 16./29. Mai 1605 – 28. Jänner 1621

Konklave 8.–9. Februar 1621 (1 Tag), 52 Kardinäle

Gregor XV. (Alessandro Ludovisi, Erzbischof von Bologna), Bologna, 9./14. Februar 1621 – 8. Juli 1623

Konklave 19. Juli – 6. August 1623 (18 Tage), 52–54 Kardinäle

Urban VIII. (Maffeo Barberini, Präfekt der „Signatur der Gerechtigkeit"), Florenz, 6. August/29. September 1623 – 29. Juli 1644

Konklave 9. August – 15. September 1644 (1 Monat, 6 Tage), 50–55 Kardinäle

Innozenz X. (Giovanni Battista Pamphili, Bischof von Spoleto), Rom, 15. September/4. Oktober 1644 – 7. Jänner 1655
Konklave 18. Jänner – 7. April 1655 (2 Monate, 20 Tage), 62–65 Kardinäle

Alexander VII. (Fabio Chigi, Staatssekretär), Siena, 7./18. April 1655 – 22. Mai 1667
Konklave 2.–20. Juni 1667 (18 Tage), 60–64 Kardinäle

Clemens IX. (Giulio Rospigliosi, Staatssekretär), Pistoia, 20./26. Juni 1667 – 9. Dezember 1669
Konklave 20. Dezember 1669 – 29. April 1670 (4 Monate, 9 Tage), 59–61 Kardinäle

Clemens X. (Emilio Altieri, Diplomat, Konsultor des Heiligen Offiziums), Rom, 29. April/11. Mai 1670 – 22. Juli 1676
Konklave 2. August – 21. September 1676 (1 Monat, 19 Tage), 44–63 Kardinäle

Sel. Innozenz XI. (Benedetto Odescalchi, Bischof von Novara), Como, 21. September/4. Oktober 1676 – 12. August 1689
Konklave 23. August – 6. Oktober 1689 (1 Monat, 13 Tage), 51–54 Kardinäle

Alexander VIII. (Pietro Ottoboni, Kardinalbischof von Ostia), Venedig, 6./16. Oktober 1689 – 1. Februar 1691
Konklave 12. Februar – 12. Juli 1691 (5 Monate), 53–63 Kardinäle

Innozenz XII. (Antonio Pignatelli, Erzbischof von Neapel), Spinazzola/Venosa, 12./15. Juli 1691 – 27. September 1700
Konklave 9. Oktober – 23. November 1700 (1 Monat, 14 Tage), 45–58 Kardinäle

Clemens XI. (Giovanni Francesco Albani, Sekretär der Breven), Urbino, 23./30. November/8. Dezember 1700 – 19. März 1721
Konklave 1. April – 8. Mai 1721 (1 Monat, 7 Tage), 36–55 Kardinäle

Innozenz XIII. (Michelangelo dei Conti, Nuntius, Bischof von Viterbo), Rom, 8./18. Mai 1721 – 7. März 1724
Konklave 20. März – 29. Mai 1724 (2 Monate, 9 Tage), 31–63 Kardinäle

Benedikt XIII. (Pietro Francesco/Vincenzo Maria Orsini, Dominikaner, Erzbischof von Benevent), Gravina, 29. Mai/4. Juni 1724 – 21. Februar 1730
Konklave 3. März – 12. Juli 1730 (4 Monate, 9 Tage), 39–54 Kardinäle

Clemens XII. (Lorenzo Cursini, Kardinalbischof von Frascati), Florenz, 12./16. Juli 1730 – 6. Februar 1740
Konklave 18. Februar – 20. August 1740 (6 Monate, 2 Tage), 26–54 Kardinäle

Benedikt XIV. (Prospero Lambertini, Erzbischof von Bologna), Bologna, 17./21. August 1740 – 3. Mai 1758
Konklave 15. Mai – 6. Juli 1758 (1 Monat, 21 Tage), 27–46 Kardinäle

Clemens XIII. (Carlo Rezzonico, Bischof von Padua), Venedig, 6./16. Juli 1758 – 2. Februar 1769
Konklave 15. Februar – 19. Mai 1769 (3 Monate, 4 Tage), 30–45 Kardinäle

Clemens XIV. (Giovanni Vincenzo Antonio/Lorenzo Ganganelli, Franziskaner, Konsultor des Heiligen Offiziums), S. Arcangelo/Rimini, 19./28. Mai/4. Juni 1769 – 22. September 1774
Konklave 5. Oktober 1774 – 15. Februar 1775 (4 Monate, 10 Tage), 27–47 Kardinäle

Pius VI. (Giovanni Angelo Braschi, Prälat der Apostolischen Kammer), Cesena, 15./22. Februar 1775 – 29. August 1799
Konklave 30. November 1799 – 14. März 1800 (3 Monate, 14 Tage), 35 Kardinäle, Venedig

Pius VII. (Barnaba/Gregorio Chiaramonti, Benediktiner, Bischof von Imola), Cesena, 14./21. März 1800 – 20. August 1823
Konklave 2.–28. September 1823 (26 Tage), 37–49 Kardinäle, Rom, Quirinal

Leo XII. (Annibale della Genga, Kardinalvikar von Rom), Genga/Fabriano, 28. September/5. Oktober 1823 – 10. Februar 1829

Konklave 23. Februar – 31. März 1829 (1 Monat, 8 Tage), 37–50 Kardinäle, Rom, Quirinal

Pius VIII. (Francesco Saverio Castiglioni, Großpönitentiar), Cingoli, 31. März/5. April 1829 – 30. November 1830

Konklave 14. Dezember 1830 – 2. Februar 1831 (1 Monat, 19 Tage), 35–45 Kardinäle, Rom, Quirinal

Gregor XVI. (Bartolomeo Alberto/Mauro Cappellari, Kamaldulenser, Präfekt der Propaganda-Kongregation), Belluno, 2./6. Februar 1831 – 1. Juni 1846

Konklave 14.–16. Juni 1846 (2 Tage), 31 Kardinäle, Rom, Quirinal

Sel. Pius IX. (Giovanni Maria Mastai-Ferretti, Bischof von Imola), Senigallia, 16./21. Juni 1846 – 7. Februar 1878

Konklave 18.–20. Februar 1878 (2 Tage), 60–61 Kardinäle

Leo XIII. (Gioacchino Pecci, Erzbischof von Perugia, Camerlengo), Carpineto/Anagni, 20. Februar/3. März 1878 – 20. Juli 1903

Konklave 31. Juli – 4. August 1903 (4 Tage), 62 Kardinäle

Hl. Pius X. (Giuseppe Sarto, Patriarch von Venedig), Riese/Treviso, 4./9. August 1903 – 20. August 1914

Konklave 31. August – 3. September 1914 (3 Tage), 57–58 Kardinäle

Benedikt XV. (Giacomo della Chiesa, Erzbischof von Bologna), Genua, 3./6. September 1914 – 22. Jänner 1922

Konklave 3.–6. Februar (3 Tage), 53–54 Kardinäle

Pius XI. (Achille Ratti, Erzbischof von Mailand), Desio/Mailand, 6./12. Februar 1922 – 10. Februar 1939

Konklave 1.–2. März 1939 (1 Tag), 63 Kardinäle

Pius XII. (Eugenio Pacelli, Staatssekretär und Camerlengo), Rom, 2./12. März 1939 – 9. Oktober 1958

Konklave 25.–28. Oktober 1958 (3 Tage), 51 Kardinäle

Sel. Johannes XXIII. (Angelo Giuseppe Roncalli, Patriarch von Venedig), Sotto il Monte/Bergamo, 28. Oktober/4. November 1958 – 3. Juni 1963

    Konklave 19.–21. Juni 1963 (2 Tage), 80 Kardinäle

Paul VI. (Giovanni Battista Montini, Erzbischof von Mailand), Concesio/Brescia, 21./30. Juni 1963 – 6. August 1978

    Konklave 25.–26. August 1978 (1 Tag), 111 Kardinäle

Johannes Paul I. (Albino Luciani, Patriarch von Venedig), Forno di Canale/Belluno, 26. August/3. September 1978 – 28. September 1978

    Konklave 14.–16. Oktober 1978 (2 Tage), 111 Kardinäle

Johannes Paul II. (Karol Wojtyła, Erzbischof von Krakau), Wadowice/Krakau (Polen), 16./22. Oktober 1978 – 2. April 2005

    Konklave 18.–19. April 2005 (2 Tage), 115 Kardinäle

Benedikt XVI. (Joseph Ratzinger, Präfekt der Glaubenskongregation), Marktl am Inn (Deutschland), 19./24. April 2005 –

Literaturverzeichnis

Accattoli, Luigi: Giovanni Paolo. La prima biografia completa, Milano 2006.

Allen, John L.: Joseph Ratzinger. Biographie, Düsseldorf 2002.

Allen, John L.: The Rise of Benedict XVI. The Inside Story of How the Pope Was Elected and Where He Will Take the Catholic Church, London/New York 2005.

Allen, John L.: Opus Dei. Mythos und Realität – Ein Blick hinter die Kulissen, Gütersloh 2006.

Amon, Wolfgang: „O Gott! Nein! Nein!" In: Kirche intern Nr. 19 (November 1988), S. 33–34.

Blondiau, Heribert/Gümpel, Udo: Der Vatikan heiligt die Mittel. Mord am Bankier Gottes, Düsseldorf 1999.

Boberski, Heiner: Die Divisionäre des Papstes. Bischofsernennungen unter Johannes Paul II., Salzburg 1992.

Boberski, Heiner: Das Engelwerk. Theorie und Praxis des Opus Angelorum. 2. A., Salzburg 1993.

Boberski, Heiner: Habemus Papam. Papstwahlen von Petrus bis Benedikt XVI., Wien 2005.

Boff, Leonardo: Kirche: Charisma und Macht. Studien zu einer streitbaren Ekklesiologie. 5. A., Düsseldorf 1986.

Brill, Klaus: Beim Papst im Zimmer brennt noch Licht, Wien 1999.

Cammeo, Federico: Ordinamento giuridico dello Stato della Città del Vaticano, Roma 2005.

Cornwell, John: Wie ein Dieb in der Nacht. Der Tod von Papst Johannes Paul I., Wien 1989.

Delgado, Mariano: Spanische Inquisition und Buchzensur. In: Stimmen der Zeit 131 (2006), 224. Band, Heft 7, S. 461–474.

Discepoli di Verità: Ihr habt getötet. Der Machtkampf der Logen im Vatikan, Berlin 2003.

Escrivá de Balaguer, Josemaría: Der Weg. 12. A., Köln 1982.

Feichtlbauer, Hubert: Ein neuer Papst – Hoffnung für wen?, Wien 2005.

Fischer, Heinz-Joachim: Benedikt XVI. Ein Porträt, Freiburg im Breisgau 2005.

Formenti, Vittorio (Hrsg.): Annuario Pontificio 2006, Città del Vaticano 2006.

Fuhrmann, Horst: Die Päpste, München 1998.

Gabbe, Bettina: Expertinnen in der Männerdomäne. Frauen in der Kurie. Rheinischer Merkur, 20. Juli 2006.

Gelmi, Josef: Die Päpste in Lebensbildern. 2. A., Graz 1989.

Gennari Terveri, Giordano (Hrsg.): Annuario Cattolico d'Italia, Roma 2006.

Godman, Peter: Der Vatikan und Hitler. Die geheimen Archive, München 2005.

Gramsci, Antonio: Il Vaticano e l'Italia, Roma 2006.

Gualdo, Germano: Diplomatica pontificia e umanesimo curiale, Roma 2005.

Haight, Roger: Jesus – Symbol of God, Maryknoll 1999.

Hebblethwaite, Peter: Wie regiert der Papst, Zürich/Köln 1987.

Herrmann, Horst: Kirchenfürsten. Zwischen Hirtenwort und Schäferstündchen, Hamburg 1992.

Hertel, Peter: Schleichende Übernahme. Josemaria Escrivá, sein Opus Dei und die Macht im Vatikan, Oberursel 2002.

Hofer, Thomas M.: Gottes rechte Kirche. Katholische Fundamentalisten auf dem Vormarsch, Wien 1998.

Hülsebusch, Bernd: Vatikan von innen. Ein Rundgang durch die Stadt des Papstes, Graz 1997.

I Millenari: Via col vento in Vaticano, Milano 1999.

I Millenari: Wir klagen an. Zwanzig römische Prälaten über die dunklen Seiten des Vatikans. 2. A., Berlin 2001.

Johannes Paul II.: Ordinatio Sacerdotalis. Apostolisches Schreiben an die Bischöfe der Katholischen Kirche über die nur Männern vorbehaltene Priesterweihe. Rom, 22. Mai 1994.

Kaltefleiter, Werner/Oschwald, Hanspeter: Spione im Vatikan. Die Päpste im Visier der Geheimdienste, München 2006.

Kissler, Alexander: Der deutsche Papst. Benedikt XVI. und seine schwierige Heimat, Freiburg im Breisgau 2005.

Knopp, Guido: Vatikan – Die Macht der Päpste, München 1997.

Koch, Egmont R./Schröm, Oliver: Das Geheimnis der Ritter vom Heiligen Grabe. Die fünfte Kolonne des Vatikans, Hamburg 1995.

Kongregation für die Glaubenslehre: Erklärung „Dominus Iesus". Über die Einzigkeit und die Heilsuniversität Jesu Christi und der Kirche. Rom, 6. August 2000.

Kongregation für die Glaubenslehre: Anmerkungen zum Buch „Jesus – Symbol of God" von Pater Roger Haight, S. J. Rom, 13. Dezember 2004.

Küng, Hans: Unfehlbar? Eine Anfrage. 8. A., Zürich/Einsiedeln 1980.

Kulle, Stephan: Habemus Papam. Von Johannes Paul II. zu Benedikt XVI., Köln 2005.

Ledl, Leopold: Im Auftrag des Vatikans, München 1989.

Lissoni, Alfredo: Vaticano segreto. Inquisizione, esoterismo, paranormale. Misteri e ombre della cristianità, Firenze 2006.

Lo Bello, Nino: Vatikan im Zwielicht. Die unheiligen Geschäfte des Kirchenstaates, München 1983.

Melloni, Alberto: Das Konklave. Die Papstwahl in Geschichte und Gegenwart, Freiburg im Breisgau 2002.

Mettner, Matthias: Die katholische Mafia. Kirchliche Geheimbünde greifen nach der Macht, Hamburg 1993.

Neuner, Josef/Roos, Heinrich: Der Glaube der Kirche in den Urkunden der Lehrverkündigung. Neubearb. v. Karl Rahner/Karl-Heinz Weger. 9. A., Regensburg 1971.

Nicotri, Pino: Mistero Vaticano, Milano 2002.

Örsy, Ladislaus: Gerechtigkeit in der Kirche und die Rechtskultur unserer Zeit. In: Stimmen der Zeit 123 (1998), S. 363–374.

Oschwald, Hanspeter: Vatikan – Die Firma Gottes, München 1998.

Passelecqu, Georges/Suchecky, Bernard: Die unterschlagene Enzyklika. Der Vatikan und die Judenverfolgung, München 1997.

Politi, Marco: Il ritorno di Dio. Viaggio tra i cattolici d'Italia, Mailand 2004.

Putz, Erna: Franz Jägerstätter ... besser die Hände als der Wille gefesselt, Grünbach 1997.

Ratzinger, Joseph: Aus meinem Leben. Erinnerungen, München 1998.

Ratzinger, Joseph: Gott und die Welt. Die Geheimnisse des christlichen Glaubens, München 2000.

Reese, Thomas J.: Im Inneren des Vatikan. Politik und Organisation der katholischen Kirche, Frankfurt am Main 1998.

Rendina, Claudio: Il Vaticano. Storia e Segreti, Roma 1986.

Riccardi, Andrea: Le Politiche della Chiesa, Turino 1997.

Ring-Eifel, Ludwig: Johannes Paul II. Der Mensch – der Papst – das Vermächtnis, Freiburg im Breisgau 2005.

Ring-Eifel, Ludwig: Weltmacht Vatikan. Päpste machen Politik, München 2006.

Roques, Valeska von: Verschwörung gegen den Papst. Warum Ali Agca auf Papst Johannes Paul II. schoss, München 2001.

Roques, Valeska von: Mord im Vatikan. Ermittlungen gegen die katholische Kirche, München 2005.

Rossi, Fabrizio: Der Vatikan. Politik und Organisation, München 2005.

Schwedt, Hermann H.: Das Archiv der römischen Inquisition und des Index. In: Römische Quartalschrift 93 (1998), Heft 3–4.

Schwedt, Hermann H.: Papst Paul VI. und die Aufhebung des römischen Index der verbotenen Bücher in den Jahren 1965–1966. In: Tobias Lagatz/Sabine Schratz (Hrsg.): Censor censorum. Gesammelte Aufsätze von Hermann H. Schwedt. Festschrift zum 70. Geburtstag (= Römische Inquisition und Indexkongregation 6), Paderborn 2006.

Seewald, Peter: Benedikt XVI. Ein Porträt aus der Nähe, Berlin 2005.

Serrano, Antonio: Die Schweizergarde der Päpste. 3., aktualisierte A., Dachau 2005.

Stehle, Hansjakob: Geheimdiplomatie im Vatikan, Zürich 1993.

Stehle, Hansjakob: Graue Eminenzen, dunkle Existenzen, Düsseldorf 1998.

Tosatti, Marco: Il dizionario di Papa Ratzinger. Guida al Pontificato, Milano 2005.

Uhl, Alois: Die Päpste und die Frauen, Düsseldorf/Zürich 2005.

Walpen, Robert: Die Päpstliche Schweizergarde: acriter et fideliter – tapfer und treu, Paderborn 2005.

Wegan, Martha: Ehescheidung möglich? Auswege mit der Kirche. Mit praktischen Hinweisen, Graz/Wien/Köln 1993.

Willi, Victor J.: „Im Namen des Teufels?" Kritische Anmerkungen zu David A. Yallops Bestseller „Im Namen Gottes?" Der mysteriöse Tod des 33-Tage-Papstes Johannes Paul I., mit neuen Fakten. 3., erw. A., Stein am Rhein 1989.

Wolf, Hubert: Buchzensur durch Römische Inquisition und Indexkongregation. Festvortrag und Präsentation des DFG-Langzeitprojekts „Buchzensur durch Römische Inquisition und Indexkongregation". Universität Münster, 29. November 2005.

Wolf, Hubert: Index. Der Vatikan und die verbotenen Bücher, München 2006.

Yallop, David A.: „Im Namen Gottes?" Der mysteriöse Tod des 33-Tage-Papstes Johannes Paul I. Tatsachen und Hintergründe, München 1984.

>>Noch nie hat die Freimaurerei eines Landes Werte und Ziele, Irrtümer und Vorurteile selbst beschrieben. Bis heute: Das erste Buch nicht nur über, sondern aus dem innersten Kreis der Freimaurerei eines Landes.<<

Michael Kraus (Hg.)

Die Freimaurer

200 Seiten
Gebunden mit Schutzumschlag
Mit zahlreichen farbigen Abbildungen

ISBN: 978-3-902404-40-4

Um kaum einen Geheimbund ranken sich mehr Verschwörungstheorien als um die Freimaurer. Aus den Dombauhütten des Mittelalters entstanden, spielten Freimaurer eine wichtige Rolle in der Französischen Revolution und wurden Wegbereiter der amerikanischen Verfassung.
Wie sieht es aber heute ganz aktuell um die Freimaurerei in Österreich aus? Welche neuen Aufgaben haben sich die rund 3000 österreichischen Brüder im 21. Jahrhundert gesetzt? Wie und warum wird man eigentlich Freimaurer? Welches Verhältnis hat die Freimaurerei zur Religion? Wie steht man zur Globalisierung, zu Turbokapitalismus und wachsender Intoleranz? Und: Welche Rolle spielt die österreichische Freimaurerei in den Reformländern? Ein spannender Einblick in eine geheimnisvolle Welt von Ritualen und Symbolen.

SPANNEND.
www.ecowin.at